Grundkurs Literaturwissenschaft

Grundkurs Literaturwissenschaft

Von Sabina Becker,
Christine Hummel und
Gabriele Sander

Philipp Reclam jun. Stuttgart

RECLAMS UNIVERSAL-BIBLIOTHEK Nr. 17662
Alle Rechte vorbehalten
© 2006 Philipp Reclam jun. GmbH & Co. KG, Stuttgart
Gesamtherstellung: Reclam, Ditzingen. Printed in Germany 2012
RECLAM, UNIVERSAL-BIBLIOTHEK und
RECLAMS UNIVERSAL-BIBLIOTHEK sind eingetragene Marken
der Philipp Reclam jun. GmbH & Co. KG, Stuttgart
ISBN 978-3-15-017662-7

www.reclam.de

Inhalt

Einleitung. 9

I Grundbegriffe der Edition
   (Gabriele Sander) 15

   1 Ausgabentypen 15
     1.1 Leseausgaben 17
     1.2 Studienausgaben. 18
     1.3 Historisch-kritische Ausgaben. 19
     1.4 Faksimile-Ausgaben 20
     1.5 Regestausgaben 22

   2 Aufbau und Funktionsweise historisch-
     kritischer Ausgaben 23
     2.1 Überlieferung und Entstehung von Texten . 23
     2.2 Textgrundlage. 25
     2.3 Textkonstitution 29
     2.4 Variantenapparat 32
     2.5 Erläuterungen und Kommentare. 34

II Die Gestaltung literarischer Texte
   (Christine Hummel) 37

   1 Vom Wesen der Kunst: Ästhetik 37
   2 Was ist und will Literatur: Poetik 41
   3 Die Kunst der Rede: Rhetorik 48
     3.1 Systematische Übersicht: Rhetorik 53
   4 Die Schönheit der Rede: Stilistik 55
     4.1 Rhetorische Stilmittel im Überblick:
         Figuren (Auswahl) 58

5 Bildliches Sprechen: Tropik bzw. Metaphorik . 62
  5.1 Metapher, Allegorie, Symbol. 63
  5.2 Rhetorische Stilmittel im Überblick:
     Tropen (Auswahl). 69

III Übersicht über die Gattungen 75

1 Gattungstheorie und Gattungsgrenzen
  (Christine Hummel). 75

2 Lyrik (Christine Hummel) 82
  2.1 Zur Geschichte der deutschsprachigen
     Lyrik 83
  2.2 Strukturelemente lyrischer Texte. 93

3 Epik (Erzähltexte) (Gabriele Sander) 109
  3.1 Erzählen im Alltag, Erzählen in der
     Literatur 109
  3.2 Geschichte und Formen der Epik 111
  3.3 Strukturelemente von Erzähltexten 129

4 Dramatik (Szenisch-dramatische Texte)
  (Gabriele Sander) 148
  4.1 Zur Geschichte und Theorie des Dramas 150
  4.2 Strukturelemente des Dramas. 172

5 Hörspiel (Christine Hummel) 193
  5.1 Zur Geschichte des Hörspiels 193
  5.2 Technische Möglichkeiten des Hörspiels . 198

6 Faktuale Literatur (Christine Hummel) 201
  6.1 Aphorismus 202
  6.2 Autobiographie / Biographie 204
  6.3 Brief 208
  6.4 Essay 211
  6.5 Reiseliteratur 213
  6.6 Tagebuch 215

Inhalt

IV Literaturwissenschaftliche Methoden und
   Theorien   (Sabina Becker) 219

  1 Einleitung: Was sind Methoden? 219
  2 Hermeneutik 221
  3 Positivismus 227
  4 Strukturalismus 229
  5 Werkimmanente Interpretation 234
  6 Sozialgeschichte der Literatur 238
  7 Systemtheorie / Literatursoziologie 241
  8 Rezeptionsästhetik 243
  9 Literaturpsychologie / Psychoanalytische
     Literaturwissenschaft 246
 10 Feministische Literaturtheorie 250
 11 Gender Studies 255
 12 Poststrukturalismus/Dekonstruktion 259
 13 Intertextualität 266
 14 Diskursanalytische Zugänge 272
 15 New Historicism 277
 16 Kultursoziologische und mentalitäts-
     geschichtliche Ansätze 281

Literaturhinweise 287
Personen- und Sachregister 291

Einleitung

> Literatur bietet Bilder an, in denen sich, was wir
> in Begriffen abgelegt haben, wieder konkretisiert
> und in die neue, noch diffuse Empfindungen ein-
> münden können, Formen, in die wir uns, im bes-
> ten Fall mit Körper, Herz, Verstand wenigstens
> vorübergehend hineinbegeben, die sich in uns her-
> einbegeben, beides zur erheblichen Lebenssteige-
> rung und also Lebenserhellung.
>
> BRIGITTE KRONAUER[1]

Das Studium der Literaturwissenschaft vermittelt Kennt-
nisse darüber, wie literarische Texte gestaltet sind, welche
besonderen sprachlichen Qualitäten sie aufweisen, in welchem geschichtlichen Kontext sie zu verorten sind und
worauf ihre ›lebenssteigernde‹ und ›lebenserhellende‹ Wirkung (im Sinne BRIGITTE KRONAUERS) beruht.

Der vorliegende Band richtet sich in erster Linie an
Studierende der Germanistik, aber auch an Lehrende und
literarisch Interessierte, die philologisches Basiswissen er-
werben wollen. Ziel ist die Vermittlung literaturwissenschaftlicher Grundlagen auf aktuellem Forschungsstand in
allgemein verständlicher, kompakter und übersichtlicher
Form. Der Band stellt das für die Textanalyse notwendige
Beschreibungsvokabular bzw. ›Handwerkszeug‹ bereit,
das den literaturwissenschaftlichen Zugang zu Texten er-
leichtert und erschließt. Die einzelnen Kapitel stützen sich
auf Materialien, die sich in der Lehrpraxis bewährt haben.[2]
Bei ihrer Abfassung ging es den Autorinnen weniger um

---

1 Brigitte Kronauer, »Macht was ihr wollt!: Wie modern muß Literatur
 sein?«, in: B. K., *Zweideutigkeit. Essays und Skizzen*, Stuttgart 2002,
 S. 275–291, hier S. 287.
2 Am Schluss eines jeden Kapitels werden Hinweise auf weiterführende Literatur gegeben; sie beruhen auf einer gezielten Auswahl und verstehen sich
 sämtlich als Empfehlungen.

wissenschaftliche Originalität, sondern um die Anwendbarkeit im Studienalltag. Der Band soll aber nicht nur Orientierungshilfe in einer – zumal für Anfänger und Anfängerinnen – unübersichtlichen Forschungslandschaft geben, sondern auch das Interesse und Verständnis für literarische Texte fördern und die Leselust steigern.[3]

Zum Gegenstand und Ursprung des Faches

Gegenstand der Neueren Deutschen Literaturwissenschaft ist die seit der frühen Neuzeit entstandene neuhochdeutsche Literatur ab etwa 1500. Dieses Zeitalter war geprägt von einer zunehmenden Ausdifferenzierung der Wissenschaften und der Literatur infolge der Einführung des Buchdrucks um 1450, die die Verbreitung und Rezeption von Büchern auch jenseits der Klöster und Universitäten ermöglichte.[4] Eine Etappe in der Vorgeschichte der heutigen Germanistik markiert der Humanist CONRAD CELTIS, der die *Germania* des TACITUS (im Jahre 1500) edierte und als Quelle der Frühgeschichte zugänglich machte. Weitere Anstöße zur Beschäftigung mit der deutschen Sprache und Literatur gab LUTHERS Übersetzung und Verbreitung der Bibel (1545)[5]. Zu den frühen Bemühungen um die deutsche Sprache und Literatur zählen außerdem die poe-

---

3 Zur Leselust und ihrem Zusammenhang mit der Literaturwissenschaft vgl. Thomas Anz, *Literatur und Lust. Glück und Unglück beim Lesen*, München 1998.

4 Über die Bedeutung der Schriftlichkeit und des Lesens geben die beiden nachstehenden Bände Auskunft: Ivan Illich, *Im Weinberg des Textes. Als das Schriftbild der Moderne entstand. Ein Kommentar zu Hugos »Didascalion«*, Frankfurt a. M. 1991, sowie Alberto Manguel, *Eine Geschichte des Lesens*, Reinbek 1999.

5 Der Übersichtlichkeit halber wird auf die Angabe von Lebensdaten der Autoren und Autorinnen zugunsten der Datierung der zitierten und erwähnten Werke verzichtet.

tologischen Schriften von MARTIN OPITZ und JOHANN
CHRISTOPH GOTTSCHED (→ Kap. II.2).

Als Gründungsväter der Hochschulgermanistik gelten
die BRÜDER GRIMM, die zu den Initiatoren der ersten
deutschen Germanistenversammlung in Frankfurt am
Main im Jahre 1846 zählten. JACOB und WILHELM GRIMM
haben durch ihre Bemühungen um die Volkspoesie, die
sich in den Sammlungen und Publikationen der *Kinder-
und Hausmärchen* (1812–15) und der *Deutschen Sagen*
(1816–19) dokumentierte, und mit dem *Deutschen Wör-
terbuch* (1852 ff.) Pionierarbeit für die Germanistik geleistet.

Zu den Aufgaben der Literaturwissenschaft und somit
zum Studium dieses Faches zählen

(1) die Literaturgeschichtsschreibung, also die Beschäfti-
    gung mit Produktion, Distribution und Rezeption
    literarischer Texte,
(2) die Archivierung, Erschließung und Herausgabe (Edi-
    tion) von Texten (→ I),
(3) die Beschäftigung mit der ästhetischen Gestaltung lite-
    rarischer Texte (→ II),
(4) die Gattungstheorie als Systematisierung literarischer
    Texte nach formalen Kennzeichen (Übersicht über die
    Gattungen → III) und
(5) die Strukturanalyse und Interpretation von Texten
    nach bestimmten theoretischen und methodischen
    Vorgaben (Literaturtheorie → IV).

Diese Teilbereiche werden im vorliegenden Band abge-
deckt, wobei auf einen literaturgeschichtlichen Abriss bewusst verzichtet wurde, um den Umfang überschaubar zu
halten. Eine literarhistorische Darstellung der Epochen
braucht einen angemessenen Raum; hier sei auf die am
Schluss des Bandes empfohlenen Literaturgeschichten verwiesen (→ Literaturhinweise). In die Kapitel zu den einzelnen Gattungen (→ III.2–6) sind literaturgeschichtliche

Exkurse eingelegt, um die spezifisch deutschsprachigen
Entwicklungen der einzelnen Gattungen exemplarisch zu
veranschaulichen.

Welche Texte sind Gegenstand der Literaturwissenschaft?

Mit dieser Frage ist das Problem des Kanons angesprochen (griech. *kanón* ›Richtschnur, Maßstab‹). Ein Kanon
umfasst die Menge der Texte, die in einer Kulturgemein-
schaft präsent sind. Die Kenntnis eines bestimmten Kanons von Texten ermöglicht dieser Gruppe das Gespräch
über Literatur. Der Kanon hat also gemeinschaftsbildende
Funktion. Die Kenntnis eines Kanons ist aber auch
Grundlage für das Verständnis von Texten, da Autoren,
als zumeist begeisterte Leser, in ihren Werken Bezüge zu
anderen Texten herstellen (Intertextualität → IV.13). In einen Kanon werden Texte aufgenommen, die eine Gruppe
von Rezipienten für wertvoll hält.

Jeder Kanon ist ein Resultat von Deutungs- und Inter-
pretationsprozessen. In einer modernen, offenen Gesellschaft ist es schwierig, von e i n e m Kanon zu sprechen; es
herrscht Kanonpluralität. Dennoch gibt es einen Kernbe-
stand von Texten, deren Kenntnis Voraussetzung für ein
erfolgreiches Studium ist und auf die immer wieder zu-
rückgegriffen wird – neben der griechischen bzw. römischen Mythologie und der Bibel sind dies zum Beispiel
das *Nibelungenlied* oder GOETHES *Faust*.[6] Neben dem Kanon ›klassischer‹ Texte gibt es einen Deutungskanon bzw.
ein sich ständig erweiterndes und veränderndes Korpus

---

6 *Die Leseliste. Kommentierte Empfehlungen*, zusgest. von Sabine Griese
[u. a.], Stuttgart 1994 (Reclams Universal-Bibliothek, 8900) sowie Wulf Se-
gebrecht, *Was sollen Germanisten lesen? Ein Vorschlag*, 2. überarb. und

von Interpretationen. Auch dieser Band greift auf kanoni-
sierte Texte zurück, er will jedoch darüber hinaus auf weniger rezipierte oder zu Unrecht vergessene Texte aufmerksam machen und vor allem zum Weiterlesen anregen.

Zum Aufbau des vorliegenden Bandes

Der Band öffnet sich kulturwissenschaftlichen Perspektiven, indem er neben fiktionalen auch nicht-fiktionale Texte (die sog. Gebrauchsliteratur) zum Gegenstand macht.
Zugleich unternimmt er eine Rückbesinnung auf die philologische (von griech. *philólogos* ›Freund von Worten,
Reden‹) Basis des Faches, indem ausführlich die Editionswissenschaft vorgestellt wird. Vor jeder vertiefenden Beschäftigung mit einem literarischen Text steht die Auswahl eines soliden, wissenschaftlichen Ansprüchen genü-
genden Primärtextes. Das erste Kapitel »Grundbegriffe
der Edition« stellt die verschiedenen Ausgabentypen vor
und beschreibt den Aufbau und die Funktionsweise historisch-kritischer Ausgaben. Kapitel II »Die Gestaltung literarischer Texte« erläutert knapp die Geschichte und die
Grundzüge der Ästhetik als der Lehre vom Schönen, der
Poetik als der Lehre vom Wesen der Dichtkunst sowie der
Rhetorik als der Lehre von der Redekunst. Daraus abgeleitet sind die Teilkapitel über literarische Stilistik und
Metaphorik, die sich mit der ästhetischen Codierung literarischer Texte befassen.

Die unter Kapitel III zusammengefassten Abschnitte
beschäftigen sich mit den drei Großgattungen Lyrik, Epik
und Dramatik einschließlich des Hörspiels sowie mit der

erw. Aufl. Berlin 2000. – Zur Kanondebatte in der Germanistik vgl. *Kanon,
Macht, Kultur. Theoretische, historische und soziale Aspekte ästhetischer
Kanonbildungen,* hrsg. von Renate Heydebrand, Stuttgart [u. a.] 1998 (Ger-
manistische Symposien-Berichtsbände, 19).

vierten Gattung der nicht-fiktionalen, faktualen Texte.
Das vierte Kapitel stellt die wichtigen literaturtheoretischen und methodischen Ansätze der Literaturwissenschaft des 19. und 20. Jahrhunderts vor. Es wird dabei
versucht, die methodischen Ansätze in eine historisierende
Perspektive einzuordnen, denn dadurch ergibt sich auch
ein Blick auf die Geschichte des Fachs Germanistik.[7]

Wuppertal / Freiburg i. Br.,   *Sabina Becker,*
im Juli 2006   *Christine Hummel,*
                                          Gabriele Sander

---

7 Auf eine Einführung in Arbeitstechniken wird ausdrücklich verzichtet.
  Hier sei auf die beiden Einführungsbände von Benedikt Jeßing verwiesen
  (→ Literaturverzeichnis S. 287).

I   Grundbegriffe der Edition

Von Gabriele Sander

1   Ausgabentypen

Am Anfang jeder wissenschaftlichen Beschäftigung mit einem literarischen Text stellt sich die Frage nach der Ausgabe, die zugrunde gelegt werden soll. Während bei der Beschaffung eines belletristischen Werkes der Gegenwartsliteratur oft nur zwischen gebundener und Taschenbuch-Ausgabe zu entscheiden ist, so ist das Angebot an Werkausgaben der älteren Literatur in der Regel breit gefächert und auf den ersten Blick verwirrend. Insbesondere Texte, die zum literaturgeschichtlichen Kanon gehören, liegen in verschiedensten Ausgaben bzw. Editionen vor, meist sowohl in Einzeldrucken als auch innerhalb von Gesamtausgaben.

In welchem Maße sich Texte je nach Ausgabe unterscheiden können, lässt sich an einem zuerst von MAX BROD edierten Prosastück demonstrieren, das er aus dem Nachlass seines Freundes FRANZ KAFKA unter dem Titel »Die Brücke« herausgab; Anfangs- und Schlussteil lauten in BRODS Version:

> »Ich war steif und kalt, ich war eine Brücke, über einem Abgrund lag ich. Diesseits waren die Fußspitzen, jenseits die Hände eingebohrt, in bröckelndem Lehm habe ich mich festgebissen. [...]
> Einmal gegen Abend war es – war es der erste, war es der tausendste, ich weiß nicht, – meine Gedanken gingen immer in einem Wirrwarr und immer in der Runde. Gegen Abend im Sommer, dunkler rauschte der Bach, da hörte ich einen Mannesschritt! [...] Wer war es? Ein

Kind? Ein Traum? Ein Wegelagerer? Ein Selbstmörder?
Ein Versucher? Ein Vernichter? Und ich drehte mich
um, ihn zu sehen. – Brücke dreht sich um! Ich war noch
nicht umgedreht, da stürzte ich schon, ich stürzte, und
schon war ich zerrissen und aufgespießt von den zugespitzten Kieseln, die mich immer so friedlich aus dem
rasenden Wasser angestarrt hatten.«[1]

In der Kritischen KAFKA-Ausgabe ist zu lesen:

»Ich war steif und kalt, ich war eine Brücke, über einem
Abgrund lag ich, diesseits waren die Fußspitzen, jenseits die Hände eingebohrt, in bröckelndem Lehm hatte
ich mich festgebissen. [...] Einmal gegen Abend, war es
der erste war es der tausendste, ich weiß nicht, meine
Gedanken giengen immer in einem Wirrwarr, und immer immer in der Runde – gegen Abend im Sommer,
dunkler rauschte der Bach, hörte ich einen Mannes-
schritt. [...] Wer war es? Ein Kind? Ein Turner? Ein
Waghalsiger? Ein Selbstmörder? Ein Versucher? Ein
Vernichter? Und ich drehte mich um, ihn zu sehn.
Brücke dreht sich um! Ich war noch nicht umgedreht,
da stürzte ich schon, ich stürzte und schon war ich zerrissen und aufgespießt von den zugespitzten Kieseln,
die mich so friedlich immer angestarrt hatten aus dem
rasenden Wasser.«[2]

Neben Eingriffen in die Orthographie, Interpunktion,
Absatzgliederung, Wort- und Satzstellung hat BROD einige Wörter hinzugedichtet und andere falsch gelesen
(»habe« statt »hatte«, »Ein Traum?« statt »Ein Turner?«

---

1 Franz Kafka, *Gesammelte Werke*, hrsg. von Max Brod: *Beschreibung eines
  Kampfes. Novellen, Skizzen, Aphorismen. Aus dem Nachlaß*, Frankfurt
  a. M. [1954], S. 111f.
2 Franz Kafka, *Nachgelassene Schriften und Fragmente I*, hrsg. von Malcolm
  Pasley, Frankfurt a. M. 1993, S. 304f.

usw.). Wenngleich seine Verdienste um die weltweite Verbreitung der Werke KAFKAS unbestritten sind, so ließ er doch vielfach eine editorische Willkür walten, die über jedes tolerierbare Maß hinausgeht. Demgegenüber bietet die von MALCOLM PASLEY edierte Version einen dem handschriftlichen Original exakt entsprechenden Text. Das Beispiel zeigt, wie stark sich die Editionspraxis in den letzten Jahrzehnten verändert hat, und es lehrt gleichzeitig, dass man sich vor der Anschaffung einer zitierfähigen Textgrundlage einen Überblick über das Spektrum der Buchausgaben verschaffen sollte. Hilfreich für die Orientierung ist die Unterscheidung zwischen folgenden Editionstypen:

1.1 Leseausgaben

Dabei handelt es sich um Ausgaben, die für einen großen Leserkreis produziert werden und kaum mehr als den blanken Text bieten.[3] Insbesondere bei den auf Unterrichtslektüren spezialisierten Verlagen finden sich im Anhang des Textes einige Wort- und Sacherklärungen sowie ein Nachwort mit knappen Informationen über den Autor und sein Werk.[4] Der Benutzer solcher Leseausgaben sollte sich darüber im Klaren sein, dass ältere Texte in aller Regel nicht in ihrer originalen historischen Gestalt abgedruckt sind, sondern in der Orthographie normalisiert

---

3 Seit einigen Jahren besteht die Möglichkeit, sich komplette Texte aus dem Internet herunterzuladen und zu durchsuchen (gutenberg.spiegel.de). Allerdings finden sich aus urheberrechtlichen Gründen unter dieser Adresse nur Texte von Autoren, die seit mindestens 70 Jahren verstorben sind. Zu einzelnen Autoren liegen auch CD-ROM-Ausgaben vor. Die Texte selbst sind von äußerst schwankender Qualität, da sie von editorischen Laien erfasst (›abgetippt‹) oder bei großer Fehleranfälligkeit gescannt wurden.

4 Für die intensivere Beschäftigung empfiehlt sich die zusätzliche Anschaffung von parallel konzipierten Kommentarbänden, etwa aus der Reclam-Reihe *Erläuterungen und Dokumente*.

bzw. modernisiert wurden, um die Lesehürden zu verringern. Ausgaben, die in den letzten Jahren auf den Markt gekommen sind, folgen größtenteils bereits den neuen Rechtschreibregeln.

1.2 Studienausgaben

Diese kommen fachspezifischen Bedürfnissen in weit höherem Maße entgegen, da sie einen Anhang mit Informationen zur Druck-, Entstehungs- und Wirkungsgeschichte des Textes sowie zum Autor und seiner Zeit enthalten. Wenngleich die Übergänge zwischen Lese- und Studienausgabe mitunter fließend und beide Ausgabentypen nur sehr selten als solche deklariert sind, zeichnen sich Letztere vor allem durch die Präsentation eines kritisch überprüften Textes aus, dem ein Kommentarteil beigegeben ist. Studienausgaben bereiten Forschungsergebnisse in verständlicher Form auf und verweisen auf weiterführende Literatur. Längst nicht bei allen Autoren können Herausgeber jedoch auf Vorarbeiten zurückgreifen, sondern müssen sich der schwierigen Aufgabe der erstmaligen Erschließung eines Gesamtwerks stellen. So sind in den letzten Jahrzehnten Studienausgaben entstanden, die als Pionierleistungen anzusehen sind und eine Zwischenlösung auf dem Weg zu einer historisch-kritischen Ausgabe (s. u.) darstellen. Existieren solche wissenschaftlichen Editionen bereits, bilden sie im Idealfall die Basis von Studienausgaben. Diese eignen sich für ein Lesepublikum, das fundierte, handliche und erschwingliche Werkausgaben wünscht. Beispielhaft seien hier die Hamburger GOETHE-Ausgabe sowie Ausgaben der Verlage Hanser, Reclam und Winkler sowie des Deutschen Klassiker Verlags genannt. Studienausgaben dieser Art sind – insbesondere bei ›puristischen‹ Philologen – insofern umstritten, als die Herausgeber die vor 1900 entstandenen Texte in unterschiedlichem Ausmaß orthographisch modernisiert haben. Auch wenn sie zusichern können, den historischen Lautstand bewahrt zu haben, führen die Eingriffe, so behutsam sie vorgenommen sein mögen, doch dazu, dass die dargebotenen Textversionen nicht der historischen Überlieferung entsprechen und somit nicht authentisch sind.

1.3 Historisch-kritische Ausgaben

Diese stellen den anspruchsvollsten Editionstypus dar, der höchsten philologischen Standards verpflichtet ist. Historisch-kritische Werkausgaben sind wissenschaftliche Großprojekte, an denen eine Forschergruppe über mehrere Jahre oder sogar Jahrzehnte arbeitet. Aufgrund des extrem hohen personellen und finanziellen Aufwandes konnten solche auf absolute Vollständigkeit angelegten Ausgaben bislang nur für einen überschaubaren Kreis kanonisierter Autoren realisiert werden (u. a. für KLOPSTOCK, SCHILLER, HÖLDERLIN, KLEIST, BRENTANO, BÜCHNER, HEINE, MÖRIKE, DROSTE, STIFTER, MEYER, HOFMANNSTHAL, TRAKL, KAFKA, LASKER-SCHÜLER, CELAN). Je nach Anlage und Methodik weisen die genannten Editionen, die teilweise noch nicht abgeschlossen sind, beträchtliche Unterschiede auf. Diese lassen sich auf die von den jeweiligen Herausgebern angewendeten Editionsprinzipien zurückführen, die wissenschaftsgeschichtlichen Wandlungen unterliegen.

Ihre erste Blütezeit erlebte die Editionsphilologie gegen Ende des 19. Jahrhunderts unter dem Einfluss des Positivismus (→ IV.3). Neben Großeditionen klassischer Autoren wie GOETHE (Weimarer Sophien-Ausgabe, 1887–1919) und SCHILLER (hrsg. von Karl Goedeke, 1867–76) erschienen bedeutende Editionsreihen, die auch heute noch Bestand haben, auch wenn sich die Editionsprinzipien im Laufe der Zeit verändert haben, so die von HERMANN PAUL begründete Altdeutsche Textbibliothek (1882ff.).

Heute hat sich die Editionsphilologie als eigenständige Disziplin etabliert[5] und sowohl theoretische als auch praktische Richtlinien entwickelt, die sich durch die intensive wissenschaftliche Diskussion der letzten Jahrzehnte herauskristallisiert haben. Trotz aller methodischen Differenzen und äußerlichen Unterschiede haben historisch-kritische Ausgaben gemeinsame Merkmale und Zielsetzungen: Sie bieten authentische, kritisch geprüfte Texte sowie einen dazugehörigen (kritischen) Apparat, der die Überlieferungs-, Entstehungs- und Rezeptionsgeschichte umfassend dokumentiert, ferner sämtliche Eingriffe des Herausgebers und die Abweichungen zwischen den Überlieferungsträgern verzeichnet und texterschließende Erläuterungen in Form eines Einzelstellenkommentars enthält.[6] Bevor die Grundsätze und formalen Bestandteile historisch-kritischer Editionen im Einzelnen erläutert werden, sei noch ein vierter Ausgabentypus vorgestellt.

1.4 Faksimile-Ausgaben

Solche bislang nur für wenige Autoren vorliegenden Ausgaben (z. B. die Frankfurter HÖLDERLIN-Ausgabe 1975 ff. oder die Innsbrucker TRAKL-Ausgabe 1995 ff.) wenden sich an einen Interessentenkreis, der sich einen Text über das Manuskript selbst erschließen und dessen Entstehung vor Augen führen möchte. Dies setzt eine intensive Beschäftigung mit den handschriftlichen Eigenheiten des jeweiligen Autors voraus. Faksimile-Ausgaben haben in ers-

---

5 Parallel zur Institutionalisierung entstanden eigene Periodika wie die Zeitschrift *editio. Internationales Jahrbuch für Editionswissenschaft.*

6 Vgl. Norbert Oellers, »Edition«, in: *Einführung in die neuere deutsche Literaturwissenschaft. Ein Arbeitsbuch* von Dieter Gutzen, N. Oe., Jürgen H. Petersen unter Mitarb. von Eckart Strohmaier, 6., neugef. Aufl. Berlin 1989, S. 107 f., und Bodo Plachta, *Editionswissenschaft. Eine Einführung in Methode und Praxis der Edition neuerer Texte,* Stuttgart 1997 (Reclams Universal-Bibliothek, 17603), S. 15.

ter Linie dokumentarischen Charakter und schließen editorische Willkür weitgehend aus. Sie bieten neben der photomechanischen Reproduktion des Textes auf der gegenüberliegenden Seite eine zeichen- und zeilengetreue Transkription, d. h. eine diplomatische (›urkundliche‹) Umschrift, die vollständig auf Eingriffe und Verbesserungen verzichtet. Wiedergegeben werden sämtliche Textschichten einschließlich der getilgten, korrigierten oder überschriebenen Passagen. Dies geschieht zumeist unter Zuhilfenahme diakritischer Zeichen, die Korrekturen, Einblendungen, Umstellungen usw. graphisch kennzeichnen. Der Benutzer wird also nicht mit einem linearen Lesetext konfrontiert,[7] sondern er kann das Werk – gegebenenfalls mit Seitenblick auf die Transkription – selbst aus dem Manuskript entziffern und damit Schreibprozess und -duktus des Autors nachvollziehen. Der Wert solcher Faksimile-Ausgaben ist in höchstem Maße abhängig von der Qualität der Reproduktionen bzw. deren Lesbarkeit. Trotz deutlich verbesserter phototechnischer Standards in den letzten Jahren und der vereinzelten Beigabe von CD-ROMs stoßen aber auch diese Ausgaben an ihre Grenzen, sodass der Benutzer im Einzelfall auf das Original zurückverwiesen wird. Neuerdings gehen manche Archive dazu über, ihre Bestände zu digitalisieren und ins Internet zu stellen. Auch dadurch eröffnen sich neue Perspektiven der Textarbeit und -interpretation.

Im Hinblick auf die editorische Präsentation von Drucktexten wird in jüngster Zeit verstärkt diskutiert, inwieweit die typographische Gestalt (Druckbild, Schrifttyp usw.) semantisch relevant ist und die Rezeption beeinflusst. Zwar gibt es schon seit einigen Jahrzehnten Reprint-Ausgaben insbesondere von seltenen Werken der frühen Neuzeit oder von graphisch aufwändig gestalteten,

---

7 In der Frankfurter HÖLDERLIN-Ausgabe bieten die Herausgeber zusätzlich »konstituierte« Textversionen an, die durchgängig lesbar sind.

mit Illustrationen versehenen Drucken, doch handelt es sich dabei zumeist um Reproduktionen, die bibliophile Bedürfnisse befriedigen und ohne textkritisches Beiwerk auskommen. Wird nun die typographische Struktur eines Textes als bedeutungstragendes Element eingestuft,[8] leitet sich daraus beinahe zwangsläufig die editionsphilologische Forderung nach der Faksimilierung von Drucken im Rahmen historisch-kritischer Ausgaben ab. Neuere Editionsprojekte wie die Marburger BÜCHNER-Ausgabe oder die vom Institut für Textkritik in Heidelberg herausgegebene Historisch-Kritische Ausgabe sämtlicher Handschriften, Drucke und Typoskripte FRANZ KAFKAS (1995 ff.) erfüllen solche Ansprüche, indem sie die Erstdrucke bzw. Erstausgaben vollständig reproduzieren.

1.5 Regestausgaben

Schließlich sei noch eine editorische Sonderform erwähnt, die bei Autoren Anwendung findet, die eine solche Menge von Briefen und anderen Schriftdokumenten hinterlassen haben, dass deren vollständige Edition jeden Rahmen sprengen würde. Eine sinnvolle Kompromisslösung stellen hier die Regestausgaben (mlat. *regesta* ›Verzeichnis‹) dar, die sämtliche Schriftstücke systematisch verzeichnen und über deren Form und Inhalt einschließlich der genannten Namen knapp informieren. Ein Beispiel dafür ist die von KARL-HEINZ HAHN verantwortete Gesamtausgabe der rund 20 000 an GOETHE gerichteten Briefe (Anbriefe), die seit 1980 in Weimar erscheint.

---

8 Vgl. zu dieser Problematik generell den Beitrag von Rüdiger Nutt-Kofoth, »Text lesen – Text sehen: Edition und Typographie«, in: *Deutsche Vierteljahrsschrift* 78 (2004) H. 1 (März) S. 3–19, hier S. 4.

2 Aufbau und Funktionsweise historisch-kritischer Ausgaben

2.1 Überlieferung und Entstehung von Texten

Der Herausgeber eines Textes muss zu Beginn seiner Arbeit klären, wo die nachgelassenen Schriften des Autors archiviert und welche Textträger bzw. Textzeugen überliefert sind. Dazu zählen nicht nur die Autographen, also die vom Autor angefertigten hand- oder maschinenschriftlichen Fassungen (Manuskripte, Typoskripte), sondern auch Abschriften von fremder Hand, Korrekturfahnen, Erst- und Nachdrucke, Drucke in Zeitschriften oder Sammelbänden, unter Umständen sogar Tonaufzeichnungen des Textes (z. B. Diktate oder Radiosendungen). Zu sichten und auszuwerten sind ferner sämtliche Vorstudien, Entwürfe, Exzerpte sowie Zeugnisse, die über die Textgenese (den Prozess der Werkentstehung) Aufschluss geben, etwa Briefe und Tagebuchnotizen, und andere zugehörige Materialien.

Der nächste Arbeitsschritt besteht darin, die vorhandenen Textträger einer kritischen Prüfung (*recensio*) zu unterziehen und sie chronologisch zu ordnen. Dies geschieht durch den Vergleich der Fassungen, sowohl der vollständigen wie der fragmentarischen. Bei Letzteren ist zu unterscheiden zwischen Entstehungsfragmenten (während der Niederschrift abgebrochenen Texten) und Überlieferungsfragmenten (unvollständig überlieferten Texten). Dem als Kollation bezeichneten Vorgang des Vergleichs geht bei handschriftlichen Texten die Transkription voraus. Bei der Kollationierung werden die Unterschiede der Fassungen festgehalten, d. h. sämtliche Abweichungen bzw. Varianten notiert; diese erscheinen im Variantenapparat (s. u.).

Aus der chronologischen Sortierung der Textträger, de-

ren Datierung nicht selten allein aufgrund von Indizien
erfolgen muss, ergibt sich ein Stemma. Damit ist die schematische Darstellung der textgenetischen Abhängigkeiten
in Form eines Stammbaums gemeint, in dem sich das
›Wachstum‹ eines Werkes von der frühesten Niederschrift
bis zum Druck widerspiegelt. Bei Texten der Antike oder
des Mittelalters, die größtenteils nur in Abschriften bzw.
Abschriften von Abschriften vorliegen (wie z. B. das *Nibelungenlied*), kann das Original, wenn überhaupt, nur er-
schlossen werden. Dieses bildet dann die Spitze des Stemmas. An zweiter Stelle folgt der – nicht mit dem Original
identische – Archetyp, der den auf der Basis sämtlicher
Überlieferungsträger rekonstruierten ältesten Textzustand
repräsentiert. Er kommt durch die Kontamination zustande, d. h. durch die Verschmelzung mehrerer Abschriften
zu einem neuen Text.

Diese Problematik spielt für Texte der neueren deutschen Literaturgeschichte nur selten eine Rolle. Statt eines
Stemmas findet sich in den meisten historisch-kritischen
Ausgaben eine genaue Beschreibung sämtlicher relevanter
Textzeugen in chronologischer Reihenfolge (jeweils mit
präzisen Angaben über Aufbewahrungsort, Umfang, Pa-
pierart und -format, Art der Beschriftung, Datierung, Sei-
tenzählung usw.). Die Textträger werden in der Regel mit
sogenannten Siglen gekennzeichnet. Eingebürgert haben
sich folgende Abkürzungen: H = Handschrift von eigener
Hand; h = Abschrift von fremder Hand; T = Typoskript;
D = Druck in Buchform; d = nichtautorisierter Druck;
Z = Zeitschriftendruck usw. Liegen mehrere handschriftliche Versionen und Drucke vor, werden diese entsprechend ihrer Entstehungschronologie beziffert (H^1, H^2
usw.). Enthält das Manuskript auch Einträge anderer Personen, wird dies durch kombinierte Siglen (z. B. H^1h)
wiedergegeben.

2.2 Textgrundlage

Die Bestimmung der Textgrundlage ist für jeden Herausgeber die wohl schwerwiegendste und folgenreichste Entscheidung, die er zu treffen hat. In einer historisch-kritischen Ausgabe wird die Textgrundlage nicht nur explizit
benannt, sondern der Editor legt auch seine Editionsprinzipien und Entscheidungskriterien offen. Ein wichtiger
Faktor in der diesbezüglichen Argumentation ist die Autorisation. Nicht jeder Text, der in Buchform oder in einem
Zeitschriftdruck an die Öffentlichkeit gelangt, entspricht
den Vorstellungen seines Urhebers, ist also von ihm zu einem bestimmten Zeitpunkt aktiv oder passiv autorisiert
worden. Insbesondere von erfolgreichen Büchern werden
gelegentlich ohne Wissen und Erlaubnis des Verfassers und
seines Verlegers Raubdrucke auf den Markt gebracht. So
kursierte etwa gleichzeitig mit dem Erscheinen der zweiten
Auflage von GOETHES Briefroman *Die Leiden des jungen
Werthers* ein Raubdruck des Berliner Verlegers Himburg.
Dieser illegitime bzw. unautorisierte Nachdruck aus dem
Jahre 1775 zeigt gegenüber dem Erstdruck (1774) mehrere
Eingriffe, die nicht auf GOETHE zurückgehen.

Dass Texte nicht in einer der Autorintention entsprechenden Version verbreitet werden, sondern mitunter sogar in verstümmelter Form, kann auch an Eingriffen liegen, die vom Verlag oder von der Redaktion aus politisch-
ideologischen Gründen, aus Rücksichtnahme auf religiöse
oder ethisch-moralische Normen oder anderen Motiven
vorgenommen wurden. Insbesondere in totalitären Staats-
formen hatten und haben Schriftsteller mit der Zensur zu
kämpfen. So musste HEINRICH HEINE in seinem satirischen Versepos *Deutschland. Ein Wintermährchen* (1844)
auf Druck der Zensurbehörden eine Reihe von Entschär-
fungen vornehmen, um das Werk als Einzeldruck veröffentlichen zu können.[9] Nicht immer lässt sich rekonstruie-

---

9 Vgl. Plachta (s. Anm. 6) S. 83–86.

ren, ob und inwieweit der Autor sich dem verlegerischen bzw. politischen Druck beugte und in die Textveränderungen einwilligte.

Texte bleiben mitunter nicht nur deshalb ganz oder teilweise ungedruckt oder werden sogar verboten, weil sie anstößige Inhalte verbreiten, sondern auch dann, wenn in ihnen Persönlichkeitsrechte verletzt werden. Dies kann vor allem in Autobiographien, Memoiren, Briefen oder Schlüsselromanen u. Ä.[10] geschehen und zu juristischen Auseinandersetzungen führen. Gewinnt die Person, die sich im Text verunglimpft sieht, den Prozess, muss manchmal sogar eine ganze Auflage eingestampft werden, oder die inkriminierten Passagen werden eingeschwärzt bzw. in einer Neuauflage getilgt.

Für einen Herausgeber ist es deshalb unabdingbar, sich in jedem Einzelfall mit der Druckgeschichte eines Textes und dem Problem der Autorisation auseinanderzusetzen. Als autorisierte Texte gelten nach SIEGFRIED SCHEIBE zum einen »alle Handschriften eines Werks, an deren Herstellung der Autor mitgewirkt hat oder die in seinem Auftrag hergestellt wurden«, zum andern »alle Drucke, deren Herstellung der Autor gewünscht oder gebilligt hat und deren Text er zugleich durch Lieferung der Druckvorlage oder durch eigene oder von ihm veranlaßte Revision während des Druckvorgangs beeinflußt hat«.[11]

Aus dieser Definition geht hervor, dass Texte auch in mehreren autorisierten Fassungen vorliegen können. Im Falle von GOETHES *Werther* folgte dem im September 1774 anonym in der Weygandschen Buchhandlung in Leipzig erschienenen Erstdruck, der zahlreiche Druckfehler enthielt, auf die ein beigelegtes Corrigenda-Verzeichnis

---

10 Als Schlüsselliteratur werden Texte bezeichnet, deren Figuren realen Personen der Zeitgeschichte nachgebildet sind und als solche ›entschlüsselt‹ werden können. Beispiele sind die Romane *Effi Briest* (1894/95) von THEODOR FONTANE und *Erfolg* (1930) von LION FEUCHTWANGER.
11 Zit. nach Plachta (s. Anm. 6) S. 82 f.

aufmerksam machte, bereits 1775 eine ebenfalls bei Weygand publizierte »Zweyte ächte Auflage«, in der einige Versehen des Erstdrucks berichtigt wurden. Angesichts des grassierenden Werther-Fiebers sah sich GOETHE genötigt, den beiden Teilen seines sensationell erfolgreichen Briefromans jeweils vier Motto-Verse voranzustellen, die vor der Nachahmung des im Selbstmord endenden Helden mit den Worten warnten: »Sey ein Mann und folge mir nicht nach«. In seiner klassischen Zeit überarbeitete GOETHE sein Werk systematisch, indem er u. a. die Briefe neu anordnete und die vom Geist der Sturm-und-Drang-Epoche geprägten Partien im Sinne klassischer Ästhetik glättete. Als Grundlage diente ihm dabei eine Abschrift, die jedoch – ohne sein Wissen – von jenem Raubdruck angefertigt worden war. So gelangten einige darin enthaltene unautorisierte Korrekturen in die Neubearbeitung, die 1787 im Leipziger Göschen-Verlag erschien.[12] Dieser Druck bildete die Vorlage für weitere Nachdrucke zu Lebzeiten, zuletzt in der bei Cotta publizierten *Vollständigen Ausgabe letzter Hand* (Stuttgart/Tübingen 1827–30), deren Redaktion GOETHE weitgehend seinen Mitarbeitern überlassen hatte, die zahlreiche Eingriffe vornahmen.

Angesichts dieser komplizierten Überlieferungslage muss der Editor entscheiden, welche Version er abdrucken will, also in diesem Fall entweder den (mit zahlreichen Fehlern behafteten) Erstdruck, die zweite Auflage, die ›klassische‹ Version von 1787 oder die Ausgabe letzter Hand. In der Geschichte der Editionsphilologie wurden lange Zeit die vom Autor zuletzt an seinem Werk vorgenommenen Eingriffe als sein Vermächtnis angesehen, sodass die Herausgeber stets dem Prinzip der »späten

---

12 Vgl. Johann Wolfgang Goethe, *Die Leiden des jungen Werthers.* Studienausgabe. Paralleldruck der Fassungen von 1774 und 1787, hrsg. von Matthias Luserke, Stuttgart 1999 (Reclams Universal-Bibliothek, 9762).

Hand« folgten. Für den *Werther* bedeutete dies den Abdruck der letzten von GOETHE autorisierten Fassung innerhalb seiner Werkausgabe. Seit den 1950er Jahren hat
sich jedoch – nicht nur in der GOETHE-Edition – eine andere Norm der Textkonstitution durchgesetzt: Danach
wird nicht mehr die von einem Autor in einer späteren
Lebensphase vorgenommene Bearbeitung als maßgeblich
eingestuft, sondern die Ausgabe »früher Hand« (meistens
der Erstdruck, die *editio princeps*) als authentische Text-
version angesehen, da der Autor mit ihr erstmals an die
Öffentlichkeit getreten ist und zu diesem Zeitpunkt die
Rezeption begonnen hat. Dieser Paradigmenwechsel führte zu einer Reihe von Wiederentdeckungen und Neuein-
schätzungen – im Falle des *Werther* zur Aufwertung des
jungen und mittleren GOETHE. Die Herausgeber der Aka-
demie-Ausgabe[13] lösten das Problem der Textgrundlage,
indem sie den Erstdruck von 1774 und die handschriftliche Bearbeitung des Romans, die der Ausgabe von 1787
als Vorlage diente, parallel abdruckten. Damit wird der
Erkenntnis Rechnung getragen, dass auch die von einem
Autor vorgenommenen Überarbeitungen ihren historischen Ort und Wert haben. Beispiele dafür sind neben
dem *Werther* die beiden stark voneinander abweichenden
Versionen von GOTTFRIED KELLERS Roman *Der grüne
Heinrich* (1854/55 und 1879/80), die verschiedenen Bear-
beitungen der *Lulu*-Tragödie (1892–1913) von FRANK
WEDEKIND oder WALTER BENJAMINS erst postum publizierte Textsammlung *Berliner Kindheit um Neunzehn-
hundert*, deren Fassung letzter Hand, wie der Autor sie
im Pariser Exil anfertigte, sich von früheren so stark unterscheidet, dass ein Paralleldruck geraten erscheint.

---

13 *Werke Goethes*, hrsg. von der Deutschen Akademie der Wissenschaften
 zu Berlin unter der Leitung von Ernst Grumach [seit 1963: Hrsg. vom Institut für deutsche Sprache und Literatur der Deutschen Akademie der
 Wissenschaften zu Berlin], 20 Bde., 3 Erg.-Bde., Berlin 1952–66.

2.3 Textkonstitution

Wenn sich der Editor für eine Textgrundlage (oder im Einzelfall auch für zwei als gleichrangig gewertete Fassungen) entschieden hat, folgt als nächster Arbeitsschritt die kritische Durchsicht des Textes, um Druckfehler und andere Textverderbnisse und -entstellungen aufzuspüren und eventuell zu bereinigen. Erfahrungsgemäß schleichen sich auf dem Weg vom Manuskript zur Druckvorlage kleinere oder größere Fehler bis hin zum Verlust einzelner Wörter oder gar Zeilen ein, die zunächst unbemerkt bleiben. Abschreibefehler kommen etwa durch eine *aberratio oculi*, die ›Verirrung‹ des Auges in eine falsche Zeile, zustande, oder aber durch Fehllesungen der handschriftlichen Vorlage. Solche Versehen oder Flüchtigkeiten gehen zumeist zu Lasten des Abschreibers, Setzers, Lektors oder auch des Autors selbst, der beim Korrekturvorgang die Fehler überlesen hat. Manche Schriftsteller zeigen sogar ein regelrechtes Desinteresse an ihrem eigenen Werk, sobald sie es dem Verlag übergeben haben, und vertrauen ganz auf dessen Sorgfalt. So ist nicht selten eine Textrevision für Neuauflagen erforderlich, um die in der Erstausgabe unentdeckt gebliebenen Fehler zu beheben. Bei häufig nachgedruckten, in unterschiedlichen Formaten veröffentlichten Werken ist allerdings mit Textverwitterungen bzw. Textverderbnissen (Korruptionen) zu rechnen, d. h. mit Fehlern, die durch mangelnde Sorgfalt im Umgang mit autorisierten Textvorlagen entstehen, etwa bei Abschriften von Abschriften oder Nachdrucken von Nachdrucken.

Der Herausgeber einer historisch-kritischen Ausgabe muss also alle denkbaren Fehlerquellen einkalkulieren. Offenkundige Druckfehler (z. B. vertauschte oder fehlende Buchstaben), orthographische Inkonsequenzen u. Ä. werden meist stillschweigend beseitigt bzw. emendiert (lat. *emendare* ›berichtigen, verbessern‹). Die im Falle von

Textverderbnissen oder bei partiell unvollständiger Überlieferung notwendigen Konjekturen (lat. *coniectura* ›Vermutung‹) werden bereits im Textteil durch eckige oder spitze Klammern markiert, um eine bessere Lesbarkeit zu gewährleisten. Mit solchen Eingriffen versucht der Herausgeber, den vermuteten ursprünglichen Wortlaut wiederherzustellen, etwa durch die Ergänzung eines fehlenden Satzteils. Alle anderen Eingriffe in die Textvorlage erscheinen in einer Liste der Emendationen, werden also offengelegt. Hier benennt der Editor jeweils die Textträger, die die korrekte Version bieten und damit die ›Reparatur‹ legitimieren. Als Beispiel sei hier das syntaktisch falsche Partizip »hinabgezogen« (anstelle der finiten Verbform »hinabzogen«) genannt, das sich sowohl im Erstdruck von Kafkas Erzählung *Erstes Leid* (1921) als auch in dem – vom Autor selbst noch korrigierten – Sammelband *Der Hungerkünstler* (1924) findet. Die in der Kritischen Kafka-Ausgabe vorgenommene Emendation (»hinabzogen«) ist durch zwei Textzeugen abgesichert: das Arbeitsmanuskript und die handschriftliche Druckvorlage. Nicht zu rechtfertigen wäre hingegen die Korrektur: »wurde ... hinabgezogen«.[14]

In Zweifelsfällen gilt das Prinzip der *lectio difficilior* (der ›schwierigeren Lesart‹), das eine autorisierte Fassung selbst dann unangetastet lässt, wenn die Wahrscheinlichkeit für ein Versehen des Autors spricht. Ein Beispiel dafür ist der fünfte Vers des Gedichts *Mein blaues Klavier* von Else Lasker-Schüler. In der noch zu ihren Lebzeiten erschienenen und von ihr durchgesehenen Gedichtsammlung *Mein blaues Klavier* (Jerusalem 1943) lauten die ersten Strophen:

> »Ich habe zu Hause ein blaues Klavier
> Und kenne doch keine Note.

14 Ausführlich zu diesem Fall: Plachta (s. Anm. 6) S. 97 f.

Es steht im Dunkel der Kellertür,
Seitdem die Welt verrohte.

Es spielen Sternenhände vier
– Die Mondfrau sang im Boote –
Nun tanzen die Ratten im Geklirr.«

Im Erstdruck des Gedichts (*Neue Zürcher Zeitung*, 7. Februar 1937) sowie in den handschriftlichen Versionen ist dagegen zu lesen: »Es spielten Sternenhände vier«: Das Präteritum markiert den Vers als Teil der Erinnerung an das zerbrochene Klavier.[15] In der Kritischen Ausgabe findet sich nun neben dieser Einzeldruck-Version des Gedichts auch die Fassung, wie sie 1943 im Zyklus *Mein blaues Klavier* abgedruckt wurde, und zwar ohne Emendation. Da die Herausgeber die – aktiv autorisierte – erste Buchausgabe als Textgrundlage wählten, behielten sie konsequenterweise die irritierende Präsensform bei, obwohl diese wahrscheinlich auf die Flüchtigkeit der Dichterin zurückzuführen ist.

Ein verantwortungsbewusster Herausgeber muss also jeden Eingriff sorgfältig abwägen, zumal wenn sich dadurch bedeutungsrelevante Verschiebungen ergeben. Bildet ein zu Lebzeiten des Autors unveröffentlichtes Manuskript die Textgrundlage, kann es bei schwer zu entziffernden Handschriften zu verschiedenen Lesarten einzelner Stellen kommen, die unter Umständen in konkurrierenden Editionen gleichberechtigt nebeneinanderstehen. Trotz aller angestrebten Objektivität ist Edition bis zu einem gewissen Grad auch Interpretation, denn dem Herausgeber werden neben philologischer Intuition immer wieder Entscheidungen abverlangt.

---

15 Peter von Matt bezeichnete diese Version im Unterschied zu der immer wieder nachgedruckten als »makellos« (»Der Mond und das Geklirr. Gedenkrede auf Else Lasker-Schüler«, in: *Deine Sehnsucht war die Schlange*, hrsg. von Anne Linsel und Peter von Matt, Wuppertal 1997, S. 7–21, hier S. 19).

2.4   Variantenapparat

Wie bereits erwähnt, wird in einer historisch-kritischen
Ausgabe die Textgenese so umfassend wie möglich dokumentiert. Neben der Chronologie der Textzeugen bietet der Apparat ein Verzeichnis der Entstehungsvarian-
ten (= Autorvarianten) und Überlieferungsvarianten
(= Fremdvarianten), in denen sich zum einen der Arbeits-
prozess des Autors (Korrekturvorgänge usw.), zum andern die Druckgeschichte eines Textes widerspiegelt. Varianten gewähren interessante Einblicke in die Werkstatt
eines Dichters und können für die Textinterpretation
nützlich sein. Für die Darbietung der Varianten lassen sich
vier Typen unterscheiden:

– Einzelstellenapparat (positiv oder negativ lemmatisiert)
– Treppenapparat
– Einblendungsapparat
– synoptischer Apparat

Wie diese Apparatformen aussehen, soll nun an einem
Beispielsatz demonstriert werden, der zwei variante Vor-
stufen hat. Um die Korrekturschritte zu veranschaulichen,
werden folgende diakritische Zeichen verwendet: [ ] für
getilgten Text, ‹ › für eingefügten, (>) für überschriebenen
Text:

D^1 = Textgrundlage (edierter Text mit Zeilenzähler):
  1 Sie träumte seit langem davon, eine Weltreise zu machen.

H^1 = handschriftliche Vorstufe:
  Sie träumte immer (mal>wie)der ‹da›von, eine Kreuzfahrt zu
  [unternehmen] machen.

T^1 = Typoskriptfassung:
  Sie träumte schon lange davon, eine Weltreise zu machen.

Der einfachste und meistverwendete Typus ist der positive (oder lemmatisierte) Apparat. Bei dieser auf Einzelstellen bezogenen Apparatform werden nur die variierenden Textstellen und Textzeugen angegeben. Der Positionsangabe (Zeilenzählung) folgt das Lemma (= Bezugswort oder -wörter), das mit dem Lemmazeichen] begrenzt wird; dann erscheint die Variante mit der Sigle[16] für den jeweiligen Textzeugen.

> 1 seit langem davon] immer (mal>wie)der ‹da›von H^1
> schon lange davon T^1
> Weltreise zu machen] Kreuzfahrt zu [unternehmen] machen H^1

Manche Editoren entscheiden sich auch für den negativen (nichtlemmatisierten) Apparat ohne Bezugswort:

> 1 immer (mal>wie)der ‹da›von H^1, schon lange T^1, Kreuzfahrt H^1

Insbesondere für komplexere Korrekturvorgänge bietet sich der Treppenapparat an, der die einzelnen Überarbeitungsschritte stufenweise rekonstruiert:

> 1 seit langem davon] (1) immer (mal>wie)der
> (2) immer wieder von
> (3) immer wieder ‹da›von H^1
>
> (4) schon lange davon T^1
> Weltreise zu machen] (1) Kreuzfahrt zu [unternehmen]
> (2) Kreuzfahrt zu machen H^1

Bei dem seltener verwendeten Typus des Einblendungsapparats erscheinen die Varianten direkt im Text, hier markiert durch Schrägstriche:

> Sie träumte seit langem / immer (mal>wie)der H^1, schon lange T^1 / davon / ‹da›von H^1 /, eine Weltreise / Kreuzfahrt H^1 / zu machen / [unternehmen] H^1 /.

---

16 Die Sigle erscheint im Unterschied zum Autortext in Kursivdruck, da es sich um Editortext handelt, der meist durch Kursivierung gekennzeichnet ist.

Beim synoptischen Apparat werden alle Bearbeitungsstufen parallel bzw. untereinander angeordnet, sodass die Textschichten gleichzeitig erfasst werden können:

H^1 Sie träumte immer (mal>wie)der ‹da›von,
T^1 ” ” schon lange davon,
H^1 eine Kreuzfahrt zu [unternehmen] machen.
T^1 ” Weltreise ” - - - - - - - - - ”

Welche Form des Variantenapparats der Editor auch wählt, entscheidend ist die Nachvollziehbarkeit der Textgenese für den Benutzer, der auch ohne Blick auf die Autographen eine konkrete Vorstellung vom Entstehungsprozess bekommen sollte. Nach der teilweise harschen Kritik an der Kompliziertheit von Variantenapparaten, die nur noch von Spezialisten zu verstehen sind (»Editionen für Editoren«), zeichnet sich seit einigen Jahren die Tendenz zu pragmatischen, typographisch übersichtlichen Lösungen ab.

2.5 Erläuterungen und Kommentare

Zu den Aufgaben der Editionsphilologie gehört auch die Erschließung der edierten Texte durch Erläuterungen und Kommentare. In welcher Weise und welchem Ausmaß dies zu geschehen hat, darüber herrscht allerdings keineswegs Einigkeit.[17] Verzichteten ältere historisch-kritische Ausgaben noch gänzlich auf texterschließende Beigaben, so sind diese heute in den meisten Editionen zum integralen Bestandteil geworden. Ungeachtet aller Differenzen lassen sich nach HERBERT KRAFT folgende »Themenbereiche« für die wissenschaftliche Kommentierung bestimmen:

(1) historische und literarische Folien, Parallelen;
(2) Quellen;

17 Vgl. Plachta (s. Anm. 6) S. 122–129.

(3) Überlieferung, Fassungen;
(4) Topoi, Anspielungen, Verweise, Zitate;
(5) metrische und sprachliche Formen und Bedeutungen;
(6) Sacherläuterungen.

Damit sollen die Voraussetzungen geschaffen werden »für ein Verstehen der geschichtlich-ästhetischen Form des literarischen Werkes aus historischem Abstand«.[18]

Literaturhinweise

Kraft, Herbert: Editionsphilologie. Mit Beiträgen von Jürgen Gregolin, Wilhelm Ott und Gert Vonhoff. Unter Mitarb. von Michael Billmann. Darmstadt 1990. – Zweite, neubearb. und erw. Aufl. mit Beiträgen von Diana Schilling und Gert Vonhoff. Frankfurt a. M. [u. a.] 2001.

Oellers, Norbert: Edition. In: Einführung in die neuere deutsche Literaturwissenschaft. Ein Arbeitsbuch von Dieter Gutzen, N. Oe. und Jürgen H. Petersen unter Mitarb. von Eckart Strohmaier. 6., neugef. Aufl. Berlin 1989. S. 104–125.

Plachta, Bodo: Editionswissenschaft. Eine Einführung in Methode und Praxis der Edition neuerer Texte. Stuttgart 1997. (Reclams Universal-Bibliothek. 17603.)

– Zensur. Stuttgart 2006. (Reclams Universal-Bibliothek. 17660.)

---

18 Kraft (→ Literaturhinweise), 1. Aufl., S. 181; 2. Aufl., S. 197.

II Die Gestaltung literarischer Texte

Von Christine Hummel

1 Vom Wesen der Kunst: Ästhetik

Das Wesen des Schönen, seine Produktion und Rezeption sucht die Ästhetik zu ergründen. Die Poetik als Lehre von der Dichtkunst (→ II.2) ist Bestandteil der Ästhetik, obwohl sich philosophische Ästhetik und Poetik parallel – und nicht abhängig voneinander – entwickelt haben. Das Nachdenken über das Schöne im Allgemeinen und der Dichtung im Speziellen wurzelt in der griechischen und römischen Antike bei PLATON und ARISTOTELES, bei HORAZ, CICERO und QUINTILIAN. Der Begriff »Ästhetik« leitet sich ab von griech. *aisthesis* ›Wahrnehmung, Gefühl, Verständnis‹. Als eigenständige Disziplin existiert die Ästhetik erst seit Mitte des 18. Jahrhunderts. 1750/58 erschienen die *Aesthetica* von ALEXANDER GOTTLIEB BAUMGARTEN; ihnen verdankt die Ästhetik im heutigen Sinne ihren Namen. Im Zentrum steht die Konzeption einer Wissenschaft der sinnlichen Erkenntnis (§ 1). Die bis dahin dominante einseitige Verstandeskultur wird überwunden und der Mensch in seiner Gesamtheit als Geist- und Sinnenwesen angenommen. Vorbereitet wurde die Aufwertung der Sensitivität durch das Erkenntnismodell von GOTTFRIED WILHELM LEIBNIZ, der in seiner Monadologie (1714) die sinnliche Wahrnehmung als eine Repräsentation der Welt und nicht bloß als passiven Affekt definiert.

Was heute unter dem Begriff »Ästhetik« subsumiert wird, ist ohne die nunmehr zweieinhalb Jahrtausende alte Tradition philosophischer Beschäftigung mit dem Schönen undenkbar. PLATON entwickelte auf der Grundlage seiner

Ideenlehre Thesen über die Gleichwertigkeit des Schönen
mit dem Wahren und Guten (in *Phaidros*), von der Kunst
als Nachahmung (*mimesis*) der Natur, die wiederum lediglich die Ideenwelt abbildet (*Politeia*, 10. Buch), und
von dem Schönen als objektiver Eigenschaft des Seins (in
Symposion). Bei ARISTOTELES finden sich nur wenige Äußerungen über das Schöne: Im 13. Buch seiner *Metaphysik*
nennt er Ordnung, Gleichmaß und Begrenztheit als wesentliche Eigenschaften, die sich vor allem in den mathe-
matischen Wissenschaften wiederfinden. Weitere an Dichtung und Redekunst gebundene Begriffsbestimmungen
sind in seine *Poetik* und seine *Rhetorik* (→ II.2 und II.3)
eingestreut.

Im frühen Mittelalter versucht AUGUSTINUS zwischen platonischer Philosophie und christlichen Schöpfungs- und
Gottesvorstellungen zu vermitteln. Für den mittelalterlichen Menschen ist Schönheit eine objektive Eigenschaft
des göttlichen Seins; der Mensch als Künstler ahmt in seinen Hervorbringungen nur den Schöpfer der schönen Natur nach. Bis zur Renaissance steht Kunst vorwiegend im
Dienst der Kirche, der Künstler versteht sich dabei als
ausführender kunstfertiger Handwerker. Erst im 14. Jahrhundert erfährt er eine Aufwertung als kreatives Individuum. In dieser Zeit beginnt sukzessive die Trennung von
Glauben und Verstandeserkenntnis. Zahlreiche Entdeckungen im 16. Jahrhundert, u. a. von KEPLER und GALI-
LEI, führen schließlich zur Ausbildung der Naturwissenschaften und zur Ablösung des christlich geprägten Welt-
bilds von einer gottgewollten und -gefügten Weltordnung.
In RENÉ DESCARTES' rationalistischem *Cogito ergo sum*
(›ich denke, also bin ich‹) wird der Mensch als Erkenntnis-
subjekt in den Mittelpunkt gerückt. GOTTFRIED WILHELM
LEIBNIZ geht in seiner dem barocken Weltbild verpflichte-
ten Philosophie noch von der Vollkommenheit der göttlichen Schöpfung aus; er entwickelt jedoch in seiner *Mona-*

dologie (1714) aus dem cartesianischen *Cogito ergo sum* ein fünfstufiges Schema der Erkenntnis, das auf den unteren beiden Stufen auch die sinnliche Erkenntnis einbezieht. BAUMGARTEN greift diese Neuerung der LEIBNIZschen, durch CHRISTIAN WOLFF vermittelten Lehre auf und leitet daraus seine Lehre der sinnlichen Wahrnehmung des Schönen als Rationalitätskritik ab. Die Wahrheitsfähigkeit des Schönen begründet BAUMGARTEN ontologisch, kosmologisch und theologisch; auch für ihn gilt jedoch noch die Prämisse einer gottgeschaffenen, in sich vernünftig gefassten Welt.

IMMANUEL KANT knüpft an BAUMGARTENS wegweisende *Aesthetica* mit zahlreichen Überlegungen zur Ästhetik an, die in seiner *Kritik der Urteilskraft* (1790) gebündelt sind. Das grundlegend Neue an KANTS Denken ist, dass er Erkenntnis in das Subjekt verlegt und die Bedingungen der Erkenntnismöglichkeit in der menschlichen Vernunft ins Zentrum seiner Untersuchung stellt (transzendentaler Idealismus). Das Bewusstsein einer göttlich gestalteten Welt (LEIBNIZ' »beste aller Welten«) wird abgelöst von einem Welt- und Menschenbild, in dem die menschliche Vernunft Mittelpunkt und Maßstab ist. Das Hauptanliegen KANTS in Bezug auf das Schöne – wie seiner Erkenntnistheorie überhaupt – ist, den Bedingungen der Möglichkeiten für das Zutreffen von Urteilen nachzugehen. Jene im Subjekt liegenden Bedingungen für die Urteilsfähigkeit gilt es aufzudecken. Das Schöne ist von einem kreativen Schöpfer geschaffen und autonom (Autonomieästhetik). Das Wohlgefallen am Schönen ist interesselos, es verfolgt keine weitere Intention und keinen Zweck (§ 59). Dem Gegenstand wird seine Freiheit gelassen; KANT bezeichnet diesen Zustand auch als freies Wohlgefallen oder Gunst.[1]

1 Gunst ist zu unterscheiden von der Neigung, die Wohlgefallen am (physisch) Angenehmen ist, sowie der Achtung, die das Wohlgefallen am (moralisch) Sittlichen bezeichnet (*Kritik der Urteilskraft*, § 5).

»Schön ist, was ohne Begriff als Gegenstand eines notwendigen Wohlgefallens erkannt wird« (§ 22). KANTS
Ästhetik bindet das ästhetische Urteil an das rezipierende
Individuum; nicht erfasst werden Kunstwerk und Schaffensprozess in ihrer Einzigartigkeit und historischen Dimension.

Eine historische Verortung des Kunstwerks unter-
nimmt GEORG WILHELM FRIEDRICH HEGEL in seinen
Vorlesungen zur Ästhetik, die 1835 postum anhand von
Mitschriften seiner Studenten zusammengestellt und publiziert wurden. Wissen und Wahrheit definiert HEGEL als
abhängig vom im Erfahrungsprozess befindlichen Be-
wusstsein. Das Schöne ist das sinnliche Scheinen einer
Idee. Kunst ist eine Form der bewussten Weltaneignung
(Darstellungs- oder Inhaltsästhetik) und innerhalb HE-
GELS systematischer Philosophie im Bereich des absoluten
Geistes angesiedelt. Kunst entspricht der Anschauung, so
wie die Religion der Vorstellung entspricht und die Philo-
sophie ihrerseits als höchste (und abstrakteste) Stufe dem
Begriff.

HEGELS These von der Zeit- und Objektgebundenheit
des Kunstwerks steht der KANTISCHEN Auffassung vom
autonomen Kunstwerk entgegen. Der Gegensatz von
Formästhetik (KANT) und Gehaltsästhetik (HEGEL)
durchzieht die Theorien zur Ästhetik der Künste.[2] Die
zugrunde liegenden konträren Grundannahmen vom autonomen, freien Kunstwerk einerseits und vom zweckge-
bundenen Kunstwerk andererseits sind durch das 20. Jahr-

2 »In hegelianischen Modellen beispielsweise erscheint das Kunstwerk nicht
als ›Zweckmäßigkeit ohne Zweck‹ oder als keinem ›Begriff adäquates‹ Gebilde (Kant), sondern als auflösbar im begrifflichen Denken; es erscheint
nicht aus der Sicht eines vom ›interesselosen Wohlgefallen‹ (Kant) beseelten
Betrachters, sondern in historischer Perspektive: als eindeutiger Ausdruck eines historischen Bewußtseins« (Peter V. Zima, *Literarische Ästhetik: Methoden und Modelle der Literaturwissenschaft*, Tübingen, 2. überarb.
Aufl. 1995, S. 3).

hundert³ bis heute in literaturtheoretischen Diskursen und methodischen Ansätzen (→ IV) wirksam. Vor allem in Phasen tiefgreifender gesellschaftlicher Paradigmenwechsel, so etwa in der Zeit der Protestbewegungen der 1960er Jahre oder der Wende- und Nachwendezeit Anfang der 1990er Jahre wird auch öffentlich diskutiert, ob sich Literatur gesellschaftlich engagieren solle bzw. dürfe oder ob sie auf ihrer ästhetischen und literarischen Autonomie bestehen müsse.

Literaturhinweise

Ästhetik. Arbeitstexte für den Unterricht. Hrsg. von Thomas H. Macho, Manfred Moser und Christof Šubik. Stuttgart 1986. (Reclams Universal-Bibliothek. 9592.)

Jung, Werner: Von der Mimesis zur Simulation. Eine Einführung in die Geschichte der Ästhetik. Hamburg 1995.

Kutschera, Franz von: Ästhetik. Berlin / New York 1988.

Scheer, Brigitte: Einführung in die philosophische Ästhetik. Darmstadt 1997.

Schneider, Norbert: Geschichte der Ästhetik von der Aufklärung bis zur Postmoderne. 2. durchges. Aufl. Stuttgart 1997.

Zima, Peter V.: Literarische Ästhetik. Methoden und Modelle der Literaturwissenschaft. 2. überarb. Aufl. Tübingen 1995.

2 Was ist und will Literatur: Poetik

Der Begriff »Poetik« geht auf das altgriechische *poiētikḗ téchnē* ›Dichtkunst‹ zurück, dessen erster Bestandteil von *poieín* ›hervorbringen, machen, bilden‹ abgeleitet ist. Er

---

3 Zu den wichtigsten Philosophen, die im 20. Jahrhundert eine Theorie der Ästhetik zu formulieren suchten, zählen Dilthey, Lukács, Bloch, Adorno, Heidegger sowie Lyotard, Foucault, Baudrillard, Welsch, Goodman und Danto (→ IV).

bezeichnet die vielfältigen unterschiedlichen Ansätze einer Theorie bzw. Lehre der Dichtkunst. Kategorial zu unterscheiden sind die Regelpoetiken, die den Schreibenden anleiten wollen und somit normative Gültigkeit beanspruchen, von den deskriptiven Poetiken. Zu Letzteren zählen die Gattungspoetiken und Ursprungstheorien, die nach der Keimzelle alles literarischen Schaffens und der einzelnen Gattungen suchen. Unter den Sammelbegriff Poetik zusammengefasst werden außerdem Stilkunde, Literaturkritik und Theorien des Textverständnisses; weiterhin Studien über die Entstehungsbedingungen, Wirkungsweisen und die gesellschaftliche wie individuelle Relevanz von Literatur sowie Arbeiten über die Beziehungen zwischen Literatur und anderen künstlerischen Disziplinen (Intermedialität). Auch poetologische Äußerungen, in denen Autoren über Prinzipien oder Verfahren ihres Schreibens Auskunft geben (wie z. B. Poetik-Vorlesungen), werden als ›Poetik‹ bezeichnet. Die Beziehungen zur Ästhetik als übergeordneter Disziplin auf der einen Seite und zur (älteren) Rhetorik als Lehre von der Redekunst auf der anderen Seite sind eng, teilweise fließend.

Der Anfang der Poetik als Theorie der Dichtkunst liegt in der griechischen Antike. PLATON sah das Dichten als göttlich inspiriert (in einem der späten Dialoge, *Phaidros*) und leitet daraus ab, Dichten stehe dem Menschen nicht zu und verderbe den Charakter. Dichtung verweichliche die Jugend und ziehe eine Vernachlässigung der sozialen Pflichten nach sich (*Politeia*, 10. Buch). Die künstlerische Nachahmung letztlich zufälliger Realitätsausschnitte stehe in doppelter Distanz zur Wahrheit; denn das Sichtbare an sich ist nach platonischer Ideenlehre lediglich ein Abglanz der Ideenwelt. Kunst ist somit Mimesis zweiter Ordnung. ARISTOTELES grenzt sich in der *Poetik* (nach 336 v. Chr.) von seinem Lehrer Platon ab und ergründet auf der Basis der bestehenden kulturellen Praktiken die anthropologischen

Prämissen des Dichtungsbedürfnisses und -vermögens. Er gewinnt seine Definitionen aus der Anschauung zahlreicher Beispiele. In seiner skizzenhaften Abhandlung erörtert er das Wesen der Dichtkunst (Kap. 1–5), die Tragödie (6–22) und das Epos (23–26). Ein zweites Buch über die Komödie mit einer Untersuchung des Lächerlichen ist verschollen. Der Wert einer Dichtung zeigt sich nach ARISTOTELES in der Fähigkeit, gute und passende Metaphern und Bilder zu (er)finden (Kap. 22). Dieser Bewertungsmaßstab, der sich an Qualität, Originalität und Dichte bildlichen Sprechens orientiert, ist in der Literaturkritik bis heute wirksam (→ IV).

HORAZ stellt mit seiner kurzweiligen Abhandlung *Ars poetica* (auch: *Brief an die Pisonen*, um 20 v. Chr.) die Verbindung zwischen den klassischen antiken Auffassungen und dem Hellenismus her. Im Unterschied zu PLATON lässt HORAZ auch Dichtung gelten, die nur Vergnügen bereiten will, und löst sie somit aus dem starren Korsett der moralischen und staatlichen Gesetze. Die beiden in den Begriffen Nutzen (*prodesse*) und Erfreuen (*delectare*) zusammengefassten Ziele erläutert HORAZ mit Hilfe von Beispielen aus Mythos und Theaterpraxis: »Entweder nützen oder erfreuen wollen die Dichter oder zugleich, was erfreut und was nützlich fürs Leben ist, sagen.«[4] Die Gestaltung der Dichtung vergleicht HORAZ mit derjenigen von Gemälden (»ut pictura poesis«):

»Eine Dichtung ist wie ein Gemälde: es gibt solche, die dich, wenn du näher stehst, mehr fesseln, und solche, wenn du weiter entfernt stehst; dieses liebt das Dunkel, dies will bei Lichte beschaut sein und fürchtet nicht den Scharfsinn des Richters; dieses hat einmal gefallen, doch dieses wird, noch zehnmal betrachtet, gefallen.« (V. 361)

---

4 Quintus Horatius Flaccus, *Ars Poetica / Die Dichtkunst*, lat./dt., übers. und mit einem Nachw. hrsg. von Eckart Schäfer, bibl. erg. Ausg. Stuttgart 1997, S. 24 f.

Einmal dominiert der Gesamteindruck, ein andermal die Detailansicht – auch darin sind Dichtung und Malerei vergleichbar. Prominentestes Rezeptionszeugnis dieser These ist der *Laokoon*-Aufsatz (1766) von GOTTHOLD EPHRAIM LESSING, der belegt, dass die beiden wichtigsten antiken Poetiken[5] – ARISTOTELES' *Poetik* und HORAZ' *Ars poetica* – ihre Wirkung bis weit ins 18. Jahrhundert entfalten.

MARTIN OPITZ legt mit seinem *Buch von der Deutschen Poeterey* (1624) die erste deutschsprachige Poetik vor. OPITZ übersetzte ARISTOTELES und HORAZ; seine Dichtungstheorie steht im Zeichen der antiken Tradition und ist geprägt von dem Bestreben, die deutsche Literatur auf ein gleiches Niveau mit den romanischen Dichtungen zu heben, die sich seit dem 13. Jahrhundert vom Lateinischen als der Gelehrtensprache emanzipiert und eigene Sprachkulturen und Literaturformen ausgebildet hatten. GEORG PHILIPP HARSDÖRFFERS Poetik, die unter dem Titel *Poetischer Trichter* zwischen 1647 und 1653 erschienen ist, knüpft an OPITZ an. Sie stellt das Sprachmaterial und die schon bei ARISTOTELES und HORAZ zentrale Aufforderung zur Metaphernbildung ins Zentrum. Zahlreiche weitere Barockpoetiken und die Gründung von literarischen Gesellschaften zur Pflege der deutschen Sprache (sog. Fruchtbringende Gesellschaften) in allen größeren Städten bezeugen die wachsenden literarischen Ambitionen im deutschsprachigen Raum.

Die erste Poetik der Aufklärung verfasst der Leipziger Logik-Professor und Schriftsteller JOHANN CHRISTOPH GOTTSCHED mit seinem 1729 erschienenen *Versuch einer Critischen Dichtkunst vor die Deutschen*. GOTTSCHEDS vorrangiges Ziel war die Reformierung des deutschen Theaters (→ III.4). Literatur solle, ganz im Sinne der Auf-

5 Vgl. das Nachwort zu *Ars Poetica / Die Dichtkunst* (s. Anm. 4) S. 62 f.

klärung, der sittlichen Erziehung des Menschen nutzen.
Deshalb müsse zunächst der Zweck klar definiert werden:

> »Zuallererst wähle man sich einen lehrreichen morali-
> schen Satz, der in dem ganzen Gedichte zum Grunde
> liegen soll, nach Beschaffenheit der Absichten, die man
> sich zu erlangen vorgenommen. Hierzu ersinne man
> sich eine ganz allgemeine Begebenheit, worin eine
> Handlung vorkommt, daran dieser erwählte Lehrsatz
> sehr augenscheinlich in die Sinne fällt.«[6]

Der Dichter solle die Natur nachahmen und dabei die Regeln der Wahrscheinlichkeit beachten. Gegen die Thesen
von der Erlernbarkeit der Dichtkunst nach einer solchen
Regelpoetik (GOTTSCHED ist dem klassizistischen Vorbild
OPITZ verpflichtet) und gegen die einseitige Dominanz des
Vernunftprinzips auf Kosten der schöpferischen Phantasie
wenden sich die Schweizer JOHANN JACOB BODMER und
JOHANN JACOB BREITINGER in zahlreichen gemeinsamen
Schriften aus den 1740er Jahren, in denen sie die Voraus-
setzungen für eine Subjektivierung der Dichtkunst schaf-
fen. Auch der Aufklärer und Erneuerer des deutschen
Theaters, GOTTHOLD EPHRAIM LESSING, setzt sich deut-
lich von der Position GOTTSCHEDS ab. Vor allem in seinen
Briefen, die neueste Literatur betreffend (1759–65) und in
seiner *Hamburgischen Dramaturgie* (1767–68), die den
Prinzipien der Aufklärung und dem Vorbild SHAKE-
SPEARES verpflichtet sind, löst sich Lessing vom traditionellen aristotelischen Theater (→ III.4).

Zahlreiche Schriften zur Poetik und literarischen Ästhetik zwischen Aufklärung und Romantik[7] kreisen um Fra-

---

6 Johann Christoph Gottsched, *Versuch einer Critischen Dichtkunst vor die
Deutschen*, in: J. C. G., *Schriften zur Literatur*, hrsg. von Horst Steinmetz,
Stuttgart 1972, S. 96 f.
7 Hier eine Auswahl der wichtigsten Texte: Johann Joachim Winckelmann,
Gedanken über die Nachahmung der griechischen Werke in der Malerei

gen nach der Bedeutung des Dichters als Genie und
Schöpfer, nach dem klassischen Ideal der Antike, nach
dem Verhältnis von Wirklichkeit und Phantasie und nicht
zuletzt nach den Maßstäben der literarischen Kritik. GOE-
THE und SCHILLER verfassen zahlreiche poetologische
Schriften, in denen sie das Prinzip der Klassik – die Vermittlung zwischen Gefühl und Verstand, basierend auf
dem platonischen Bildungsideal der ›Kalokagathie‹ (Einheit vom Wahren, Guten, Schönen) – postulieren. Die Antike dient ihnen als Modell für einen neuen Dichtungsstil,
der dem ›ästhetischen Wildwuchs‹ der Geniebewegung
des Sturm und Drang entgegenwirken sollte.

AUGUST WILHELM SCHLEGEL wirft in seinen *Vorlesungen über schöne Kunst und Literatur* (1801–04) der Aufklärung Nützlichkeitsdenken vor; gegen die *ratio* stellt
er – im Sinne der Romantik – das Phantastische und
Dunkle, den Traum und das Fragment. Wie schon vor der
Klassik im Sturm und Drang wird das Augenmerk auf das
schaffende Subjekt gelenkt. In der Romantik setzt sich
eine Poetik durch, die dem Kunstwerk erstmals einen eigenständigen Rang jenseits ihrer Bindung an Welt und
Wirklichkeit zuspricht.

Im 19. Jahrhundert entdecken die Autoren des Bürgerlichen Realismus (THEODOR FONTANE, ADALBERT STIFTER
u. a.) die sie umgebende Wirklichkeit wieder und suchen
nach ihren Grundstrukturen und Gesetzmäßigkeiten. Eine

---

und der Bildhauerkunst (1755); Lessing, *Laokoon* (1766) und *Hamburgische Dramaturgie* (1767/68); Goethe, *Dichtung und Wahrheit* (1811–14)
und *Nachlese zu Aristoteles' Poetik*, Johann Gottfried Herder, *Über den
Ursprung der Sprache* (1770); Karl Philipp Moritz, *Über die bildende
Nachahmung des Schönen* (1788); Friedrich Schiller, *Über die ästhetische
Erziehung des Menschen in einer Reihe von Briefen* (1795) und *Über naive
und sentimentalische Dichtung* (1795/96); Friedrich Schlegel, *Über das Studium der griechischen Poesie* (1797) und *Über Goethes Meister* (1798); Jean
Paul, *Vorschule der Ästhetik* (1804); Friedrich Hölderlin, *Urteil und Sein*
(entst. 1795) und *Über die Verfassung des poetischen Geistes* (entst. um
1800); Heinrich von Kleist, *Über das Marionettentheater* (1810).

zusammenhängende Programmatik entwickeln sie jedoch nicht. Der Naturalismus (GERHART HAUPTMANN) scheint zunächst eine Radikalisierung des Bürgerlichen Realismus zu sein, mit Blick auf die industrielle, urbane Welt, die Massengesellschaft und das Großstadtproletariat. Diese Welt gilt es nun in der Literatur – im Drama vor allem (→ III.4) – darzustellen.

Im 20. Jahrhundert spiegeln sich in den Poetiken der Autoren zusehends die Ausdifferenzierung der Lebensweisen und die Vielfalt an Weltdeutungsmustern. Die Unbeschreibbarkeit der Empfindungen des Subjekts versucht HUGO VON HOFMANNSTHAL zu Beginn des 20. Jahrhunderts in seinem fiktionalen Briefessay *Ein Brief* (1901) zu schildern. Die empirisch erfahrbare Welt ist nun nicht länger Gegenstand ästhetischer Darstellung, sondern sie liefert dem schreibenden Subjekt lediglich die vielfältigen Bewusstseinsinhalte, die es dann möglichst genau zu beschreiben gilt (Selbstreferentialität, z. B. bei RILKE und MUSIL; zu den Romanpoetiken des 20. Jahrhunderts → III.3). GEORG LUKÁCS und BERTOLT BRECHT versuchen noch einmal in HEGELscher (und von KARL MARX fortgeführter) Tradition, die Kunst auf ihre Weltbindung zu verpflichten, wie sich an BRECHTS Poetik des epischen Theaters ablesen lässt (→ III.4). Doch gewinnen im Zeitalter der durch NIETZSCHE geprägten Moderne, also des die Moderne reflektierenden Modernismus, der diese wiederum reflektierenden Postmoderne, der Post-Postmoderne usw. (P. ZIMA) Begriffe wie »Ambiguität«, »Ambivalenz« und »Indifferenz« die Oberhand, und es sind infolgedessen eine Vielzahl an Poetiken möglich.[8]

Grundsätzlich lässt sich festhalten, dass die Dialektik zweier widerstreitender Prinzipien die Geschichte der Poetik und die Diskussionen um Aufgabe und Funktion

8 Vgl. dazu den gerade das 20. Jahrhundert in den Blick nehmenden Band von Peter V. Zima (s. Anm. 2).

der Dichtung bis heute prägt: Dies ist auf der einen Seite das Prinzip der Bindung der Kunst an die Welt, z. B. in Form ihrer Indienstnahme für die Politik (*littérature engagée*, engagierte Literatur) und auf der anderen Seite das Prinzip der Autonomie und ihrer vollständigen Befreiung von der Welt (*poésie pure*, autonome Literatur).

Literaturhinweise

Burdorf, Dieter: Poetik der Form. Eine Begriffs- und Problemgeschichte. Stuttgart/Weimar 2001.

Jung, Werner: Kleine Geschichte der Poetik. Hamburg 1997.

Texte zur Literaturtheorie der Gegenwart. Hrsg. und kommentiert von Dorothee Kimmich [u. a.]. Stuttgart 1996. (Reclams Universal-Bibliothek. 9414.)

Zima, Peter V.: Literarische Ästhetik: Methoden und Modelle der Literaturwissenschaft. 2. überarb. Aufl. Tübingen 1995. [Daran anschließend:]

– Moderne / Postmoderne. Tübingen 1997.

Metzler Lexikon Literatur- und Kulturtheorie. Ansätze – Personen – Grundbegriffe. Hrsg. von Ansgar Nünning. Stuttgart/Weimar 1998. 3. aktual. und erw. Aufl. 2004.

3 Die Kunst der Rede: Rhetorik

Die Redekunst, griechisch *rhētorikḗ téchnē*, wurzelt in der griechischen und römischen Antike bei ARISTOTELES, CICERO und QUINTILIAN. Das Erfahrungswissen über die Möglichkeiten der Rhetorik hat im fünften vorchristlichen Jahrhundert, gleichzeitig mit der Etablierung der Schriftlichkeit, der Grieche GORGIAS zusammengetragen. GORGIAS zählte zu den Sophisten (Lehrer der Weisheit), die den Menschen als Maß aller Dinge setzten und unter Rhetorik die Regeln des Sichbehauptens im Widerstreit (*agṓn*) verstanden. Diese Form des Disputs kritisierte PLATON in *Gorgias* und *Phaidros* und suchte die Rhetorik wieder dem Primat der Philosophie unterzuordnen. Davon wiederum setzte sich sein Schüler ARISTOTELES mit seiner umfangreichen *Rhetorik* deutlich ab.

ARISTOTELES bezieht sich auf *Phaidros*, wo Platon drei Fragen nach Rang und Bedeutung der Rhetorik aufgeworfen hatte:[9] (1) Kann die Rhetorik eine der Philosophie auch nur annähernd vergleichbare Rolle spielen? (Relevanzfrage); (2) Kann sie den Status einer *téchnē* (also einer wirklichen Fertigkeit) beanspruchen? (Disziplinaritätsfrage); (3) Hat sie eine Theorie? (Theoriefrage). Nach PLATON sind alle drei Fragen zu verneinen. Während PLATON die Rhetorik also verwirft, nimmt ARISTOTELES Poetik und Rhetorik in seine Untersuchung der Künste auf. Er stellt sie auf eine empirische Basis, indem er die Rhetorik des öffentlichen und politischen Lebens in den Blick nimmt. Daraus resultiert die Aufgabe, die z. B. in Gesängen, im Theater, in Gerichtsreden, auf Marktplätzen verwendete Rhetorik theoretisch zu fundieren (Beantwortung der ersten Frage nach der Relevanz neben der Philosophie). Auch die zweite Frage PLATONS hat ARISTOTELES beantwortet, indem er die Rhetorik programmatisch zum Gegenstück der Dialektik erhebt. Beide Fächer wenden sich der gleichen Problemlage zu: Sie sind mit strittigen Sachverhalten beschäftigt. Doch während die Dialektik dialogisch verfährt (These, Antithese, Syllogismus), bedient sich die Rhetorik der monologischen Rede (und der Deduktion: der Ableitung des Besonderen aus dem Allgemeinen). »Die Rhetorik stelle also das Vermögen dar, bei jedem Gegenstand dasjenige zu entdecken (*theōreín*), das als Überzeugendes (*pithanón*) in Frage kommt. Denn dies ist die Aufgabe

9 Vgl. zum folgenden Joachim Knape, *Allgemeine Rhetorik*, Stuttgart 2000 (Reclams Universal-Bibliothek, 18045), S. 27–33.

keiner anderen Kunst«, hebt das zweite Kapitel an. ARISTOTELES geht es um die Kunst des plausiblen, überzeugenden Argumentierens. In drei umfangreichen Büchern widmet er sich der von PLATON geforderten Theorie und untersucht in ihnen den Redenden, den Hörer und die Rede selbst.

Die Römer standen der Rhetorik zunächst skeptisch gegenüber und vertrieben um 160 v. Chr. die griechischen Philosophen und Rhetoren, bemühten sich jedoch ein halbes Jahrhundert später um eine eigene Rhetorik (Zusammenfassung der Lehren des GALLUS von einem anonymen Schüler: *Rhetorica ad Herennium*, um 84 v. Chr.).

Das Meisterwerk der römischen Rhetoriktheorie ist CICEROS *De oratore. Über den Redner* (55 v. Chr.). Ausgangspunkt ist hier ebenfalls die von PLATON formulierte Skepsis. Ein Kernsatz lautet deshalb:

> »Von einem Redner [...] muß man dialektischen Scharfsinn verlangen, philosophische Gedanken und eine fast schon dichterische Ausdrucksweise, das Gedächtnis von Juristen, die Stimme von Tragöden und die Gebärdensprache fast der besten unter den Schauspielern.« (*De oratore* 1,128)

Überdies soll, so CICERO, der gute Redner hohen moralischen Ansprüchen (*vir bonus*) genügen und universal gebildet sein, denn: »Hat der Redner die Sachen nicht gründlich erfaßt und erkannt, so ist sein Vortrag nur ein leeres und kindisches Gerede« (1,21 f.). Fünf Pflichten muss der Redner befolgen: *inventio* (Stofffindung), *dispositio* (Gliederung), *elocutio* (sprachliche Ausformulierung), *memoria* (Auswendiglernen) und *actio* (den Vortrag). Die beiden ersten beziehen sich auf die Gedanken (*res*), die letzten drei auf die Sprache (*verba*). Die Stoffauffindung wird durch bestimmte Suchkategorien vereinfacht, die in der Topik zusammengefasst sind. Die Topoi knüpfen an

die Alltagserfahrung an und wurden erstmals von ARISTO-
TELES in die Rhetorik integriert.[10] Aus der literaturwissenschaftlichen Toposforschung hat sich die Stoff- und Motivforschung entwickelt. Bei der Anordnung des Stoffes
(*dispositio*) sind zwei Strategien möglich: die antithetische
oder die mehrgliedrige, reihende. Je nach Gegenstand
muss der Redner sich für die eine oder andere Strategie
entscheiden. – Wichtig und wirksam für die literaturwissenschaftliche Praxis bis heute sind die ersten drei als
Pflichten formulierte Aspekte (→ II.3.1).

QUINTILIAN erweitert die Schulung des Redners zu einem umfassenden Erziehungs- und Bildungsprogramm
(in: *Institutio oratoria*, um 96 n. Chr.). Seine *Ausbildung
des Redners*, so die Übersetzung des Titels, handelt von
der *ars bene dicendi*, der Kunst der guten – moralisch guten – Rede. Sie soll das gesamte zeitgenössische Wissen
der Disziplin Rhetorik zusammenfassen und darüber hinaus einen Lehrplan und didaktische Konzeptionen mitlie-
fern. Diese Abhandlung lässt sich nicht in eine Reihe mit
den seit Jahrhunderten in Griechenland und im römischen
Reich üblichen Handbücher stellen, sondern ist ein umfassendes Traktat mit philosophischem und pädagogi-
schem Anspruch.

Die Kunst der Rhetorik gehört zu den sieben freien
Künsten (*septem artes liberales* → II.3.1) und zählt zum
»Trivium«, zur Vorschule, wie Dialektik und Grammatik.
Hat man diese Vorschule absolviert, kann man sich dem
»Quadrivium« von Geometrie, Astronomie, Arithmetik
und Musik widmen. Von der Antike bis weit ins Mittelal-
ter bilden die sieben freien Künste – »Kunst« entsprach

10 Siehe das Schema bei Knape (s. Anm. 9) S. 40: Knape unterscheidet folgen-
de Typen: Vorzeigerede/Gerichtsrede/Beratungsrede; dann unterteilt in
Telos/Thema/Tempus, also z. B.: Vorzeigerede – Telos: Lob/Tadel; Thema:
Schönes/Hässliches; Tempus: Gegenwart. Oder Gerichtsrede – Ziel: An-
klage oder Verteidigung; Thema: Gerechtes oder Ungerechtes; Tempus:
Vergangenheit.

damals dem heutigen Terminus »Wissenschaft«[11] – die Grundlage des akademischen Lehrbetriebs. Eine deutliche Abwertung erfährt die Rhetoriklehre im Idealismus, der die Individualität des Menschen und seiner Vernunft betont, etwa bei GOETHE als Verstellungstechnik, bei KANT als Maschine der Überredung und der Überlistung.[12] Große Bedeutung hat die Rhetorik allerdings in der schulischen und akademischen Lehre bis ins 18. Jahrhundert; während in der Antike die Rhetoriklehren vor allem politische Funktion hatten, behielten sie ihren Stellenwert als grundlegende kulturelle Praxis und gingen sukzessive in der Allgemeinbildung auf.[13] Ihren Rang als selbständige Disziplin und normatives Regelwerk hat die Rhetorik zwar eingebüßt, jedoch ist sie als methodische Hilfsdisziplin bis auf den heutigen Tag in der Justiz präsent und darüber hinaus bei der Strukturierung mündlicher wie schriftlicher Kommunikation nach wie vor nützlich: Denn

11 Neben *den artes liberales* gab es die technischen Künste bzw. Wissenschaften, die *artes mechanicae*: Malerei, Bildhauerei, Weberei, Tischlerei, Maurerei und Ackerbau. Vgl. weiterführend Rosario Assunto, *Die Theorie des Schönen im Mittelalter*, Köln 1963, und Umberto Eco, *Kunst und Schönheit im Mittelalter*, München 1991.

12 Vgl. Walter Jens, »Rhetorik«, in: *Reallexikon der deutschen Literaturgeschichte*, begr. von Paul Merker und Wolfgang Stammler, Berlin 1958–88. Bd. 3, S. 433–457, hier S. 433.

13 Doch sind nach wie vor Einwände virulent: Paul de Man etwa fragt, ob es vor dem Hintergrund der zahllosen Variationen des uneigentlichen Sprechens, die durch die Rhetorik tradiert sind, überhaupt möglich sei, bei der Rezeption einer Rede oder eines Textes zu einer gesicherten Textbedeutung zu kommen. Und selbst die Opposition zwischen ›buchstäblicher‹ und ›figurativer‹ Bedeutung wird von einer solchen dekonstruktivistischen (→ IV.12) Strategie des Lesens unterlaufen. Nach de Man ist es unmöglich, »mit Hilfe grammatischer oder anderer sprachlicher Hinweise zu entscheiden, welche der beiden Bedeutungen (die miteinander inkompatibel sein können) den Vorrang hat. Rhetorik ist die radikale Suspendierung der Logik und eröffnet schwindelerregende Möglichkeiten referentieller Verirrung. Und obgleich es vielleicht etwas weiter vom allgemeinen Gebrauch entfernt ist, würde ich nicht zögern, die rhetorische, figurative Macht der Sprache mit der Literatur selber gleichzusetzen« (P. de Man, *Allegorien des Lesens*, übers. von Werner Hamancher und Peter Krumme, Frankfurt a. M. 1988, S. 40).

stringenter Aufbau, angemessene und variationsreiche Sprache sowie die Situations- und Adressatenorientierung sind erlernbar und die Voraussetzung der plausiblen schriftlichen Ausarbeitung, des schlüssigen Referats und jeglicher gelungener Ansprache.

Literaturhinweise

Fuhrmann, Manfred: Antike Rhetorik. München 1984.
Göttert, Karl-Heinz: Einführung in die Rhetorik. München ²1994.
Knape, Joachim: Allgemeine Rhetorik. Stationen der Theoriegeschichte. Stuttgart 2000. (Reclams Universal-Bibliothek. 18045.)
– Was ist Rhetorik? Stuttgart 2000. (Reclams Universal-Bibliothek. 18044.)
Lausberg, Heinrich: Handbuch der literarischen Rhetorik. Eine Grundlegung der Literaturwissenschaft. Mit einem Vorw. von Arnold Arens. Stuttgart ³1990.

3.1   Systematische Übersicht: Rhetorik

Die sieben freien Künste der Antike, *septem artes liberales*:

Trivium	*Quadrivium*
Dialektik	Geometrie
Rhetorik	Astronomie
Grammatik	Arithmetik
	Musik

Rhetorik
Die Ziele einer Rede können sein: *delectare* – erfreuen (Gefühl); *movere* – überzeugen und bewegen (Herz); *docere* – belehren (Verstand).

In der lateinischen Schulrhetorik wurde die Verarbeitung (*tractatio*) des Stoffes (*materia*) zu einer Rede in fünf Phasen unterteilt (rhetorische Arbeitstechniken):

I.	*inventio*	Stoffauffindung		
II.	*dispositio*	Gliederung des Stoffes	*res*	⇑
III.	*elocutio*	sprachliche Gestaltung	*verba*	⇓
IV.	*memoria*	Auswendiglernen, Memorieren		
V.	*pronuntiatio*	Vortrag		

Zu II. *dispositio*
Die Gliederung des Stoffes (*dispositio*) erfolgt in fünf Schritten:

1.	*exordium*	Einleitung
2.	*narratio*	Darlegung des Sachverhalts
3.	*argumentatio*	Argumentation (antithetisch; kausal; temporal-reihend)
4.	*refutatio*	Widerlegung der Gegenargumente
5.	*conclusio*	Schlussfolgerung

zu III. *elocutio*
Bei der sprachlichen Gestaltung (*elocutio*) lassen sich vier Sprach- oder Stilqualitäten, die Redequalitäten (*virtutes elocutionis*), unterscheiden:

(1)	*puritas*	Reinheit (grammatische Korrektheit)
(2)	*perspicuitas/claritas*	Verständlichkeit / Klarheit
(3)	*aptum*	Angemessenheit der Stilhöhe
(4)	*ornatus*	Schmuck

Stilbesonderheiten: Verbalstil, Nominalstil, Personalstil, Sekundenstil

zu (3) *aptum – genera dicendi* (vgl. III.4):
Folgende Stilhöhen werden unterschieden:

– *genus humile*: der leichte, niedrige Stil des alltäglichen
  Lebens
– *genus mediocre* oder *medium*: der mittlere Stil gepfleg-
  ter Konversation
– *genus grande* oder *sublime*: der gehobene Stil bei feierlichen Anlässen

zu (4) *ornatus*
Mehrere Kategorien sprachlichen ›Schmucks‹ lassen sich
unterscheiden:

(a) *Tropen* (griech. *trópos* ›Wendung‹): *ornatus in verbis
    singulis*
    → Bedeutungsänderungen von Worten (vgl. II.5.2)
(b) *Figuren*: *ornatus in verbis coniunctis* (vgl. II.4.1)
    → besondere Verknüpfungen von Worten oder Wort-
    gruppen
(c) *Topoi* (griech. *tópos* ›Ort‹): ›Ort‹, an dem Argumente
    aufgefunden werden, im engeren Sinne: tradierte
    Denk- und Ausdrucksschemata (z. B. der idyllische
    und der schreckliche Ort: *locus amoenus* und *locus
    horribilis*, das Welttheater, das goldene Zeitalter)

4 Die Schönheit der Rede: Stilistik

Der Begriff »Stil« leitet sich ab vom lateinischen *stilus*
›Stängel, Griffel, Schreibgerät‹. Erstmals hat NOVALIS ihn
im deutschsprachigen Raum verwendet. Hinter dem Begriff »Stilistik« verbirgt sich ein Bündel von Bedeutungen:
Stiltheorie ist (1) Teil der Literaturtheorie und Bindeglied
zwischen Sprach- und Literaturwissenschaft, sie ist ferner
(2) Teil der Literaturgeschichtsschreibung (›Epochenstil‹)
und (3) der Gattungspoetik (Gattungsstil, Stil eines Genres). Schließlich hat die Stilistik als (4) angewandte bzw.

normative Stilistik eine lange Tradition, indem sie als Teil der Rhetorik Anweisungen zur sprachlich angemessenen Gestaltung eines Textes gibt (*aptum* → II.3.1). Daraus abgeleitet sind die Vorstellungen von der Drei-Stile-Lehre – vom gehobenen (erhabenen, sublimen, pathetischen), mittleren und alltäglichen, niederen Stil – und die Forderungen nach situativer Angemessenheit. Im 18. Jahrhundert vollzog sich eine Loslösung des Stilbegriffs vom rhetorisch reglementierten Sprachdekor zu einem Verständnis von (5) Stil als subjektivem Persönlichkeitsausdruck.[14]

Die nun im Mittelpunkt stehende deskriptive Stilanalyse als Teil der Literaturwissenschaft zielt darauf, sprachliche Eigenarten und Besonderheiten eines Textes zu erkennen und exakt zu benennen. Grundsätzlich lassen sich zwei Ebenen unterscheiden: die makrostilistische und die mikrostilistische.[15] Die makrostilistische Analyse untersucht auf der Ebene von Textsorte und Gattungszugehörigkeit die spezifische Tektonik und Darstellungsart, Textstruktur, Perspektive und Redewiedergabe. Die gattungsübergreifende mikrostilistische Analyse beschreibt die Stillage hinsichtlich der Wortwahl (Nominalstil, Verbalstil, Adjektivstil; Wortfelder, Metaphernbildung usw.) und des Satzbaus (z. B. den Grad der Komplexität als parataktisch oder hypotaktisch oder unvollkommen bzw. elliptisch). Durch die Verwendung auffallender, von der Alltagsnorm abweichender Wörter oder Wortverbindungen setzt ein Sprecher oder Autor gezielt Akzente; die antike Rhetorik

---

14 Zum Wandel des Stilbegriffs vgl. die übersichtliche Darstellung von Willy Sanders, »Stil im Wandel«, in: *Stil und Stilwandel*. Bernhard Sowinski zum 65. Geburtstag gewidmet, hrsg. von Ulla Fix und Gotthard Lerchner, Frankfurt a. M. 1996, S. 345–357.

15 Diese Unterscheidung findet sich bei Bernhard Sowinski, von dem mehrere Arbeiten zur Stilkunde vorliegen. Makrostilistik wendet sich der Erzählweise, den Bauformen und der Darstellungsweise zu, Mikrostilistik der Syntax, Lexik und Bildlichkeit. Stilkunde ist so verstanden eine Art Inventarisierung der Möglichkeiten der Sprachverwendung.

bezeichnete diesen Komplex als Redeschmuck, *ornatus* (→ II.3.1). Die deskriptive Stilanalyse als Teil der Literaturwissenschaft bedient sich der Figurenlehre der Rhetorik, um die stilistischen Merkmale eines Textes terminologisch präzise zu erfassen. Die Kenntnis der griechischen bzw. lateinischen Fachbegriffe, für die es häufig keine adäquaten deutschsprachigen Übersetzungen gibt, ist somit für Germanisten unverzichtbar.

Der Redeschmuck lässt sich in zwei Gruppen unterteilen, deren Grenzen nicht eindeutig zu ziehen sind und die unterschiedlich systematisiert werden können.[16] Der Begriff »Tropus« ist abgeleitet vom griechischen *trópos* ›Wendung‹. Die Trope beruht auf Austausch, deshalb wird sie lateinisch *ornatus in verbis singulis* genannt. Unter den Oberbegriff »Tropen« werden Formen uneigentlicher Redeweisen zusammengefasst; sie ersetzen einen Ausdruck durch einen anderen, umschreibenden (→ II.5.2).[17]

Mit Figuren hingegen werden besondere (normabweichende) Verknüpfungen von Wörtern, lat. *ornatus in verbis coniunctis*, bezeichnet. Eine weitere Gruppe bilden die Gedanken- oder Inhaltsfiguren (*figurae sententiae*), die von den Tropen nicht immer klar zu differenzieren sind, was mitunter zu Verwirrung führt. Es gibt konkurrierende Versuche, sprachliche Figuren zu systematisieren und somit unterschiedliche Kategorisierungen: z. B. Wortfiguren (Worthäufung, oder -auslassung, oder -umstellung),

16 Tropen und Figuren sind nicht einheitlich verwendete Begriffe, vgl. dazu Peter Heßelmann, »Rhetorische Grundbegriffe«, in: *Literaturwissenschaft. Ein Grundkurs*, hrsg. von Helmut Brackert und Jörn Stückrath, Reinbek 1995, S. 118–129, hier S. 125 f.

17 Quintilian (*Institutio oratoria* 9,1,4) definiert: »Es ist also ein Tropus eine Redeweise, die von ihrer natürlichen und ursprünglichen Bedeutung auf eine andere übertragen ist, um der Rede zum Schmuck zu dienen, oder, wie die Grammatiklehrer meist definieren, ein Ausdruck, der von der Stelle, bei der er eigentlich gilt, auf eine Stelle übertragen ist, wo er nicht eigentlich gilt« (Quintilian, *Institutionis Oratoriae Libri XXX / Ausbildung des Redners*, lat./dt., hrsg. und übers. von Helmut Rahn, Darmstadt 1975, S. 251).

Satzfiguren (Position, Wiederholung, Auslassung, Wortstellung), Gedankenfiguren (sie betreffen die gedankliche Ausarbeitung, also die Formung und Gliederung der Gedanken; z. B. Anruf, Frage, Entgegenstellung, Widersprüchlichkeit) und Klangfiguren (Wortwiederholung, Wortspiel, Lautmalerei).[18]

4.1   Rhetorische Stilmittel im Überblick: Figuren (Auswahl)

Rhetorische Figuren beruhen auf:

(1) Wiederholung/Hinzufügung (*figurae per adiectonem*)
(2) Auslassung/Kürzung (*figurae per destractionem*)
(3) Umstellung/Position (*figurae per ordinem*)
     → Wortfiguren
(4) Gedankenfiguren (*figurae sententiae*)
     → Inhaltsfiguren

Zu (1) Wortfiguren durch Wiederholung oder Hinzufügung

Akkumulation (lat., ›Anhäufung‹): Synonymenhäufung (»ein günstiges preiswertes Sonderangebot«)

Anadiplose (griech., ›Verdopplung‹): Wiederholung des letzten Wortes am Anfang des folgenden Satzes (»Er ging in den Schnee. Schnee überall.«)

Anapher (griech., ›Wiederaufnahme‹): Wiederholung am Anfang einer metrischen oder syntaktischen Einheit (»Wie lieb ich Dich! / Wie blickt dein Aug! / Wie liebst du mich!«, GOETHE)

Epipher (griech., ›Zugabe‹): Wiederholung am Ende einer

---

18 Vgl. Ivo Braak, *Poetik in Stichworten. Literaturwissenschaftliche Grundbegriffe. Eine Einführung*, 8. überarb. und erw. Aufl. von Martin Neubauer, Berlin/Stuttgart 2001, S. 51–70.

metrischen oder syntaktischen Einheit (»Doch alle Lust will Ewigkeit –, will tiefe, tiefe Ewigkeit«, NIETZSCHE)

Symploke (griech., ›Verflechtung‹): Kombination von Anapher und Epipher

Alliteration oder *Stabreim*: Wiederholung des Anlauts der Stammsilbenbetonung (»mit Kind und Kegel«; »das Wesen, das über den Wolken waltet«, KLEIST)

Assonanz (lat., ›Anklang‹): Wiederholung, Gleichklang der Vokale (»die rote Sonne über Soho«, BRECHT)

Figura etymologica (lat.): Verbindung zweier Wörter mit gleichem Wortstamm (»umfangend umfangen«, GOETHE)

Pleonasmus (griech., ›Überfluss‹): unnötige Doppelaussage (»neu renoviert«, »weißer Schimmel«)

Polysyndeton (griech., ›vielfach Verbundenes‹): Wort- oder Satzfolge, deren Glieder durch die gleiche Konjunktion verbunden sind (»und es wallet und siedet und brauset und zischt«, SCHILLER)

Polyptoton (griech., ›viel‹ und ›Fall‹): Wiederholung desselben Wort(stamm)es im selben Satz (»der Mensch ist des Menschen Wolf«, »Auge um Auge, Zahn um Zahn«)

Tautologie (griech. *tautá* ›auf dieselbe Weise‹ und *lógos* ›Rede, Begriff, Wort‹): synonyme Wortwiederholung (»einzig und allein«; »immer und ewig«)

Zu (2) Wortfiguren durch Auslassung

Aposiopese (griech., ›Verstummen‹): Auslassung des Wichtigsten (»Dich werd ich …«)

Asyndeton (griech., ›Unverbundenes‹): Auslassung verbindender Konjunktionen (»tote Lieb, tote Lust, tote Zeit«, DROSTE-HÜLSHOFF; »Veni, vidi, vici«) [Gegensatz: Polysyndeton]

Ellipse (griech., ›Auslassung, Mangel‹): Auslassung wichtiger Satzteile (»Was nun?«)

Zeugma (griech., ›Zusammengefügtes‹): Beziehung eines Satzteils auf mehrere andere, wobei verschiedene Bedeutungen evoziert werden (»Er nahm Abschied und seinen Hut«)

Zu (3) Wortfiguren durch Umstellung

Anakoluth (griech., ›ohne Folge‹): Satzbruch, Unterbrechung, Störung des syntaktischen Gefüges (»Dieser Kerl, dem zeige ich es«)

Chiasmus (abgeleitet von der Form des griechischen Großbuchstabens *Chi*: X): Überkreuzstellung der Wort- und Gedankenstellung (»Jauchzen möchte ich, möchte weinen«, EICHENDORFF; »Die Kunst ist lang, und kurz ist unser Leben«, GOETHE)

Commutatio (lat.): Gegenüberstellung (»Bellende Hunde beißen nicht, und beißende Hunde bellen nicht«)

Hypallage (griech., ›Vertauschung‹): Verschiebung der logischen Wortbeziehungen (»das blaue Lächeln ihrer Augen«) [auch: Enallage]

Hyperbaton (griech., ›Übersteigendes‹): künstliche Trennung einer syntaktisch zusammengehörigen Wortgruppe durch eine Einschiebung (»Der Worte sind genug gewechselt«)

Hysteron proteron (griech., ›das Spätere als Früheres‹): das sachlich bzw. logisch an zweiter Stelle Stehende wird zuerst genannt (»Ihr Mann ist tot und lässt Sie grüßen«)

Inversion (lat.): Umstellung (»der Glocken Klang«)

Parenthese (griech., ›Einschub‹): Einschub, Unterbrechung (»Eduard – so nennen wir einen reichen Baron im besten Mannesalter – Eduard«, GOETHE)

Zu (4) Gedankenfiguren

Antithese (lat.): Gegensatz (»Fern der Himmel und die Tiefe nah«, C. F. MEYER); häufig in Barocksonetten

Apostrophe (griech., ›Abwenden‹): Abwendung des Dichters vom Publikum und Anrede an (abwesende) Personen oder Dinge (»Freude, schöner Götterfunken«, SCHILLER)

Katachrese (griech., ›Missbrauch‹):*[19] Bildsprung, Störung des sprachlichen Bildes (»der Zahn der Zeit wird auch hierüber Gras wachsen lassen«)

Klimax (griech., ›Leiter‹): Steigerung (»Wie habe ich ihn nicht gebeten, gefleht, beschworen«, LESSING) [Gegensatz: Antiklimax)

Oxymoron (griech. *oxýs* ›scharf‹ und *mōrós* ›dumm‹) Verbindung von scheinbar Widersprüchlichem (»bittersüß«); *contradictio in adiecto* (lat.): Widerspruch im Adjektiv (»beredtes Schweigen«, »alter Knabe«)

Paradox (griech., ›Unerwartetes‹): Widerspruch (»Meine Demut erblüht«, LOERKE)

Parallelismus: Wiederkehr einer Wort- und Gedankenstellung (»Bleich das Leben! Bleich der Felsenhang!« C. F. MEYER)

Praeteritio (lat., ›Vorbeigehen‹) bzw. *Paralipse* (griech., ›Auslassung‹): Vorgebliche Auslassung des nur vermeintlich Unwichtigen (»Reden wir nicht davon!«)

Synästhesie (griech., ›Zusammenempfinden‹):* Wahrnehmungen aus zwei Sinnesbereichen werden zusammengeführt (»Der Acker leuchtet weiß und kalt«, TRAKL; »golden wehn die Töne nieder«, BRENTANO).[20]

19 Satzfiguren, die unterschiedlich zugeordnet werden können, sind mit * versehen.

20 Synästhesie kommt in dem nach wie vor maßgeblichen Standardwerk zur Rhetorik von Heinrich Lausberg, *Handbuch der literarischen Rhetorik. Eine Grundlegung der Literaturwissenschaft*, mit einem Vorw. von Arnold Arens, Stuttgart ³1990, nicht vor.

Literaturhinweise

Göttert, Karl Heinz / Jungen, Oliver: Einführung in die Stilistik.
   München 2004.
Fricke, Harald / Zymner, Rüdiger: Einübung in die Literaturwis-
   senschaft. Parodieren geht über studieren. Paderborn [u. a.]³1996.
Poetik in Stichworten. Literaturwissenschaftliche Grundbegriffe.
   Eine Einführung von Ivo Braak. 8. überarb. und erw. Aufl. von
   Martin Neubauer. Berlin/Stuttgart 2001.
Sowinski, Bernhard: Stilistik. 2, überarb. u. aktual. Aufl. Stuttgart/
   Weimar 1999.

5   Bildliches Sprechen: Tropik bzw. Metaphorik

Die etymologische Wurzel des Wortes »Bild« liegt im alt-
hochdeutschen *bilidi* ›Wunderzeichen‹, abgeleitet von *bil*
›Kraft, Wunderkraft‹. In diesem Begriff geht das Zeichen
eine Verbindung mit der Magie ein und verweist darauf,
welch immense Kraft dem Zeichen bzw. Bild zugesprochen wurde – eine Kraft jenseits der kommunikativen
Funktion. Das sprachliche Bild und das bildliche, ›unei-
gentliche‹ Sprechen entfalten ebenfalls Wirkungen, die
über das bloße Bezeichnen hinausgehen. Als Zauberwort
ebenso wie als Bannspruch – noch in HEINRICH HEINES
Wintermährchen vermag das Dichterwort, im Rekurs auf
DANTES *Göttliche Komödie*, in die Hölle zu verdammen.
   Wenn von Bildlichkeit in der Literatur die Rede ist, ist
damit uneigentliches, metaphorisches Sprechen gemeint,
das wiederum substanzieller Bestandteil der Poetizität eines Textes ist. Neben Fiktionalität ist die Poetizität maß-
gebliches Kennzeichen von Literatur. Bis in das 20. Jahrhundert wurde – durch die auf ARISTOTELES fußenden
Regelpoetiken tradiert (→ II.2) – die Komplexität und
Originalität der Bildlichkeit als Qualitätsmaßstab eines literarischen Textes betrachtet.

5.1 Metapher, Allegorie, Symbol

5.1.1 Metapher

Lange Zeit verstand man die Metapher in Anlehnung an QUINTILIAN als einen um das »wie« verkürzten Vergleich. Zwei Richtungen lassen sich in der Metaphernforschung unterscheiden: Zum einen die auf der antiken Rhetorik basierende Substitutionstheorie (von. lat. *substituere* ›ersetzen‹), die mit QUINTILIAN davon ausgeht, dass die Metapher lediglich einen Ausdruck durch einen uneigentlichen ersetzt. Diese Auffassung ist inzwischen weitgehend überholt. Die andere Richtung, die Interaktionstheorie, geht davon aus, dass in der Metapher Bild und Sache verschmelzen und die Metapher in ihrem Kontext gesehen und interpretiert werden muss. Uneigentliches und bildliches Sprechen schmücken den Text nach diesem Verständnis nicht nur aus, sondern bereichern das Sinnpotential und haben, wie die zahlreichen Forschungen zur Metapherntheorie seit der Mitte des 20. Jahrhunderts herausstellen, Verdeutlichungsfunktion.[21]

PAUL RICŒUR hebt diesen Aspekt hervor und betont, eine lebendige Metapher habe heuristischen Wert: Sie versetze den Rezipienten in die Lage – ähnlich wie ein wissenschaftliches Modell – bestimmte, bislang verborgene Aspekte der Wirklichkeit wahrzunehmen und zu erkennen.[22] MAX BLACK hat diesen Erkenntnisvorgang am

---

21 Finen Überblick über den Stand und die Vielfalt der Forschungsrichtungen geben die Sammelbände *Theorie der Metapher*, hrsg. von Anselm Haverkamp, Darmstadt ²1996 – hier finden sich grundlegende Texte zur Semantik der Metapher (u. a. von M. Black), zur Semiotik (u. a. von R. Jacobson und G. Genette), zur Hermeneutik der Metapher (u. a. von H. Blumenberg, H. Weinrich, P. Ricœur und P. de Man) – und *Der Streit um die Metapher. Poetologische Texte von Nietzsche bis Handke*, hrsg. von Klaus Müller-Richter und Arturo Larcati, Darmstadt 1998.

22 »Lebendig ist die Metapher nicht nur insofern, als sie eine konstituierte Sprache belebt. Lebendig ist sie auch, indem sie den Schwung der Einbil-

Beispiel der Zeitlupe illustriert, die einen Bewegungsablauf in optischer Zergliederung darzustellen vermag und somit Sichtweise und Imaginationskraft des Zuschauers verändert, also seinen Wahrnehmungs- und Vorstellungshorizont um ein kognitives Instrument ergänzt.[23] Metaphorisches Sprechen eröffnet jedoch nicht nur eine neue Perspektive auf den sprachlich vermittelten Ausschnitt der Realität, sondern gewährt auch Einblicke in das spezifische Wirklichkeitsverhältnis des Sprechers. Die Metapher, z. B. »Zitronenmond« (LOERKE), setzt sich zusammen aus dem Bildspender (Zitrone) und dem Bildempfänger (Mond). Der Leser ist aufgefordert, Konnotationen vom Bildspender, der Zitrone, zu aktivieren (z. B. gelb, nicht ganz rund, rau-dellige Oberflächenstruktur) und auf den Bildempfänger (Mond) zu übertragen. Selbst bei diesem Beispiel lässt sich die Metapher nicht völlig auflösen, es bleibt ein unübersetzbarer Rest, ein poetischer Mehrwert. Metaphern speisen sich aus verschiedenen Bildfeldern, wie Natur, z. B. die Jahreszeiten-Metaphorik: Die Jahreszeiten können für Lebens- oder auch Zeitalter stehen; Frühling verweist seit der Antike (OVID, VERGIL) auf Jugend, Liebe und Fruchtbarkeit, Herbst steht für Reife, aber auch für Verfall und Absterben. Ferner speisen sich Metaphern aus den Bereichen Tierwelt oder Technik (z. B. Bühnen- oder Schiffsmetaphorik) oder auch Licht und Farbe.

---

dungskraft auf ein ›mehr denken‹ auf die Ebene des Begriffes überträgt. Dieser Kampf um das ›mehr denken‹ unter Anleitung des ›belebenden Prinzips‹ ist die ›Seele‹ der Interpretation« (Paul Ricœur, *Die lebendige Metapher*, übers. von Rainer Rochlitz, München 1986, S. 285).

23 Max Black, »Mehr über die Metapher« [1977], in: *Theorie der Metapher* (s. Anm. 21) S. 379–413, vgl. S. 408 f. – Siehe auch Hans Blumenberg im Rekurs auf Kant: »Die Metapher ist deutlich charakterisiert als Modell in pragmatischer Funktion, an dem eine ›Regel der Reflexion‹ gewonnen werden soll, die sich im Gebrauch der Vernunftidee ›anwenden‹ läßt« (H. Blumenberg, »Paradigmen zu einer Metaphorologie« [1960], in: *Theorie der Metapher* – s. Anm. 21 –, S. 285–315; hier S. 289).

Mit Blick auf ihren Erkenntniswert lassen sich Metaphern klassifizieren in verblasste Metaphern, die als Metapher nicht mehr wahrgenommen werden (z. B. »Leitfaden«: ursprünglich der den Theseus zurückleitende Wollfaden der Ariadne im Labyrinth des Minotaurus), ebenso wie die lexikalisierte Metapher (z. B. »Wolkenkratzer«), die in den allgemeinen Wortschatz eingegangen ist. Anders verhält es sich bei der innovativen Metapher: Sie ist neu und überrascht.

Anhand der Spannung zwischen Bildempfänger und Bildspender wird die kühne Metapher charakterisiert, die HARALD WEINRICH Anfang der 1960er Jahre an PAUL CELANS *Todesfuge* (»schwarze Milch«) erklärt: Je näher Bildspender (›Bild‹) und Bildempfänger (›Sache‹) beieinanderliegen, desto kühner die Metapher. WEINRICH begründet dies damit, eine »kleine Bildspanne« erzwinge »unsere Aufmerksamkeit für diese Widersprüchlichkeit und verleiht der Metapher den Charakter der Kühnheit«.[24] Was meint in diesem Zusammenhang »nah«? WEINRICH zielt auf die Erfahrungsbereiche, aus denen Bildspender und Bildempfänger stammen, und stellt die These auf, dass Metaphern, die aus der Kombination zweier unterschiedlicher Bereiche bestehen, weniger überraschen als Metaphern, deren Bild- und Sachbereich nahe zusammenliegen. Es irritiere, wenn z. B. Stoffliches und Geistiges verbunden werden, sodass diese Art Metaphorik weniger kühn sei als die, die Bildspender und Bildempfänger aus dem gleichen Bereich wähle. »Schwarze Milch«, so WEINRICH, »trägt nur einen kleinen Schritt weiter zu einer anderen Farbe«, deshalb sei die Metapher CELANS so kühn. Ein fliegendes Pferd sei, so WEINRICH, weniger kühn als ein blaues (FRANZ MARC). Stoffliches und Geistiges sind unterschiedliche Realitätsbereiche, ebenso wie Organisches –

---

24 Harald Weinrich, »Die Semantik der kühnen Metapher« (1963), in: *Theorie der Metapher* (s. Anm. 21) S. 316–339, hier S. 327 f.

Anorganisches; WEINRICH rekurriert hier auf die Elementarlehre der Antike.

Eine weitere Metaphern-Kategorie ist die der hermetischen bzw. absoluten Metapher: Sie kann nicht rückübersetzt werden, da sie keinen erschließbaren Bildempfänger mehr hat und selbst poetisches Bild ist (z. B. »Atemkristall«, »Fadensonnen«, CELAN). HANS BLUMENBERG definiert die absolute Metapher als resistent gegenüber dem terminologischen Anspruch: Sie könne nicht in Begrifflichkeit aufgelöst werden.[25] HUGO FRIEDRICH betont in seinem Standardwerk zur modernen Lyrik den Stellenwert der hermetischen bzw. absoluten Metapher in der modernen Literatur:

> »In vielen Fällen hat die moderne Metapher überhaupt nicht mehr den Sinn, ein Bild neben der ›Wirklichkeit‹ zu sein, sondern sie selber hebt den Unterschied zwischen metaphorischer und nicht-metaphorischer Sprache auf.«[26]

Metaphern lassen sich auch nach den ihnen zugrunde liegenden Kompositionsprinzipien klassifizieren. Es gibt folgende Prädikationsstrukturen der Metapher:[27]

– Prädikative Metapher: »die Wiese lacht« (ECO)
– Prädikative Metapher mit Kopula: »Mein Gedicht ist

---

25 Blumenberg in: *Theorie der Metapher* (s. Anm. 21) S. 288. – Vgl. auch Gerhard Kurz: »In moderner Lyrik, etwa bei Paul Celan, werden Metaphern so eingesetzt, dass der Bildempfänger nicht mehr einfach angebbar ist. Die metaphorische Qualität schlägt dann um in eine nichtmetaphorische, in eine Art neuer ›Dinglichkeit‹« (G. Kurz, *Metapher, Allegorie, Symbol*, 3. bibl. erg. Aufl. Göttingen 1993, S. 229).

26 Hugo Friedrich, *Die Struktur der modernen Lyrik. Von der Mitte des neunzehnten bis zur Mitte des zwanzigsten Jahrhunderts*, 4. Aufl. der erw. Neuausg. Reinbek 1971, S. 208.

27 Vgl. dazu Gerhard Kurz / Theodor Pelster, *Metapher. Theorie und Unterricht*, Düsseldorf 1979, S. 79.

mein Messer« (Titel einer von Hans Bender herausge-
gebenen Anthologie politischer Lyrik)
- Attributive Metapher: »Die kristallenen Weiden des
Rehs« (Trakl)
- Appositionsmetapher: »Dein Schweigen, ein Stein«
(Bobrowski)
- Genitivmetapher: »des Himmels dunkelblaue Seiden«
(Paul Zech)
- Kompositionsmetapher: »Zitronenmond« (Loerke),
»Haifischhimmel« (Brecht), »Fadensonnen«, »Atem-
wende« (Celan).

5.1.2 Allegorie

Die Allegorie (von griech. *állōs* ›anders‹ und *agoreúein* ›reden‹) ist eine ausgestaltete oder durchgeführte Metapher
und fungiert als verschlüsselter Ausdruck zur Verbildlichung von Abstraktem bzw. als bildliche Darstellung eines Gedankens. Das Symbol bedeutet und verweist auf etwas anderes (→ 5.1.3), während die Allegorie ›ist‹; oft handelt es sich um eine allegorische Personifikation (Fortuna,
Amor, Justitia). Fabel und Parabel sind allegorische Gat-
tungsformen (ebenso wie das biblische Gleichnis), deren
allegorischer Sinn aus dem wörtlichen Sinn erst erschlos-
sen werden muss. Goethe definiert in *Maximen und Reflexionen* (1112):

> »Die Allegorie verwandelt die Erscheinung in einen Be-
> griff, den Begriff in ein Bild, doch so daß der Begriff im
> Bilde immer noch begrenzt und vollständig zu halten
> und haben und an demselben auszusprechen sei.«

Aus einer Metapher, z. B. »Staatsschiff«, kann eine Allegorie werden, z. B. »Das Staatsschiff droht zu sinken«: ein
abstrakter Sachverhalt wird in der Allegorie bildhaft aus-

gedrückt. In der Personifikation bzw. Anthropomorphisierung tritt ein solches Abstraktum in menschlicher oder mythologischer Verkörperung auf. Der allegorische Text erlaubt zwei Deutungen: einen wörtlichen (*sensus litteralis*) und einen allegorischen (*sensus allegoricus*). Paradebeispiele für allegorische Texte sind GOETHES *Reineke Fuchs* oder GEORGE ORWELLS *Farm der Tiere*: wörtlich verstanden handelt es sich um Tiergeschichten; im übertragenen Sinne geht es um Besitz und Moral.

Die Trope der Allegorie ist zu unterscheiden von der Allegorese als Verfahren der Textauslegung, z. B. im zweigliedrigen Schema der Antike (*sensus litteralis – sensus spiritualis* oder *translatus* oder *allegoricus*) und in der mittelalterlichen Lehre vom vierfachen Sinn der Schrift: neben dem historischen Sinn der *sensus allegoricus*, der allegorische (oft auch: typologische) Sinn, der *sensus moralis* (moralischer Sinn) und der *sensus anagogicus* (Emporführung, Jenseitsbezug).

5.1.3 Symbol

Der Begriff »Symbol« leitet sich ab vom griechischen *sýmbolon* ›Wahrzeichen, Merkmal‹. Im antiken Griechenland bezeichnete er einen Gegenstand, der in zwei Teile gebrochen war, sodass sich zwei Vertragspartner an diesen wiedererkennen konnten. Als Symbol bezeichnet man eine Sache oder eine Handlung, die in der Realität oder der erzählten Welt auf etwas anderes verweist: Die Nationalflagge steht für die Souveränität eines Staates, der Ehering für die Unverbrüchlichkeit der Bindung beider Partner. GOETHE und KANT haben sich ausführlich zum Zusammenhang von Idee und Symbol geäußert. GOETHE schreibt in *Maximen und Reflexionen* (1113):

»Die Symbolik verwandelt die Erscheinung in Idee, die Idee in ein Bild und so daß die Idee im Bild immer unendlich wirksam und unerreichbar bleibt und, selbst in allen Sprachen ausgesprochen doch unaussprechlich bliebe«.

KANT erläutert im § 59 seiner *Kritik der Urteilskraft* die Funktionsweise des Symbols und die zweifache Reflexion, die es auslöst. Überschrieben ist der Abschnitt: »Von der Schönheit als Symbol der Sittlichkeit«:

> »Alle Anschauungen, die man Begriffen a priori unterlegt, sind also entweder Schemate oder Symbole, wovon die erstern directe, die zweiten indirecte Darstellungen des Begriffs enthalten. Die erstern thun dies demonstrativ, die zweiten vermittelst einer Analogie (zu welcher man sich auch der empirischen Anschauung bedient), in welcher die Urtheilskraft ein doppeltes Geschäft verrichtet, erstlich den Begriff auf den Gegenstand einer sinnlichen Reflexion und dann zweitens die bloße Regel der Reflexion über jene Anschauung auf einen ganz anderen Gegenstand, von dem der erstere nur das Symbol ist, anzuwenden.«

5.2 Rhetorische Stilmittel im Überblick: Tropen (Auswahl)

Unter dem Oberbegriff »Tropen« werden Formen uneigentlicher Redeweisen zusammengefasst; Tropen ersetzen einen Ausdruck durch einen anderen umschreibenden. Worte oder Wortgruppen werden ausgetauscht.[28] Ob ein Wort wörtlich oder im übertragenen Sinne (tropisch) zu verstehen ist, lässt sich nur aus dem Kontext schließen.

---

28 Lausberg (s. Anm. 20) definiert in § 552: »Der *tropus* [...] wird definiert als *verborum immutatio* [...]. [...] Der *tropus* als *immutatio* setzt ein semantisch nicht verwandtes Wort an die Stelle des *verbum proprium*«, und

Metapher: Der Begriff »Metapher« kommt vom griechischen *metaphoreín*, was soviel bedeutet wie ›hinübertragen‹. In der Rhetorik der Antike wurde die Metapher als verkürzter Vergleich definiert (QUINTILIAN). Sie beruht auf Abbild- oder Ähnlichkeitsrelation und nicht auf einer Pars-pro-toto-Relation, wie die Synekdoche (s. u.).

Unterformen der Metapher

Antonomasie: Umschreibung eines Eigennamens; Art der Synekdoche (»Schwan von Avon« für SHAKESPEARE)

Katachrese: Bildbruch (»der Zahn der Zeit wird auch über diese Wunde Gras wachsen lassen«)

Metonymie (griech., ›Umbenennung‹): Wortvertauschung: Ersetzung des eigentlichen Wortes durch ein anderes, das zu ihm in realer Beziehung steht, es besteht jedoch *keine* Teilkongruenz zwischen Gesagtem und Gemeintem; die realen Beziehungen zwischen dem metonymisch verwendeten Wort und der gemeinten Bedeutung sind *qualitativer* Art (Lausberg, § 568)
  – Erzeuger für Erzeugnis (»HOMER lesen«), Erzeugnis für Erzeuger, Rohstoff statt Produkt (»Eisen« statt Dolch), Abstraktum statt Konkretum (»die Jugend« statt junge Leute), Gefäß, Ort, Land, Zeit für Inhalt oder Person (»Ein Glas trinken«, »Paris meldet«), Sinnbild für Abstraktum (Lorbeer statt Ruhm).

Periphrase (griech., ›Umschreibung‹): erweiternde Um-

§ 557: »Bei einigen Tropen ist die Zugehörigkeit zu den Tropen strittig, da sie auch als Figuren aufgefasst werden können.« Diesen tropischen Gedankenfiguren widmet Lausberg die §§ 893–910. Zu ihnen zählen die *figurae per immutationem* (ein Gedanke wird durch einen anderen Gedanken ausgedrückt, § 893): Allegorie, Ironie, Emphase, Synekdoche und Hyperbole.

schreibung, um Wiederholungen zu vermeiden oder Tabus zu achten (»jenes höhere Wesen, das wir verehren« für Gott, BÖLL)

Synästhesie (griech., ›Mitempfinden‹): Spezialfall der Metapher, bei der Sinneseindrücke aus zwei unterschiedlichen Bereichen zusammengeführt werden (»Ihr klingt des Himmels Bläue süßer noch«, MÖRIKE)

Synekdoche (griech., ›Mitverstehen‹): Sonderform der Metonymie: die realen Beziehungen zwischen dem synekdochisch verwendeten Wort und der gemeinsamen Bedeutung sind *quantitativer* Art (Lausberg, § 572). Wahl des engeren Begriffs statt des weiteren oder umgekehrt bei Teilkongruenz zwischen Gesagtem und Gemeintem: Pars pro toto (»ein schlauer Kopf«)

– Statt des Vielfachen das Einfache bzw. statt der Mehrzahl die Einzahl (»edel sei der Mensch«); statt der Gattung die Art, statt der Art ein Exemplar, statt einer großen Zahl eine bestimmte Zahl (»ich habe es schon tausend Mal gesagt«)

Allegorie: Die Allegorie ist eine in einem ganzen Satz (und darüber hinaus) durchgeführte Metapher, meist verschlüsselter Ausdruck zur Verbildlichung von Abstraktem bzw. bildliche Darstellung eines Gedankens (→ II.5.1.2).[29]

Symbol: Als Symbol bezeichnet man eine Sache oder eine Handlung, die in der Realität oder der erzählten Welt auf etwas anderes verweist (was von einer in ähnlich sozialisierten Rezipientengruppe aufgrund des Bilderreservoirs im kollektiven Gedächtnis verstanden wird), wie der Fisch auf die jungen Christen, die Nationalflagge auf einen Staat, die Rose auf die Liebe (→ II.5.1.3).

29 Lausberg (ebd.) zählt sie zu den Gedankenfiguren (§ 895).

Chiffre (frz., ›Ziffer; Geheimschrift‹): nicht mehr auflösbarer Ausdruck; absolute Metapher (»Steinhaube Zeit«, CELAN)

Rätsel (lat. *aenigma*): eine Allegorie, deren Beziehung zum gemeinten Ernstsinn besonders undurchsichtig ist (»Weil dann der bleiche Haifischhimmel kommt«, BRECHT)[30]

Personifikation: Vermenschlichung (»Frühling lässt sein blaues Band wieder flattern durch die Lüfte«, MÖRIKE). Nach LAUSBERG ist die Personifikation eine Gedankenfigur, vgl. § 826–829)

Archaismus: Nachahmung veralteter Sprachformen (»ich wollte just von dannen gehen«)

Euphemismus: verhüllende, beschönigende Umschreibung (»entschlafen« für sterben)

Neologismus: Neubildung (»Haifischhimmel«, BRECHT; »Knabenmorgenblütenträume«, GOETHE)

Hyperbel: Übertreibung (»blitzschnell«)

Litotes: Untertreibung (»nicht dumm«)

Ironie (griech., ›Spott‹): Eine ironische Äußerung zielt auf das Gegenteil des wörtlich Gesagten und ruft dabei eine komische Wirkung hervor, sie ist »Ausdruck einer Sache durch ein deren Gegenteil bezeichnendes Wort«[31]. »Ironie ist vom Hörer gewußte und vom Sprecher als gewußt gewußte Unaufrichtigkeit, eine Unaufrichtigkeit also, die das sogenannte Kooperationsprinzip einhält«,[32] z. B. »Oh deutsche Seele, wie stolz ist dein Flug / In deinen nächtlichen Träumen!«, HEINE)

---

30 Lausberg (ebd.) zählt das Rätsel zu den Gedankenfiguren (§ 899).

31 Lausberg (ebd.) § 582.

32 Rainer Warning, »Ironiesignale und ironische Solidarisierung«, in: *Das Komische*, hrsg. von Wolfgang Preisendanz und R. W., München 1976, S. 416–423, hier S. 418.

Literaturhinweise

Kurz, Gerhard: Metapher, Allegorie, Symbol. 3. bibliogr. erg.
   Aufl. Göttingen 1993.
– / Pelster, Theodor: Metapher. Theorie und Unterricht. Düssel-
   dorf 1976.
Haverkamp, Anselm (Hrsg.): Theorie der Metapher. Darmstadt
   ²1996.

III Übersicht über die Gattungen

1 Gattungstheorie und Gattungsgrenzen

Von Christine Hummel

Gattungstheorien entstehen motiviert durch die Absicht, ein diachronisches, auf formalen Kriterien basierendes Ordnungssystem für literarische Texte zu finden. Wie die Literaturgeschichtsschreibung auf chronologischer Ebene eine systematische Ordnung im Korpus literarischer Texte herzustellen sucht, so resultieren Gattungspoetiken ebenfalls aus dem Bemühen um Übersichtlichkeit. Sie sollten – wie die Literaturgeschichtsschreibung auch – stets in ihrem historischen Kontext betrachtet werden.

Grundsätzlich lassen sich zwei Gattungskonzeptionen unterscheiden: Die erste betrachtet Gattungen unter der logischen Prämisse ihrer Verwendbarkeit für die Klassifikation von Texten. Gattungsbegriffe werden als überzeitliche Wesenheiten betrachtet. Unterschiedliche Erklärungsansätze lassen sich hier subsumieren: formale, psychologische und anthropologische. Die zweite Konzeption sieht Gattungen als historische Institutionen mit zeitlich begrenzter Geltungsdauer. Dieses Ordnungsverfahren gruppiert Texte nicht nach formalen Kriterien bestimmten Klassen zu, sondern Kategorien werden nach historischen Gesichtspunkten gebildet. Dabei werden z. B. Zuschreibungen (etwa Novelle, Robinsonade), die der Autor oder sein Verleger vornehmen, berücksichtigt.

Der erste Ansatz, der Gattungen nach formalen Kriterien definiert, geht auf ARISTOTELES zurück und prägte die Gattungs-Poetik bis ins 20. Jahrhundert. In seiner Poetik (→ II.2) legt ARISTOTELES den Grundstein für die dreigliedrige Unterteilung in epische, dramatische und lyrische Texte. Er grenzt Epos, Komödie und Tragödie (→ III,4), Dithyrambendichtung und Lied voneinander ab:

»Von der Dichtkunst selbst und von ihren Gattungen, welche Wirkung eine jede hat und wie man die Handlungen zusammenfügen muß, wenn die Dichtung gut sein soll, ferner aus wie vielen und was für Teilen eine Dichtung besteht, [...] wollen wir hier handeln [...].
Die Epik und die tragische Dichtung, ferner die Komödie und die Dithyrambendichtung[1] sowie – größtenteils – das Flöten- und Zitherspiel: sie alle sind, als Ganzes betrachtet, Nachahmungen. Sie unterscheiden sich jedoch in dreifacher Hinsicht voneinander: entweder dadurch, dass sie durch je verschiedene Mittel, oder dadurch, dass sie je verschiedene Gegenstände, oder dadurch, dass sie auf je verschiedene und nicht auf dieselbe Weise nachahmen. [...]
Diejenige Kunst, die allein die Sprache, in Prosa oder in Versen – in Versen, indem sie entweder mehrere Maße miteinander vermischt oder sich mit einem einzigen Maß begnügt –, verwendet, hat bis jetzt keine eigene Bezeichnung erhalten. [...] Allerdings verknüpft eine verbreitete Auffassung das Dichten mit dem Vers, und man nennt die einen Elegien-Dichter, die andern Epen-Dichter, wobei man sie nicht im Hinblick auf die Nachahmung, sondern pauschal im Hinblick auf den Vers als Dichter bezeichnet.«[2]

ARISTOTELES' Definitionen des Epischen, der Komödie und der Tragödie sowie seine Ausführungen über das

---

1 »Der Dithyrambos war eine verbreitete Gattung der Chorlyrik, eigentlich das Kultlied zu Ehren des Dionysos, im weiteren Sinne ein erzählendes Lied [...].« (Anm. von M. Fuhrmann, s. Anm. 2.)

2 Aristoteles, *Poetik*, griech./dt., übers. und hrsg. von Manfred Fuhrmann, Stuttgart 2002 (Reclams Universal-Bibliothek, 7828), S. 5–7.

Nachahmungs- bzw. Mimesis-Prinzip hatten Geltung bis ins 17. Jahrhundert. Darauf beruhen die normativen Poetiken des Barock seit OPITZ (→ II.2).

JOHANN WOLFGANG GOETHE verfestigt in seinen *Naturformen der Dichtung* die Dreiteilung der Gattungen:

»Es gibt nur drei echte Formen der Poesie: die klar erzählende, die enthusiastisch aufgeregte und die persönlich handelnde: Epos, Lyrik und Drama. Diese drei Dichtweisen können zusammen oder abgesondert wirken. In dem kleinsten Gedicht findet man sie oft beisammen, und die bringen eben durch diese Vereinigung im engsten Raume das herrlichste Gebild hervor, wie wir an den schätzenswertesten Balladen aller Völker deutlich gewahr werden. Im älteren griechischen Trauerspiel sehen wir sie gleichfalls alle drei verbunden, und erst in einer gewissen Zeitfolge sondern sie sich. [...]
So wunderlich sind diese Elemente zu verschlingen, die Dichtarten bis ins unendliche mannigfaltig, und deshalb auch so schwer eine Ordnung zu finden, wornach man sie neben oder nach einander aufstellen könnte. Man wird sich aber einigermaßen dadurch helfen, daß man die drei Hauptelemente in einem Kreis gegen einander über stellt und sich Musterstücke sucht, wo jedes Element einzeln obwaltet. Alsdann sammle man Beispiele, die sich nach der einen oder nach der andern Seite hinneigen, bis endlich die Vereinigung von allen dreien erscheint, und somit der ganze Kreis in sich geschlossen ist.«[3]

3 Johann Wolfgang Goethe, *Divan: Noten und Abhandlungen* [1819], in: Goethe, *Artemis Gedenkausgabe der Werke, Briefe und Gespräche*, hrsg. von Ernst Beutler, Bd. 3, Zürich [2]1959, S. 480–482.

Die Anregung, ein solches Typenrad der Dichtformen zu erstellen, hat im 20. Jahrhundert JULIUS PETERSEN aufgenommen.[4]

In seinen *Vorlesungen über die Ästhetik* führt GEORG WILHELM FRIEDRICH HEGEL zu Beginn des 19. Jahrhunderts die Gedanken über die Unterschiedlichkeit der Gattungen fort. Im Abschnitt »Die Gattungsunterschiede der Poesie« differenziert er:

»Als Totalität der Kunst nun, die durch keine Einseitigkeit ihres Materials mehr auf eine besondere Art der Ausführung ausschließlicher angewiesen ist, macht die Dichtkunst die unterschiedenen Weisen der Kunstproduktion überhaupt zu ihrer bestimmten Form und hat deshalb den Einteilungsgrund für die Gliederung der Dichtarten nur aus dem allgemeinen Begriffe des künstlerischen Darstellens zu entnehmen.
A. In dieser Rücksicht ist es e r s t e n s einerseits die Form der äußeren Realität, in welcher die Poesie die entwickelte Totalität der geistigen Welt vor der inneren Vorstellung vorüberführt [...]
Solche Begebnisse auszurunden ist die Aufgabe der e p i s c h e n Poesie, insofern sie eine in sich totale Handlung sowie die Charaktere [...], in Form des breiten Sichbegebens poetisch berichtet und damit das Objektive selbst in seiner Objektivität herausstellt. [...]
B. Die andere umgekehrte Seite z w e i t e n s zur epischen Poesie bildet die L y r i k. Ihr Inhalt ist das Subjektive, die innere Welt, das betrachtende, empfindende Gemüt, das, statt zu Handlungen fortzugehen, vielmehr bei sich als Innerlichkeit stehen bleibt und sich deshalb auch das Sichaussprechen des Subjekts zur einzigen Form und zum letzten Ziel nehmen kann. [...]

---

4 Vgl. Julius Petersen, *Die Wissenschaft von der Dichtung. System und Methodenlehre der Literaturwissenschaft* [1939], Berlin ²1944, S. 125.

C. Die dritte Darstellungsweise endlich verknüpft die beiden früheren zu einer neuen Totalität [...]
Diese Objektivität, die aus dem Subjekte herkommt, sowie dies Subjektive, das in seiner Realisation und objektiven Gültigkeit zur Darstellung gelangt, ist der Geist in seiner Totalität und gibt als Handlung die Form und den Inhalt der dramatischen Poesie ab. [...]«[5]

Epik verbindet HEGEL mit dem Objektiven und Lyrik mit dem Subjektiven. Im Drama sind beide dialektisch in einer Synthese aufgehoben, die subjektives Entäußern und objektive Schilderung in der Handlung miteinander verbindet. In der Folgezeit gab es noch zahlreiche weitere Bemühungen, Gattungskriterien zu finden und unterscheidende Merkmale festzuschreiben.

Bis in die 1960er Jahre hinein wurde EMIL STAIGERS Abhandlung *Grundbegriffe der Poetik* (1946) in Hochschulen und Schulen rezipiert (→ IV). Der Schweizer Literaturwissenschaftler gehörte zu den Vertretern der werkimmanenten Interpretation, die die Auffassung von der Autonomie des Kunstwerks vertraten. Die drei Naturformen sind nach STAIGER dem Menschen angeborene anthropologische Konstanten. Er ordnet den lyrischen Stil der Erinnerung zu: Das lyrische Dasein erinnert (dies ist nicht nur temporal gemeint, sondern im Sinne der HEIDEGGER-Schule existential-ontologisch, d. h. auf die Seinsgeschichte des Menschen bezogen). Dem epischen Stil entspricht die Vorstellung: Das epische Sein vergegenwärtigt. Der dramatische Stil schließlich ist der Spannung zugeordnet: Das dramatische Sein entwirft Künftiges.[6]

---

5 Georg Wilhelm Friedrich Hegel, *Vorlesungen über die Ästhetik III* [1820–29], Teil 3, Drittes Kapitel: Die Poesie, in: G. W. F. H., *Werke*, Bd. 15, Frankfurt a. M. 1986, S. 321–324.
6 Emil Staiger, *Grundbegriffe der Poetik* [1946], Zürich / Freiburg i. Br. [8]1968, S. 217–221.

Fortgeführt wird Staigers Theorie von Wolfgang Kayser in *Das sprachliche Kunstwerk* (1948). Hier werden das Dramatische, das Lyrische und das Epische jeweils mit den drei Grundformen kombiniert (lyrische Lyrik, lyrische Epik, dramatische Lyrik usw.). Der Sprachwissenschaftler Roman Jakobson plädierte schließlich in den 1960er Jahren für eine Verknüpfung der einzelnen Gattungen mit der grammatischen Person: Der Lyrik entspricht die erste Person – sie ist expressives Sprechen; der Epik ist die dritte Person und das darstellende Sprechen zugeordnet; dem Drama und dem appellativen Sprechen korrespondiert schließlich die zweite Person.

Heute versteht man Gattungen als konventionalisierte Kommunikationsformen, die gesellschaftlichen Einflüssen ausgesetzt sind und dem historischen Wandel unterliegen. Nach dieser Auffassung, die die historische Perspektive einbezieht, sind Gattungen offene, d. h. wandelbare Systeme. Dieser Paradigmenwechsel in der Gattungspoetik seit Mitte des 20. Jahrhunderts ist durch die von den Autoren intendierten Auflösungen und Grenzüberschreitungen der Gattungen mitverursacht. Dennoch werden nach wie vor – nach einer Reihe verschiedener Kriterien wie z. B. formale und mediale Beschaffenheit – epische, dramatische und lyrische Formen unterschieden. So zeichnen sich lyrische Texte durch ihre Versform sowie ihre relative Kürze aus. Epik stellt eine Handlung über einen längeren Zeitraum dar, ist beschreibende Dichtung und vermittelt durch einen Erzähler. Dramatische Formen sind unmittelbar und nicht durch eine Erzählinstanz vermittelt; sie sind bühnenfähig und inszenierbar. Daneben existiert eine Vielzahl von Mischformen, z. B. Heinrich Bölls *Frauen vor Flusslandschaft* (1985), ein dem Lesedrama verwandter Dialogroman mit dem auf die Gattungsüberschreitung verweisenden Untertitel *Roman in Dialogen und Selbstgesprächen*, oder Christa Wolfs *Medea. Stimmen* (1996), eine Montage aus elf Monologen, die auch verschiedentlich für das Theater inszeniert wurde. Das Lesedrama enthält lange Prosapassagen und ist auf der Bühne nicht darstellbar. Schon die Romantiker haben mit solchen – nach dem Ideal der Klassik unvollkommenen – Hybridformen experimentiert, Beispiele sind CLEMENS BRENTANOS »verwilderter Roman« *Godwi oder Das steinerne Bild der Mutter* (1801) oder NOVALIS' Fragment *Heinrich von Ofterdingen* (1802), in das Gedichte, Lieder und Märchen eingelegt sind.

Gattungsbegriffe und -zuordnungen müssen im historischen Kontext betrachtet werden, wie manche Bezeichnungen schon durch einen präzisierenden Zusatz signalisieren, z. B. das Barocksonett, das Drama der Aufklärung, der Gesellschaftsroman des Realismus. Einige Untergattungen (Genres), dazu zählen der Bildungsroman, der Abenteuer- und der Geschichtsroman, haben ihre eigene Entwicklungsdynamik innerhalb der Gattungsgeschichte (→ III.3.2). Im Zuge der kulturwissenschaftlichen Öffnung der Germanistik seit den 1960er Jahren (→ IV.16) ist es unerlässlich, eine vierte Kategorie zu etablieren: die der sogenannten Gebrauchsliteratur, der nicht-fiktionalen faktualen (von lat. *factum* ›Tatsache‹) Literatur. Darin handelt ein realer Sprecher von realen Gegebenheiten. Zu dieser vierten Kategorie zählen (mit unterschiedlichem Faktualitäts- bzw. Fiktionalitätsgrad) Aphorismus, Autobiographie und Biographie, Brief, Tagebuch sowie Essay und Reisebericht (→ III.5).

Es lassen sich innerhalb der drei Hauptgattungen weitere Untergruppen bilden, und zwar einerseits aufgrund von formalen Kennzeichen (z. B. episches Theater, Lesedrama, szenischer Roman), und andererseits aufgrund von inhaltlichen Kriterien (z. B. Naturgedicht, Dinggedicht oder Detektivroman). Der enge funktionale Zusammenhang zwischen Gattung und Inhalt wird im Umkehrverfahren deutlich, wenn man versucht, von einer Gattung in eine andere zu übersetzen: Ist eine Autobiographie denkbar als Sonett? Oder eine Tragödie als Anekdote? Die Kurzgeschichte als Schauspiel?

2 Lyrik

Von Christine Hummel

Widerwille gegen das Zerpflücken von Gedichten ist ein oft geäußerter Vorbehalt gegen deren Analyse. Die zumal in Bildungseinrichtungen weit verbreitete »Wahnvorstellung« von der »richtigen Interpretation«, die das Gedicht zur Keule und zur »Tatwaffe« macht, so Hans Magnus Enzensberger in einem poetologischen Essay[7], hat offenbar eine nur schwer überwindbare Antipathie hinterlassen. Das Gedicht genießen, es bewahren wollen, scheint im Gegensatz zu dessen eingehender Untersuchung zu stehen. Doch je mehr ein Rezipient die formale Beschaffenheit eines Textes zu erkennen vermag, desto größer wird der Sinnhorizont sein, der sich ihm durch den Text eröffnet. Der Vergleich mit einem Stadtspaziergang mag von der Notwendigkeit der analytischen Beschäftigung mit Gedichten überzeugen: Für jemanden, der durch eine Stadt läuft und nichts über ihre Geschichte und Kultur weiß, bleiben die Steine stumm; so wird auch derjenige, der die Rezeption eines Gedichtes (und eines jeden Textes!) auf seine subjektive Lesart beschränken will, lediglich die Oberfläche erfassen; die historische, formale oder auch

---

7 Hans Magnus Enzensberger, »Bescheidener Vorschlag zum Schutze der Jugend vor den Erzeugnissen der Poesie« [1976], in: H. M. E., *Mittelmaß und Wahn. Gesammelte Zerstreuungen*, Frankfurt a. M. 1988, S. 23–41, hier 31–33. Einen guten Ein- und Überblick über die deutsche Lyrik verschaffen folgende Anthologien: *Der neue Conrady. Das große deutsche Gedichtbuch*, hrsg. von Karl Otto Conrady, erw. u. aktual. Neuaufl. München 2000; und *Sprachspeicher*, hrsg. von Thomas Kling, Köln 2001.

intertextuelle Tiefendimension bleibt dann verborgen und somit ein Gutteil des poetischen Mehrwerts unbeachtet. Das Lyrische geht weit über das Subjektive (im Sinne HEGELS → III.1) hinaus, denn Gedichte ermöglichen aufgrund ihrer Kürze und Komplexität einen ersten Einstieg in Geschichte und Zeitgefühl vergangener Epochen oder auch in das Werk eines Autors, der in mehreren Gattungen kreativ war.

Der Begriff »Lyrik« leitet sich ab vom griechischen *lýra* – gemeint ist das Instrument von Apoll, dem Gott der Dichter. In der Antike wurde der Gesang von der Lyra begleitet (*lyrikós* ›zum Spiel der Leier gehörig‹), was auch heute noch in ländlichen Regionen Griechenlands bei traditioneller Musik zu hören ist. Nun bedarf das Singen eines Textes der rhythmischen Untergliederung – der Musikalität. Die Überlieferung in Versen, z. B. der antiken Versepen wie die *Ilias* oder der *Odyssee*, diente nicht nur der rhythmischen Strukturierung und somit der ästhetischen Gestaltung, sondern der Merkbarkeit, die in oralen Kulturen unbedingt erforderlich war und die nach den Regeln der Mnemotechnik eingeübt wurde (*memoria* → II.3). Stärker als im Drama oder in Prosatexten steht im Gedicht also der Klang, die Rhythmik und Färbung der Sprache im Vordergrund und bestimmt die Gestaltung.

2.1 Zur Geschichte der deutschsprachigen Lyrik

Die Geschichte der Lyrik wie der Literatur überhaupt ist anhand schriftlicher Quellen rekonstruierbar. Aus vorchristlicher Zeit haben sich im deutschsprachigen Raum – neben (historischen und philosophischen) Texten in Latein, der Kirchen- und Gelehrtensprache – Zauber- und Bannsprüche, Heldenlieder, Schöpfungs- und Göttersagen erhalten. Zu den ersten überlieferten schriftlich fixierten

Zeugnissen zählen die *Merseburger Zaubersprüche*.[8] Weitere frühe volkssprachige, also nichtlateinische Schriften sind – neben der Helden- und der Bibelepik, z. B. dem *Nibelungenlied* (→ III.3.2) – die geistlichen Dichtungen, die in den Klöstern der karolingischen Zeit entstanden, wie das *Wessobrunner Gebet* (770–790). Das *Ludwigslied* – ein Loblied auf Ludwig III. – ist die einzige Dichtung mit weltlichem Inhalt aus dem 9. Jahrhundert. Bis ins 11. Jahrhundert sind deutschsprachige Texte zumeist Bibelnachdichtungen oder -kommentare und dienen einem geistlichen Zweck; erst im 12. Jahrhundert entsteht sukzessive eine weltliche Literatur nach dem Vorbild des französischen höfischen Heldenepos und der Liebeslyrik.

Mit dem Minnesang, dessen prominentester Vertreter WALTHER VON DER VOGELWEIDE ist, erreicht die Tradition der höfischen Kultur der provençalischen Troubadours und die mittelalterliche Vagantenlyrik (*Carmina Burana*) den deutschsprachigen Raum. In der Nachfolge unter anderem von WALTHERs Spruchdichtung entwickelt sich in den süd- und südwestdeutschen Reichsstädten der Meistersang (vor allem im 15. und 16. Jahrhundert), eine von Handwerkern und Bürgern betriebene Liedkunst (ihr bekanntester Vertreter ist HANS SACHS). Im 16. Jahrhundert entstehen im Zuge der Reformation zahlreiche Kirchenlieder. Im Unterschied zu den romanischen Literaturen fehlt der deutschsprachigen Lyrik dieser Zeit aus gesellschaftlichen Gründen die höfische Gebärde und der Weltbezug. Im Barock gilt Lyrik als Kunstübung, die den normativen Vorgaben zur »zuebereitung und ziehr der Worte« von MARTIN OPITZ folgte. OPITZ schuf in seinem *Buch von der deutschen Poeterey* (1624) die erste deutsche Poetik (→ II.2). Mit starker Orientierung an der lateinischen

---

8 Als althochdeutsch (ahd.) bezeichnet man die Sprache zwischen 750 und 1050; mhd.: mittelhochdeutsch: 1050–1350; danach spricht man von neuhochdeutsch (nhd.). – Die Literatur des Mittelalters und der frühen Neuzeit ist Gegenstand der Mediävistik.

Schulrhetorik formuliert er Regeln für die neue deutsche Kunstdichtung und Verssprache, damit sie den alten Sprachen gleichrangig werde.

Prominentester Lyriker des deutschen Barock – neben SIMON DACH, ANGELUS SILESIUS, PAUL FLEMING und CHRISTIAN HOFFMANN VON HOFFMANNSWALDAU – ist ANDREAS GRYPHIUS. Seine Sonette greifen die Hauptmotive dieser vom Dreißigjährigen Krieg (1618–48) geprägten Epoche auf: *vanitas* (»Vergänglichkeit alles Sterblichen«), *memento mori* (»Gedenke, Mensch, dass du sterblich bist«) und *carpe diem* (das auf HORAZ zurückgehende »Pflücke, d. h. genieße den Tag«).

Als erster Naturlyriker der neueren deutschen Literaturgeschichte gilt BARTHOLD HINRICH BROCKES, der in sein umfangreiches, in neun Bänden unter dem Titel *Irdisches Vergnügen in Gott* (1721–48) versammeltes Werk Gedanken und Erkenntnisse der Frühaufklärung aufnimmt, wodurch er eine Synthese von Belehrung und Naturschilderung vollzieht (*Kirsch-Blüte bey der Nacht*). Unter dem Einfluss englischer Vorbilder entwickelt sich im 18. Jahrhundert als eine Gegenbewegung zur vernunftbetonten Aufklärung die Empfindsamkeit mit der Wiederentdeckung des Gefühls; wichtige Vertreter der lyrischen Gattung sind MATTHIAS CLAUDIUS (*Der Mond ist aufgegangen*), der seine gattungsübergreifenden Texte in seinem achtteiligen *Wandsbecker Bothen* (1775–1811) zusammenfasste, und FRIEDRICH GOTTLIEB KLOPSTOCK, der in seinen Oden über Freundschaft und Liebe, Natur, Freiheit, Gott und Vaterland auf antike Muster zurückgreift, zu freien Rhythmen übergeht und eine individuelle Dichtersprache entwickelt (*Der Zürchersee* → III.2.2, *Die Frühlingsfeier, Das Rosenband*).

Bis zur Geniebewegung des Sturm und Drang im 18. Jahrhundert ist die deutschsprachige Dichtung an normativen Poetiken (OPITZ, GOTTSCHED → II.2) orientiert: metrisch geregelt nach unterschiedlichen Versmaßen, meist strophisch gegliedert und gereimt. Ein Beispiel für den Ablösungsprozess ist JOHANN WOLFGANG GOETHES frühes Gedicht *Prometheus* (1774), das strophisch und metrisch ungebunden in pathetischem Duktus und durch Inszenierung·des genialischen Schöpfers programmatisch für den Sturm und Drang gesehen werden kann.

Die Weimarer Klassik sucht wieder Anschluss an die Formideale der Antike (Elegie, Hymne, Ode → III.2.2) und trägt wesentlich dazu bei, diese für die deutsche Dichtung fruchtbar zu machen. Erst seit der Zeit wird im deutschen Sprachraum von ›Lyrik‹ gesprochen. FRIEDRICH HÖLDERLIN, Grenzgänger zwischen Klassik und Romantik, übersetzte zahlreiche Oden PINDARS und erprobte verschiedene antike Strophenformen in deutscher Sprache (*Brot und Wein*, *Heidelberg*, *Patmos*, *Der Rhein*, *Hälfte des Lebens*, *An die Parzen*). HÖLDERLINS lyrisches Werk wirkte nachhaltig auf die Entwicklung der Lyrik und weit darüber hinaus auf die (vor allem deutsche und französische) Philosophie bis in die Gegenwart.

Die deutschsprachige Lyrik erreichte im 19. Jahrhundert mit dem an Umfang und Variationsbreite wie an Themen und Inhalten äußerst reichhaltigen Schaffen der Weimarer Klassiker GOETHE und SCHILLER, mit HÖLDERLIN wie mit den Autorinnen und Autoren der Romantik qualitativ und quantitativ eine Blütezeit. Die Romantiker brechen in vielerlei Hinsicht das ästhetische Ideal der Klassik auf, indem sie das Unvollkommen-Fragmentarische in die Literatur integrieren, das Phantastisch-Traumhafte thematisieren und darüber hinaus der mündlich überlieferten Volksdichtung poetische Qualität zusprechen. Die Autoren der Heidelberger Romantik, ACHIM VON ARNIM und CLEMENS BRENTANO, tragen – nach dem Vorbild von JOHANN GOTTFRIED HERDERS Volkslieder-Sammlung (1778/89) – Märchen, Sagen und Volkslieder zusammen (z. B. *Des Knaben Wunderhorn*, 1805/08), um die politische Idee von deutscher Nationalstaatlichkeit durch ihre philologische Arbeit auch literarisch zu untermauern. Diese Sammlung wurde (und wird) breit rezipiert, u. a. durch die Vertonungen von FRANZ SCHUBERT, JOHANNES BRAHMS und ROBERT SCHUMANN; überdies wirkte sie stilbildend auf zahlreiche Dichter von HEINRICH HEINE über JOACHIM RINGELNATZ, CHRISTIAN MORGENSTERN und BERTOLT BRECHT bis in die Gegenwart.

Während die Frühromantik teilweise religiöse Themen und Formen aufnimmt (etwa NOVALIS' *Hymnen an die Nacht*), sind die Gedichte der Hochromantik von CLEMENS BRENTANO (z. B. *Der Spinnerin Nachtlied, Romanzen vom Rosenkranz*) und JOSEPH VON EICHENDORFF (z. B. *Mondnacht, Wünschelrute*) dadurch gekennzeichnet, dass Natur als Erlebnisraum des empfindenden Ich verstanden wird und dessen Befindlichkeiten widerzuspiegeln scheint. Das Unheimliche und Phantastische fängt besonders wirkungsvoll die Ballade ein (z. B. von WILHELM MÜLLER, GUSTAV SCHWAB). Die für die Romantiker typische Naturverbundenheit spiegelt sich in den effektvoll inszenierten Gedichten von LUDWIG UHLAND, JOSEPH VON EICHENDORFF und beim frühen HEINRICH HEINE.

HEINES späte Lyrik, sein Versepos *Deutschland. Ein Wintermährchen* und seine politische Lyrik der 1850er Jahre, ist dem Vormärz zuzuordnen. HEINE greift auf Volksliedstrophen zurück, jedoch mit politisch-kritischer Intention, die er durch raffinierte Ironie, bewirkt durch Reime und Enjambements, pointiert.

Von der Frühromantikerin KAROLINE VON GÜNDERRODE, dem »Waisenkind der Romantik«, so der Romancier WOLFGANG KOEPPEN,[9] stammen einige Gedichte, die – wie die Lyrik von Schriftstellerinnen häufig – den Wunsch nach materieller Unabhängigkeit zum Ausdruck

---

9 Koeppen betitelte so seine Interpretation des GÜNDERRODE-Gedichts »Der Luftschiffer« in: *Frauen dichten anders. 181 Gedichte mit Interpretationen*, hrsg. von Marcel Reich-Ranicki, Frankfurt a. M. 2002, S. 56.

bringen (z. B. *Der Luftschiffer*). Diesen unerfüllten Freiheitswunsch teilt auch ANNETTE VON DROSTE-HÜLSHOFF, wie sich in ihren formal komplexen und innovativen Gedichten *Am Turme* und *Im Grase* zeigt; von DROSTE-HÜLSHOFF stammen außerdem zahlreiche geistliche Lieder, die in *Das geistliche Jahr* (1820–39) zusammengefasst sind, sowie einige der bekanntesten Balladen deutscher Sprache (*Der Knabe im Moor, Die beschränkte Frau*). Herausragender Vertreter des gleichzeitigen literarischen Biedermeier ist der schwäbische Pfarrer EDUARD MÖRIKE, dessen Hinwendung zum Privat-Häuslichen sich mit dem Biedermeier-Verständnis der bildenden Kunst (z. B. CARL SPITZWEGS) weitgehend deckt.

Der von historischen Ereignissen – vor allem dem Scheitern der 1848er Revolution und der rasanten Industrialisierung – und französischen Vorbildern (GUSTAVE FLAUBERT, HONORÉ DE BALZAC) stark beeinflusste Bürgerliche Realismus ist geprägt von einer »Dominanz des Epischen«, so SABINA BECKER in ihrer Realismus-Studie.[10] Die bedeutende Lyrik dieser Zeit stammt von Erzählern und Dramatikern und umfasst neben Erlebnis- und Stimmungslyrik (FRIEDRICH HEBBEL, THEODOR STORM, CONRAD FERDINAND MEYER, der mit *Der römische Brunnen* auf den Symbolismus vorausweist) einen großen Fundus an Balladen wie C. F. MEYERS *Die Füße im Feuer* und THEODOR FONTANES *Archibald Douglas, John Maynard* oder *Die Brück' am Tay*. Mehr noch als im Realismus tritt im Naturalismus die Lyrik zurück – nun hinter das Drama (→ III.4). ARNO HOLZ unternimmt einen Versuch zur Revolutionierung der Lyrik, indem er in seine zentral an einer Mittelachse ausgerichteten Texte alltagssprachliche Fragmente einmontiert und auf den Reim verzichtet, um den Rhythmus zur Geltung zu bringen (*Phantasus*, 1898/99, erw. 1913, 1916,

---

10 Sabina Becker, *Bürgerlicher Realismus*, Tübingen/Basel 2003, S. 144.

1924/25). HOLZ wirkte anregend auf den Expressionismus. Die Gegenbewegung in den Strömungen der Jahrhundertwende ist ein Neoklassizismus und eine neue realistische Tendenz. In formaler Hinsicht folgt – wie in der Geschichte der Lyrik mehrfach zu beobachten – auf die radikale Innovation eine Rückbesinnung auf tradierte Formen.

Die Erneuerung der Sprache, die Aufnahme ›unlyrischer‹ Themen (wie das Hässliche, Wahnsinn, Krankheit oder Tod) und den Abschied von der Tradition des metrisch, rhythmisch und strophisch gebundenen Gedichts leitet europaweit CHARLES BAUDELAIRES Gedichtband *Les fleurs du mal* (1857) ein. Mit BAUDELAIRE wird die Erlebnis- und Stimmungslyrik durch den Symbolismus und eine Dichtung der Verfremdung abgelöst. Einer der deutschsprachigen Vertreter der symbolistischen Ästhetik der *poésie pure*, der reinen selbstbezüglichen Dichtung, die auf außerliterarische Zweckbezüge verzichtet und ihre Autonomie betont (anders als die *littérature engagée*, → II.2), ist STEFAN GEORGE. Aus der GEORGE-Schule entfremdet hat sich – in Form eines radikalen Bruchs 1906 – HUGO VON HOFMANNSTHAL, der sein schriftstellerisches Schaffen mit Lyrik begann. Sein Zeitgenosse RAINER MARIA RILKE hinterließ ein variationsreiches lyrisches Œuvre, das durch seinen rauschhaften und erhabenen Duktus suggestive Wirkung entfaltet: »Man hat sein Wort als Heilsverkündung hingenommen und als Religionsersatz. In dieser Hinsicht«, urteilt REICH-RANICKI, »lässt er sich nur mit einem einzigen Deutschen vergleichen, mit einem der Größten«[11] – mit HÖLDERLIN.

Seit Beginn des 20. Jahrhunderts existiert eine Vielzahl unterschiedlicher Strömungen nebeneinander, sodass man

---

11 *Rainer Maria Rilke. Und ist ein Fest geworden. 33 Gedichte mit Interpretationen*, hrsg. von Marcel Reich-Ranicki, Frankfurt a. M. 2000, S. 11.

von einer »Dialektik der modernen Lyrik«[12] sprechen kann. Deutlich konturiert ist die Lyrik des Expressionismus (GEORG HEYM, GEORG TRAKL, der junge GOTTFRIED BENN und – teilweise – ELSE LASKER-SCHÜLER) und des etwas später anzusiedelnden Dadaismus (programmatisch: KURT SCHWITTERS), aus dem die konkrete Poesie (z. B. ERNST JANDL, EUGEN GOMRINGER) in ihrer lautlichen und visuellen Ausprägung hervorgegangen ist. BERTOLT BRECHT erprobt in der ersten Hälfte des 20. Jahrhunderts diverse Schreibweisen und greift dabei bewusst auf tradierte Formen zurück, u. a. mit seiner auf LUTHER rekurrierenden *Hauspostille* (1926). In der Zeit des Nationalsozialismus wurden die Avantgarde-Autoren der Weimarer Republik als »entartet« verfemt; zur staatlich verordneten Lektüre zählten die in aufwändigen Feiern umjubelten Klassiker GOETHE, SCHILLER und HÖLDERLIN sowie außerdem die ethisch wie ästhetisch höchst fragwürdigen Prämissen folgenden Blut-und-Boden-Autoren.

Eine große Vielgestalt findet sich in der an Zitaten reichen Lyrik der Nachkriegszeit. So lassen sich neben naturmagischen Strömungen (PETER HUCHEL, KARL KROLOW) und der Weiterentwicklung des Expressionismus (GOTTFRIED BENN) auch radikal schlichte, antikalligraphische Schreibweisen finden, die GUSTAV RENÉ HOCKE von den Autoren einforderte, um verdrängte bzw. unliebsame Wahrheiten über Verbrechen, Schuld und Kriegsbeschädigungen klar benennen zu können, wie z. B. GÜNTER EICH in seinem im April/Mai 1945 entstandenen Gedicht *Inventur*. Doch den programmatischen Bemühungen um Reflexion und Innovation der Literatur zum Trotz ist nicht nur die Prosa, sondern vor allem auch die Lyrik durch traditionelle Schreib- und Darstellungsweisen gekennzeichnet. In ei-

---

12 Vgl. Dieter Lamping, *Moderne Lyrik. Eine Einführung*, Göttingen 1991, S. 7. Lamping beruft sich dabei auf Michael Hamburger.

nem überwiegenden Teil der frühen Nachkriegspublika-
tionen lassen sich kein Umbruch und keine Erschütterung
bemerken, die zu einem echten Wandel oder Neubeginn
hätten führen können. Bei den meisten deutschen Lyri-
kern dominieren Tendenzen zur Realitätsferne. Autoren
und Leser suchen in der Naturlyrik Zuflucht vor Ver-
zweiflung und Existenzangst; dass in ihr durchaus auch
symbolische Tiefe erreicht wird, darf dabei jedoch nicht
verkannt werden. KARL KROLOW, einer der produktivsten
Dichter nach dem Krieg, lässt sich nicht auf die naturma-
gische Tradition z. B. OSKAR LOERKES oder WILHELM
LEHMANNS festlegen. In seinen Gedichten verwendet er
Chiffren der Naturlyrik, um politische und gesellschaftskritische Aussagen zu vermitteln.

Der einflussreichste Lyriker der fünfziger Jahre, GOTT-
FRIED BENN, fordert in seiner Poetik des ›absoluten Gedichts‹ eine ›reine Lyrik‹, d. h. die radikale Trennung von
Leben und Poesie mit dem Ziel, eine ästhetische Gegen-
welt zu entwickeln. PETER RÜHMKORF resümiert mit re-
signativem Unterton den Einfluss BENNS auf seine Epigonen: »Die deutsche Lyrik, mit der hoffnungsvollen Chan-
ce konfrontiert, über Gottfried Benn den Anschluß an
eine eigene nationale Großstadt- und Bewußtseinspoesie
zu finden, wählte den anderen, den Mitläuferweg in einen
widerstands-, gegenstands-, spannungslosen Ästhetizis-
mus.«[13]

Eine weitere prägende Strömung der 1950er Jahre ist
die hermetische Lyrik, deren bedeutendster Vertreter
PAUL CELAN ist. Nach dem ›Missbrauch‹ seiner *Todesfuge*
im Deutschunterricht und im »deutsch-jüdischen Aussöh-
nungsgeschäft«,[14] zieht er sich poetisch zurück in eine ab-
geschlossene Sphäre der Mehrdeutigkeit. Die hermetische

13 Peter Rühmkorf, »Das lyrische Weltbild des Nachkriegsdeutschen«
   [1962], in: *Strömungslehre I*, Reinbek 1978, S. 11–23, hier S. 19 f.
14 Vgl. Ralf Schnell, *Geschichte der deutschsprachigen Literatur seit 1945*,
   Stuttgart 1993, S. 258.

Lyrik bezeichnet weder ein fest definiertes Genre noch eine bestimmte Schule, sondern vielmehr in produktionsästhetischer Hinsicht den Widerstand gegen poetische Konventionen und Sprachklischees, in rezeptionsästhetischer Sichtweise die Durchbrechung epigonaler Erlebnis- und Bekenntnislyrik durch die Hinwendung zu Intellektualität und Reflexion. Mit PAUL CELAN beginnt Anfang der 1950er Jahre ein Lyriker zu veröffentlichen, dessen Texte von hochkomplexer Bildlichkeit sind, wie schon die Titel seiner Gedichtsammlungen *Atemwende*, *Niemandsrose* oder *Fadensonnen* und *Schneepart* signalisieren. Das Titelgedicht seines 1959 erschienenen dritten Lyrikbandes, *Sprachgitter*, vermittelt besonders anschaulich einen Eindruck der CELAN-typischen, durch hermetische Metaphorik (→ II.5.1) evozierten Bildlichkeit, die der Interpret nur teilweise und unter Zuhilfenahme unterschiedlicher Analyse-Verfahren (→ IV) entschlüsseln kann. CELAN stand in regem Austausch mit der nach Schweden geflüchteten Lyrikerin NELLY SACHS, Nobelpreisträgerin für Literatur 1966, sowie mit INGEBORG BACHMANN, die durch ihre Gedichtbände *Anrufung des großen Bären* (1956) und *Die gestundete Zeit* (1957) bekannt wurde. Von INGEBORG BACHMANN stammt das Gedicht *Keine Delikatessen*, das in dem von HANS MAGNUS ENZENSBERGER herausgegebenen *Kursbuch 15* zum Thema »Tod der Literatur« (1968) zuerst publiziert worden ist und sich formal an den Gattungsgrenzen bewegt: dass es sich um einen lyrischen Text handelt, ist nur noch am Druckbild in Versen erkennbar.

In den 1960er Jahren kommt es durch die massiven Proteste gegen den Krieg in Vietnam und die dadurch erfolgte Politisierung der Studenten und Intellektuellen zu einer Wiederentdeckung der politischen Lyrik als Instrument der Kritik (HANS MAGNUS ENZENSBERGER, ERICH FRIED). Eine weitere literarische Bewegung erlebte Mitte des Jahrzehnts ihren Höhepunkt: die konkrete Poesie. Die lautliche oder graphische Eigenschaft der Sprache ist Material lyrischer Experimente wie Kombination, Reduktion, Montage und Collage (ERNST JANDL, EUGEN GOMRINGER, HELMUT HEISSENBÜTTEL).

Die lyrische Produktion der letzten Jahrzehnte ist gekennzeichnet durch Themen- und Stilpluralismus, wobei zwei Tendenzen deutlich hervortreten: auf der einen Seite die moderne hochreflektierte Naturdichtung und auf der anderen Seite die sprachartistische Lyrik mit einem hohen Grad an Selbstreferentialität und Abstraktion (z. B. von FRIEDERIKE MAYRÖCKER, SARAH KIRSCH, ULLA HAHN, DURS GRÜNBEIN und THOMAS KLING).

2.2 Strukturelemente lyrischer Texte

Bei der Untersuchung der formalen Struktur lyrischer Texte, die der Interpretation (→ IV) vorausgehen muss, ist es ratsam, deduktiv vorzugehen, zunächst also das ganze Gedicht in den Blick zu nehmen und sich dann zum Detail vorzuarbeiten. Dabei ist es hilfreich, sich an Leitfragen zu orientieren:

Als Erstes sind – wie bei jeder Textanalyse – der historische Hintergrund und die Umstände der Textentstehung zu eruieren, auch wenn dies nicht unbedingt in die spätere Interpretation einfließt. In einem weiteren Schritt sollte das Thema klar erfasst werden, um eine erste grobe inhaltliche und gattungspoetische Klassifizierung vornehmen zu können (Liebesgedicht, Naturgedicht, Geschichtsgedicht, Politische Lyrik, Ideen-Ballade usw.). Sodann ist die oftmals nicht einfach zu ermittelnde textinterne kommunikative Situation zu erfassen: Wer spricht im Gedicht? Handelt es sich um ein Rollengedicht? Gibt es ein lyrisches Ich (= Aussagesubjekt des poetischen Diskurses)? Wie positioniert es sich im (imaginierten) Raum und wie sein Gegenüber? Obgleich die Lyrik traditionell als subjektive Gattung gilt (GOETHE, HEGEL → III.1), darf das lyrische

Ich nicht mit dem Autor bzw. der Autorin gleichgesetzt werden. DIETER BURDORF definiert die problematische Instanz des ›lyrischen Ich‹ in Abgrenzung zum ›Textsubjekt‹, das funktional der Erzählinstanz in der Prosa entspricht.[15]

Bei der sich dann anschließenden Analyse der formalen Struktur ist es sinnvoll, deduktiv zu verfahren. So sollte zunächst die Gedichtform (→ III.2.2.1) als Ganzes in den Blick genommen werden, dann die Strophe(n) (→ III.2.2.2), die Verse, die Reimstruktur, das Metrum und die Kadenzen (→ III.2.2.3). Stillage und Syntax sowie Tropen und rhetorische Figuren (zu den einzelnen Aspekten → II.4.1 und II.5.2) kommen im Gedicht aufgrund der hohen ästhetischen Kodierung und Komprimiertheit besonderes Gewicht zu. Zunächst sollte das Gedicht mit Hilfe des lyrikspezifischen Analyse-Instrumentariums analysiert und in einem weiteren Schritt auf mikro- und makrostilistischer Ebene (→ II.4, II.5) untersucht werden. Erst dann lässt sich die Wirkung des literarischen Werks verstehen und auf einem metaliterarischen Abstraktionsniveau einordnen, bewerten und interpretieren (→ IV).

2.2.1   Gedichtformen

Volkslied

Die Bezeichnung stammt von JOHANN GOTTFRIED HERDER und ist eine Lehnübersetzung aus dem Englischen

---

15 Vgl. dazu: Dieter Burdorf, *Einführung in die Gedichtanalyse,* Stuttgart ²1997, S. 195: »Das Textsubjekt ist ein analytisches Konstrukt, das notwendig ist, um dem Gedicht als einem poetischen Text eine kohärente Bedeutung und einen literarischen Eigenwert zuschreiben zu können, der weder in den Aussagen des artikulierten Ich noch in den außertextlichen Willensbekundungen des empirischen Autors aufgeht. Das Textsubjekt ist daher zwischen dem im Text zur Sprache kommenden Ich und dem realen Produzenten des Textes anzusiedeln; es strukturiert die Perspektive des Gedichts und setzt das Ich, ohne mit ihm identisch zu sein.«

(*popular song*). Die Romantiker waren der Auffassung, das Volkslied sei aus dem Volk entstanden. Das Volkslied ist untrennbar von seiner Melodie; es ist geistlichen (z. B. Weihnachts- oder Osterlieder; Marienlieder) oder weltlichen (Liebeslied, Abschiedslied) Inhalts. Es hat keine bestimmte Strophenlänge (in der Romantik setzt sich der Vierzeiler als Standard durch) und ist regelmäßig gereimt.

Ballade

Die Ballade nimmt eine Zwischenstellung zwischen der lyrischen und der epischen Dichtung ein. Sie bedient sich lyrischer Formen, es wird jedoch eine Geschichte erzählt (narratives bzw. episches Moment). Man unterscheidet die Volksballade (*Es waren zwei Königskinder*; *Die schöne Lilofee*), deren Verfasser unbekannt sind, von der Kunstballade. Diese wiederum lässt sich in inhaltliche Untergruppen unterteilen, wie Schauerballade (z. B. BÜRGERS *Lenore*, GOETHES *Erlkönig*), Ideenballade (z. B. C. F. MEYER, *Die Füße im Feuer*; SCHILLER, *Der Handschuh*), Geschichtsballade (HEINE, *Belsazar*) oder die realistische Ballade, die einen Stoff der Gegenwart zum Thema hat (FONTANE, *Die Brück' am Tay*, *John Maynard*). Mit der Ballade verwandt ist das Erzählgedicht (z. B. HEINE, *Die schlesischen Weber*).

Romanische Gedichtformen

Sonett

Das Sonett entstand im 13. Jahrhundert auf Sizilien; PETRARCA hat es fortentwickelt und popularisiert. Das italienische Sonett hingegen besteht aus zwei Quartetten (Vierzeilern) und zwei Terzetten (Dreizeilern); das englische Sonett (SHAKESPEARE) hingegen aus drei Quartetten und einem Couplet (Zweizeiler). Die formale Zweiteilung des Sonetts bietet sich für die dialektische Durchführung

(These, Gegenthese, Synthese) oder für die Konkretisie-
rung mit abschließender Abstrahierung eines Themas ge-
radezu an. Im deutschsprachigen Raum etablierte der Ba-
rockdichter ANDREAS GRYPHIUS diese Gedichtform u. a.
mit seinen allegorischen Tageszeitensonetten. Er griff dabei auf die französische Ausprägung zurück, in der das
Metrum der Verse sechshebig jambisch mit Mittelzäsur
(Alexandriner) ist, was eine weitere Substrukturierung
(z. B. zur Illustration von Gedankenkontrasten) erwirkte.

Madrigal
Ursprünglich handelt es sich um ein italienisches Hirten-
lied; das Madrigal hat gereimte Verse ohne weitere Form-
vorgabe, z. B. ERNST STADLERS 1914 entstandenes Gedicht
Vorfrühling.

Rondeau bzw. *Rondell*
Von frz. *rond* ›Ringelgedicht‹, ursprünglich in Frankreich
zum Rundtanz gesungenes Lied, dann meist 12- bis
14-zeilige Strophe mit nur zwei Reimen. Die Anfangs-
wörter des ersten Verses werden nach dem achten und am
Schluss des 13. Verses als verkürzter Kehrreim wieder aufgenommen, z. B. CHRISTINE DE PISAN, *Rondeau: Verwit-
wet*.

Romanze
Spanisches Erzähllied, im deutschen Sprachraum zunächst
wie Bänkelsang verwendet; die Romanzenstrophe besteht
aus vier trochäischen Vierhebern, ungereimt oder mit Assonanz, HEINRICH HEINE verwendet sie im *Atta Troll*.

Triolett
Einstrophige französische Gedichtform, mit dem Rondeau verwandt; besteht aus acht Versen, die durch zwei
Reime verbunden sind. Die Anfangszeile wird im vierten
und im siebten Vers wiederholt.

Sestine
Gedichtform aus sechs sechszeiligen Strophen mit dreizeiliger Schlussstrophe, meist reimlose jambische *endecasillabi* (ital., ›Elfsilber‹). Festgelegt ist die Abfolge der Schlussworte der Zeilen, die je Strophe um einen Platz versetzt wiederholt werden (also in der ersten Strophe in der Abfolge: *1 2 3 4 5 6*, in der zweiten in der Abfolge *2 3 4 5 6 1* usw.). Verwendet u. a. von DANTE, PETRARCA, im deutschsprachigen Raum erst seit dem Barock (FRIEDRICH RÜCKERT, *Wenn durch die Lüfte wirbelnd treibt der Schnee*).

Antike Gedichtformen

Ode (griech., ›Gesang‹)
Die Ode ist strophisch gegliedert, jedoch meist reimlos. Sie richtet sich häufig an ein Gegenüber. Ihr Ton ist erhaben wie auch ihr Stil (z. B. KLOPSTOCK, *Der Zürchersee*; HÖLDERLIN, *Heidelberg*, *Ganymed*; im 20. Jahrhundert u. a. von JOHANNES R. BECHER aufgegriffen).

Hymne
Von griech. *hýmnos*, ursprünglich Lobgesang eines Helden oder Gottes bei kultischen Veranstaltungen (wie die homerischen Hymnen auf Apollon, Hermes oder Dionysos; die Hymnen PINDARS auf die Wettkämpfer in Olympia); die strophischen Formen sind wie die der Ode. Im Anschluss an KLOPSTOCK etabliert sich die Hymne in freien Rhythmen (GOETHES *Ganymed*; NOVALIS' *Hymnen an die Nacht*).

Elegie
Die Elegie ist ursprünglich ein Klagelied bzw. Trauergedicht und formal uneinheitlich; in der Antike bestand sie aus Distichen (GOETHES *Römische Elegien*; RILKES *Duineser Elegien*; BRECHTS *Buckower Elegien*).

Figurengedicht (*Carmen figuratum*)
Text, der durch die Länge seiner Verse einen graphischen
Umriss darstellt, z. B. REINHARD DÖHL: *Apfel*.

Emblem (griech, ›Einlegearbeit‹, ›Eingesetztes‹)
Das Emblem verbindet sprachliche mit graphischen Elementen und wurde vor allem im Barock verwendet. Das
Emblem folgt einem feststehenden dreiteiligen Aufbau:
(1) Bild, (2) Inschrift oder Motto, (3) Erläuterung.

2.2.2   Strophenformen (Auswahl)

Gedichte mit gleichem Strophenbau nennt man isome-
trisch, heterometrisch sind Gedichte mit verschiedenarti-
gem Strophenbau.

Volksliedstrophe
Zwei bis acht drei- oder vierhebige Verse (z. B. GOETHE,
Es war ein König in Thule).

Chevy-Chase-Strophe
Vierzeilige Strophe, die nach einer alten englischen Volks-
ballade benannt ist, im Wechsel vier- und dreihebig; mit
Kreuzreim, häufig in Balladen, z. B. FONTANES *Archibald
Douglas*.

Nibelungenstrophe
Das *Nibelungenlied* (Manuskripte datieren auf das 13. bis
16. Jahrhundert) ist Höhepunkt und Abschluss der germa-
nischen Heldendichtung. Es führt jahrhundertelang mündlich überlieferte Heldenlieder aus unterschiedlichen Stoff-
kreisen zusammen.

> Uns ist in alten mæren   wunders vil geseit
> Von helden lobebæren   von grôzer arebeit,

> von fröuden, hôchgezîten,   von weinen und von
> klagen,
> von küener recken strîten   muget ir nu wunder
> hœren sagen.[16]

Formal besteht die »Nibelungenstrophe« aus vier paar-
weise gereimten Langzeilen, deren vorderer Teil – die An-
verse – vierhebig mit klingender Kadenz und deren hinte-
rer Teil – die ersten drei Abverse dreihebig, der vierte
vierhebig mit jeweils männlicher Kadenz, sind. Diese
Strophenform gibt es schon im 12. Jahrhundert im Do-
nauländischen Minnesang, und sie lebt fort im Lied (z. B.
PAUL GERHARDT, *O Haupt voll Blut und Wunden*).

Meistersangstrophe
Die Meistersangstrophe (auch: Kanzonenstrophe) haben
die Meistersinger von den Sangspruchdichtern des Mittelalters übernommen. Sie ist dreiversig und besteht aus einem zweiversigen Stollen mit Abgesang mit dem Reimschema *a a b*.

Quartett: vierversige Strophe (→ Sonett).

Terzett: dreiversige Strophe (→ Sonett).

Stanze
Acht elfsilbige Verszeilen mit wechselnd stumpfer und
klingender Kadenz mit dem Reimschema *a b a b a b c c*,
z. B. RILKES *Winterliche Stanzen*.

Terzine
Dreizeilige Strophen aus jambischen Elfsilbern (*endecasil-*

16 *Das Nibelungenlied*, mhd./nhd., nach dem Text von Kurt Bartsch und
Helmut de Boor ins Neuhochdeutsche übers. und komm. von Siegfried
Grosse, Stuttgart ²2002 (Reclams Universal-Bibliothek, 644), 1. Strophe.

labi), mit dem Reimschema *a b a, c d c* usw., z. B. HOF-
MANNSTHALS *Terzinen über Vergänglichkeit*, III.

Distichon
Aus Hexameter und Pentameter bestehender Doppelvers
(s. u.).

Ghasel
Orientalische Gedichtform, bestehend aus 6 bis 30 vierhebigen Langversen, die den Reim des ersten Verses in jeder
geraden Zeile aufnimmt; die ungeraden bleiben ungereimt
(*a a b a c a d a* usw.). Im Deutschen u. a. bei RÜCKERT.

Odenstrophen

Alkäische Odenstrophe
Vierversige Strophe aus zwei Elfsilbern mit Mittelzäsur,
gefolgt von einem jambischen Neunsilber und einem aus
zwei Daktylen und zwei Trochäen bestehenden Zehnsil-
ber, z. B. HÖLDERLINS *Ganymed*.

Asklepiadeische Odenstrophe
Zwei Zwölfsilber mit Zäsur nach der dritten Hebung, gefolgt von einem Sieben- und einem Achtsilber, im Wechsel Daktylus und Trochäus, z. B. KLOPSTOCKS *Der Zürchersee* oder HÖLDERLINS *Heidelberg*.

Sapphische Odenstrophe
Drei Elfsilber (= zwei trochäische Dipodien [Einheit aus
zwei Versfüßen] mit eingeschobenem Daktylus) gefolgt
von einem zweihebigen Fünfsilber, durchgehend weibliche Kadenz, z. B. HÖLDERLIN, *Unter den Alpen gesungen*.

2.2.3 Versmaß, Metrum, Kadenz

Der Vers ist untergliedert in die Versgegenden Auftakt, Versinneres und Kadenz. Das Versmaß oder Metrum (von griech. *métron* ›Maß‹) verteilt sich über das Versganze. Es besteht aus Hebungen und Senkungen bzw. betonten und unbetonten Silben. Durch das Metrum entsteht der Sprech-Lese-Rhythmus. Den Wechsel von betonter und unbetonter Silbe (´ –) nennt man *Trochäus*; den Wechsel von unbetonter und betonter Silbe (– ´) nennt man *Jambus*. Trochäische Metren finden sich z. B. in Storms *Juli*, jambische Metren in Mörikes *Septembermorgen*. Daktylische Metren (*Daktylus*: betont – unbetont – unbetont: ´ – –) wirken beschwingt wie ein Walzer. Der *Anapäst* (unbetont – unbetont – betont: – – ´) ist ruhelos, da die Stimme am Ende des Versfußes angehoben werden muss, und treibt den Text voran. Sehr gut studieren lassen sich der Wechsel der Metren und deren unterschiedliche Wirkungen an Goethes *Auf dem See* oder Schillers *Die Ehre der Frauen*.

Bei der oft nicht einfachen Untersuchung der metrischen Struktur eines Textes sollte die sogenannte Füllungsfreiheit mit bedacht werden – ein Metrum muss nicht regelmäßig durchgehalten werden, es kann bei unregelmäßiger Füllung überzählige oder fehlende Hebungen oder Senkungen geben. Ein Versende mit unvollständigem Metrum (fehlende Hebung oder Senkung) heißt katalektisch, ein Versende mit überzähligem Versfuß hyperkatalektisch.

Fünf Kriterien sind bei der Bestimmung des Versmaßes nützlich und hilfreich:[17]

---

17 Vgl. Bernhard Asmuth, *Aspekte der Lyrik: mit einer Einführung in die Verslehre*, Düsseldorf ⁵1979, S. 49 f.

(1) Zunächst sollte die Anzahl der Hebungen (der betonten Silben also) bestimmt werden.
(2) Anschließend ist die Verteilung der Senkungssilben
im Versinnern zu ermitteln:
  a) Liegt eine Alternation mit den Hebungen vor?
     ($\acute{-}\acute{-}\acute{-}$)
  b) Oder ständige Doppelsenkungen? ($\acute{-}--\acute{-}--$)
  c) Sind die Hebungen und Senkungen bei fester Sil-
     benzahl ungleichmäßig verteilt? Dies ist häufig der
     Fall bei Odenstrophen.
  d) Bedient sich der Dichter der Füllungsfreiheit, d. h.,
     ändert er das Metrum ab, indem er Hebung oder
     Senkung in ein ansonsten regelmäßiges Versmaß
     einschiebt?
(3) Wie ist die Gestaltung der Versgrenzen: Sind es
stumpfe und/oder klingende Kadenzen?
(4) Bei längeren Versen (ab vier Hebungen) besteht die
Möglichkeit der festen Zäsur.
(5) Wie ist das Reimschema? Und wie steht dieses mit
den Kadenzen im Zusammenhang?

Taktarten

Jambus: »Steiger«, Wechsel von Senkung und Hebung: $-\acute{}$
(»geléhrt«, »hinwég«).
Anapäst: »Doppelsteiger«, auf zwei Senkungen folgt eine Hebung: $--\acute{}$ (»Paradíes«, »Maleréi«; »Wenn
der Tráum mich bewégt und der Wúnsch sich dann
régt«).
Trochäus: »Faller«, Wechsel von Hebung und Senkung: $\acute{-}$
(»Lében«, »Róse«).
Daktylus: »Doppelfaller«, auf eine Hebung folgen zwei
Senkungen: $\acute{-}-$ (»Régenschirm«, »Néulinge«; »Rósen-
stock hóld erblüh« oder: »Mítten im Schímmer der
schíllernden Wéllen« [katalektischer Ausgang]).

Spondeus: zwei lange bzw. betonte Silben folgen unmittelbar aufeinander ´´ (»Óh wéh!«, »Éféu«).
freier Rhythmus: keine metrische Bindung.

Metrische Besonderheiten

Kadenz: Versausgang
 – stumpfe Kadenz (auch: männliche Kadenz): Der Vers
 endet mit einer Hebung; einsilbig: »Welt«.
 – klingende Kadenz (auch: weibliche Kadenz): Der
 Vers endet mit einer Senkung; zweisilbig: »Sonne«.
Auftakt: Eingangssenkung vor der ersten Hebung.
katalektisch: Eine Silbe des Versfußes fehlt am Schluss.
akatalektisch: vollständiger Versfuß.
hyperkatalektisch: Eine Silbe des Versfußes am Schluss ist
 überzählig.
Tonbeugung: Die Betonung liegt – dem Metrum entsprechend – auf einer Silbe, die normalerweise unbetont ist,
z. B. »wie schön leuchtét der Morgenstern«.
Elision: Ein Laut wird weggelassen (»stet'ge« statt »stetie-
ge«, »Nix« statt »Nixe«).

Jambische (steigende) Taktreihen/Versmaße

Steigender Viertakter

 Knittelvers
Unregelmäßig gefüllter Vierheber, paarreimig z. B. in
GOETHES *Faust.*

Steigende Fünftakter

 Vers commun
Gereimter jambischer Elfsilber mit Zäsur nach der zwei-
ten Hebung, z. B. »Mein Gótt, mein Gótt! | Du zéntnerst
stéte Lást«.

Blankvers
Ungereimter jambischer Fünftakter (seit LESSING der
deutsche Dramenvers: »Vor gráuen Jáhren lébt' ein Mánn
in Ósten«).

Steigende Sechstakter

Jambischer Trimeter
Drei jambische Doppelfüße, reimlos, stumpfe Kadenz,
z. B. MÖRIKE, *Auf eine Lampe*.

Alexandriner
12 oder 13 Silben mit Zäsur nach der dritten Hebung:
»Wer gróß im Kléinen íst, | wird größer séin im Gróßen«
(GRYPHIUS).

Steigender Achttakter

Kombination zweier steigender Viertakter zu einer Lang-
zeile.

Trochäische (fallende) Taktreihen/Versmaße

Fallender Viertakter: »Éines núr ist Glück hiníeden /
   Eíns: des Ínnern stíller Fríeden«.

Daktylische (doppelfallende) Taktreihen

Pentameter (wörtlich ›Fünfmesser‹)
Besteht aus sechs Daktylen, in dem die ersten beiden ersetzt werden können durch Spondeen. Der dritte und der
letzte Versfuß sind stets katalektisch. Der Pentameter hat
immer eine Zäsur nach dem dritten Versfuß, z. B.: »aber
der große Moment | findet ein kleines Geschlecht«
(SCHILLER).

Hexameter (›Sechsmesser‹)

Besteht aus sechs Daktylen; die ersten vier können durch Spondeen ersetzt werden, der letzte Versfuß ist katalektisch, z. B. GOETHES *Reineke Fuchs* oder sein Aphorismus:

> »Blumen reicht die Natur, es windet die Kunst sie
> zum Kranze.«

Distichon

Wechsel von Pentameter und Hexameter, wie z. B. in MATHIAS CLAUDIUS' *Distichon*:

> »Im Hexameter zieht der ästhetische Dudelsack Wind ein,
> Im Pentameter drauf läßt er ihn wieder heraus.«

Reim

Beim Endreim sind die Schlusssilben zweier (oder mehrerer) Verse) gleichlautend, beim Anfangsreim die Anfänge zweier (oder mehrerer) Verse. Binnenreime befinden sich im Versinnern. ULLA HAHN setzt in ihrem poetologischen Gedicht *Ars poetica* (1980) effektvoll unterschiedliche Reime ein:

	Danke ich brauch keine neuen	
Anfangs- reime	⇒ <u>Formen</u> ich stehe <u>auf</u>	⇐
	Festen Versfüßen und alten	Endreime
	⇒ <u>Normen</u> Reimen zu <u>Hauf</u>	⇐
	Zu Papier und zu euren	
Anfangs- reime	⇒ <u>Ohren</u> bring ich was klingen <u>soll</u>	⇐
	klingt mir das Lied aus den	Endreime
	⇒ <u>Poren</u> rinnen die Zeilen <u>voll</u>	⇐
(Alliteration)	Und <u>über</u> und <u>drüber</u> und <u>dr</u>unter	⇐Binnenreime
(Alliteration)	Und <u>dr</u>auf und <u>dran</u> und wohlan	⇐Binnenreime
	Das hat mit ihrem Singen	
	Die Loreley getan.	

Reimarten

Als Reimart bezeichnet man die Klangweise des Reims.

rührender Reim (»Mann« – »man«)
identischer Reim (»Haus« – »Haus«)
reicher Reim (»jugendreiche« – »tugendreiche«)
gebrochener Reim (»Banner« – »kann er«)
unreiner Reim (»Freude« – »Seide«; »ruft« – »Gruft«)

Reimformen

Die Reimform bezieht sich auf die Abfolge der gereimten
Worte innerhalb des Textes.

Paarreim (*a a b b*)
Kreuzreim (*a b a b, c d c d*),
umarmender Reim (*a b b a c d d c*)
Schweifreim (*a a b c c b*)
Haufenreim (*a a a a* usw.)
Kettenreim (*a b a b c b c d e* usw.)
Unterbrochener Reim: Ein Reimschema wird unterbro-
chen durch ungereimte Verse (*a v a w b x b y*)
freier Vers: Die Verse sind ungereimt.

Reimbesonderheiten

   Assonanz
Gleichklang der Vokale: z. B. »der Leib wird leicht im
Wasser« (BRECHT).

   Alliteration
(Stabreim): Identität der Anfangskonsonanten benachbar-
ter Wörter, vor allem der hebungsfähigen Stammsilben:
»Wind und Wetter«, »Kind und Kegel«.

Schüttelreim
Beruht auf der Vertauschung der Anlautkonsonanten reimender Silben und Wörter: »Sie tragen Rotmäntelchen, lang und bauschig, / die Miene ist ehrlich, doch bang und lauschig« (HEINE).

Enjambement
(Zeilensprung) Eine syntaktische Einheit wird auf zwei Verse verteilt:

> »Wie verzaubert ich bin – Pflanzen
> Überwachsen die Fenster die Steine der
> Treppe Vögel fliegen im Haus, das
> Gesicht durch fremder Leute
> Falten und weiße Strähnen getarnt
> Gehe ich um und durch die Spiegel.«
> (SARAH KIRSCH)

Literaturhinweise

Asmuth, Bernd: Aspekte der Lyrik. Mit einer Einführung in die Verslehre. Opladen ⁵1979.

Bekes, Peter: Formen der Lyrik. Arbeitstexte für den Unterricht. Stuttgart 2000. (Reclams Universal-Bibliothek. 15046.)

Braak, Ivo: Poetik in Stichworten. 8. überarb. und erw. Aufl. von Martin Neubauer. Berlin/Stuttgart 2001.

Breuer, Dietrich: Deutsche Metrik und Versgeschichte. München 1981 [u. ö.].

Burdorf, Dieter: Einführung in die Gedichtanalyse. ²1997. (Sammlung Metzler. 284.)

Kayser, Wolfgang: Kleine deutsche Versschule. Bern 1971.

Lyriktheorie. Texte vom Barock bis zur Gegenwart. Hrsg. von Ludwig Völker. Stuttgart 1990. (Reclams Universal-Bibliothek. 8657.)

Moenninghoff, Burkhard: Metrik. Stuttgart 2004. (Reclams Universal-Bibliothek. 17649.)

Wagenknecht, Christian: Deutsche Metrik. Eine historische Einführung. 3. durchges. Aufl. München 1993.

Zur Geschichte der Lyrik:

Geschichte der deutschen Lyrik. Von Franz-Josef Holznagel
[u. a.]. Stuttgart 2004.
Friedrich, Hugo: Die Struktur der modernen Lyrik. Von der Mitte
des neunzehnten bis zur Mitte des zwanzigsten Jahrhunderts.
Reinbek [1956]. Erw. Neuausg. 1967 [u. ö.].
An Friedrich anschließend:
Lamping, Dieter: Moderne Lyrik. Eine Einführung. Göttingen
1991.

3 Epik (Erzähltexte)

Von Gabriele Sander

3.1 Erzählen im Alltag, Erzählen in der Literatur

Das Erzählen von Geschichten, sei es mündlich oder schriftlich, ist eine anthropologische Konstante. Diese Form zwischenmenschlicher Interaktion ist in allen Kulturen anzutreffen. Im Erzählen, wie man es aus der Alltagskommunikation kennt, verwandelt sich erlebtes Geschehen in eine Geschichte. Der Erzählende berichtet über Begebenheiten, die er für mitteilenswert hält, und stellt Zusammenhänge zwischen seinen Erlebnissen und Erfahrungen her. Er vermittelt also nicht bloß Fakten oder zufällige Ereignisse, sondern bringt die erinnerten Geschehnisse in eine sprachliche Ordnung und überführt das Erlebte in den Erfahrungsschatz seines Adressaten. Werden Erzählungen innerhalb eines Sprachkollektivs stetig weitergegeben, können sie Teil des kulturellen Gedächtnisses werden. Daher hat das Erzählen über seine elementaren kommunikativen, sozialen und psychologischen Funktionen hinaus eine identitätsstiftende Bedeutung sowohl für den Einzelnen als auch für die Gemeinschaft.

Das Erzählen im Alltag ist vom literarischen Erzählen grundsätzlich zu trennen. Die Abgrenzung ›wahrer‹ Geschichten von erfundenen, fingierten Erzählungen (lat. *fingere* ›bilden, erdichten‹) findet sich bereits in der Antike. ARISTOTELES bestimmte in seiner *Poetik* die Mimesis (griech. *mímēsis*), die Nachahmung bzw. nachahmende Darstellung handelnder Menschen, als Charakteristikum und Ziel der Dichtung. Er behauptete, dass man den Unterschied zwischen Realität und Dichtung, zwischen tatsächlich ereigneten und ausgedachten Geschichten nicht an der sprachlichen Form festmachen könne, sondern nur daran, wovon erzählt werde:

»Denn der Geschichtsschreiber und der Dichter unterscheiden sich nicht dadurch voneinander, daß sich der eine in Versen und der andere in Prosa mitteilt [...]; sie unterscheiden sich vielmehr dadurch, daß der eine das wirklich Geschehene mitteilt, der andere, was geschehen könnte.«[1]

ARISTOTELES differenziert also zwischen Autoren, die »das wirklich Geschehene« mitteilen, und denen, die davon erzählen, »was geschehen könnte«. Diese grundlegende Opposition findet sich in modernen Erzähltheorien wieder. So grenzte KÄTE HAMBURGER in ihrem Buch *Die Logik der Dichtung* (1957) Wirklichkeitsaussagen bzw. -berichte von epischen Fiktionen ab und legte dar, dass »das Imperfekt des fiktionalen Erzählens keine Vergangenheitsaussage« sei und nur noch Fiktionalität indiziere.[2] Der französische Erzähltheoretiker GÉRARD GENETTE prägte in *Fiktion und Diktion* (dt. 1992) das Begriffspaar »faktuales« und »fiktionales Erzählen«, das diese kategorialen Unterschiede auf eine griffige Formel bringt (→ III.3.6). Zwischen diesen Polen gibt es jedoch Mischformen, denn auch faktuale Erzählungen über historische Personen und Ereignisse weisen Fiktionalisierungstendenzen auf. Ebenso werden in der Alltagskommunikation Geschichten oft ausgeschmückt, Details hinzuerfunden oder fingierte Ereignisfolgen präsentiert. Andererseits beziehen sich viele fiktionale Texte auf Personen, Orte, Zeiten und Sachverhalte der außersprachlichen Wirklichkeit. Besonders augenfällig sind diese Referenzen in Autobiographien und Memoiren, die Authentizität und Wahrhaftigkeit anstreben. Aber auch Texte, die von ihren Verfassern auf dem Buchumschlag oder Titelblatt als Romane oder Erzählun-

1 Aristoteles, *Poetik*, griech./dt., übers. und hrsg. von Manfred Fuhrmann, Stuttgart 1994 (Reclams Universal-Bibliothek, 7828), S. 29.
2 Käte Hamburger, *Die Logik der Dichtung*, Frankfurt a. M. / Berlin / Wien ³1980, S. 70.

gen deklariert werden und durch einen solchen Zusatz bzw. Paratext[3] den Anspruch auf Faktizität und Verifizierbarkeit aufkündigen, schaffen durch die Verarbeitung historischer Ereignisse, empirischer Gegebenheiten, dokumentarischer Materialien u. Ä. konkrete Wirklichkeitsbezüge. Biographien z. B. können daher auch als faktuale Erzählungen bezeichnet werden.[4]

Bevor im Folgenden auf Strukturelemente von narrativen (erzählenden) Texten eingegangen wird, soll zunächst ein Überblick über die traditionell als Epik bezeichnete Gattung der Erzählliteratur gegeben werden.

3.2 Geschichte und Formen der Epik

3.2.1 Epos und Roman

Der Gattungsbegriff »Epik« leitet sich vom griechischen Wort *épos* ›Wort, Rede, Erzählung‹ ab. Als Epos bezeichnet man seit der Antike die breit angelegte erzählende Versdichtung über Götter und Helden. Das klassische Versmaß für diese zum feierlichen öffentlichen Vortrag durch den Rhapsoden (›Sänger‹) bestimmten mythisch-heroischen Langgedichte war der Hexameter. Die bekanntesten Epen der griechisch-römischen Antike sind HOMERS *Ilias* und *Odyssee* (um 700 v. Chr.) sowie VERGILS *Aeneis* (29–19 v. Chr.). Im deutschsprachigen Raum setzte sich diese Tradition im Mittelalter fort – in Legendenepen (z. B. HARTMANN VON AUE, *Gregorius*, um 1190–1200), Heldenepen wie dem *Nibelungenlied* (um 1200) und höfischen Epen wie WOLFRAMS VON ESCHENBACH *Parzival* (um 1200–10) oder GOTTFRIEDS VON

---

3 Damit sind die einen Drucktext umgebenden Elemente wie Umschlag- und Klappentext, Titelei, Kopf- und Fußzeilen, Kapitel- und Seitenzahlen usw. gemeint.
4 Vgl. Matías Martínez / Michael Scheffel, *Einführung in die Erzähltheorie*, München 1999 [u. ö.], S. 10.

STRASSBURG *Tristan* (um 1210). Letztere zeigen bereits Tendenzen des Übergangs zum Roman, der in der Neuzeit das Epos in den Hintergrund drängt. Eine wichtige Rolle spielte dabei der Wechsel von der mündlichen zur schriftlichen Textrezeption, d. h. vom öffentlichen Vortrag zur individuellen Lektüre. In der zweiten Hälfte des 18. Jahrhunderts entstanden einige bedeutende Versepen in Hexametern, so das biblische Epos *Der Messias* (1748–73) von FRIEDRICH GOTTLIEB KLOPSTOCK und das Tierepos *Reineke Fuchs* (1794) von JOHANN WOLFGANG GOETHE. Vereinzelt versuchten Autoren des 19. und 20. Jahrhunderts, diese Tradition fortzusetzen bzw. für die Moderne fruchtbar zu machen; beispielhaft seien *Des Arztes Vermächtnis* (1838) von ANNETTE VON DROSTE-HÜLSHOFF, *Deutschland. Ein Wintermährchen* (1844) von HEINRICH HEINE und *Manas* (1927) von ALFRED DÖBLIN genannt.

Behandelt das Epos meist mythisch-religiöse oder historische Stoffe, die in gehobener Stillage dargeboten werden, so ist der (Prosa-)Roman viel stärker in der Gegenwart und Individualität des Autors verankert. Während der Epiker primär aus der nationalen Überlieferung schöpft, seine Figuren stark typisiert und das Geschehen in einen sinnvoll geordneten Kosmos stellt, greift der Prosaautor auf den subjektiv-privaten Erfahrungsschatz zurück und wählt individuelle Ausdrucksformen. WALTER BENJAMIN formulierte es poetisch: »Die Geburtskammer des Romans ist das Individuum in seiner Einsamkeit, das sich über seine wichtigsten Anliegen nicht mehr exemplarisch aussprechen kann, selbst unberaten ist und keinem Rat geben kann.«[5]

Die Geschichte des deutschsprachigen Romans wird spätestens seit dem 18. Jahrhundert begleitet von gattungsästhetischen Reflexionen. Die erste umfassende Ro-

---

5 Walter Benjamin, »Krisis des Romans. Zu Döblins *Berlin Alexanderplatz*« (1930), in: W. B., *Angelus Novus. Ausgewählte Schriften 2*, Frankfurt a. M. 1988, S. 437–443, hier S. 437.

mantheorie legte 1774 CHRISTIAN FRIEDRICH VON BLANCKENBURG mit seinem *Versuch über den Roman* vor, in dem er die »Ranggleichheit der Gattungen« Epos und Roman feststellte, »resultierend aus den veränderten Bedürfnissen der Zeit«.[6] Folgenreicher für die weitere Diskussion waren HEGELS *Vorlesungen über die Ästhetik* (1818–28), in denen er die historischen Umbrüche auf die Formel von der »Prosa der Verhältnisse« brachte. Er behauptete die Vorherrschaft des Romans, der »modernen bürgerlichen Epopöe«, im »prosaischen Zeitalter«:

> »Eine der gewöhnlichsten und für den Roman passendsten Kollisionen ist [...] der Konflikt zwischen der Poesie des Herzens und der entgegenstehenden Prosa der Verhältnisse sowie dem Zufalle äußerer Umstände [...]. – Was die Darstellung angeht, so fordert auch der eigentliche Roman wie das Epos die Totalität einer Welt- und Lebensanschauung, deren vielseitiger Stoff und Gehalt innerhalb der individuellen Begebenheit zum Vorschein kommt, welche den Mittelpunkt für das Ganze abgibt.«[7]

An HEGELS geschichtsphilosophische Perspektive knüpfte GEORG LUKÁCS mit seiner *Theorie des Romans* (1916/20) an, in der er diesen als »Ausdruck der transzendentalen Obdachlosigkeit« des neuzeitlichen Menschen beschrieb.[8] Bereits seit Ende des 19. Jahrhunderts waren angesichts der Krisenerfahrungen des modernen Subjekts die Gattung des Romans und das Erzählen generell problematisch geworden. Als Reaktion auf die verschiedentlich diagnostizierte Romankrise[9] entstanden im ersten Drittel des

---

6 Bruno Hillebrand, *Theorie des Romans*, München 1980, S. 112.
7 Georg Wilhelm Friedrich Hegel, *Werke*, Bd. 15: *Vorlesungen über die Ästhetik III*, Frankfurt a. M. 1986, S. 393.
8 Zit. nach Hillebrand (s. Anm. 6) S. 272.
9 Vgl. Dietrich Scheunemann, *Romankrise. Die Entstehungsgeschichte der modernen Romanpoetik in Deutschland*, Heidelberg 1978.

20. Jahrhunderts zahlreiche poetologische Schriften, in denen Autoren wie ALFRED DÖBLIN, ROBERT MUSIL, HERMANN BROCH u. a. Konzepte zur Erneuerung des Romans vorstellten. Nach 1945 wurde die Diskussion lebhaft fortgeführt. THEODOR W. ADORNO konstatierte 1954 als Folge der zerfallenen »Identität der Erfahrung« die »Krisis der literarischen Gegenständlichkeit«, d. h. des realistischen und psychologischen Romans, und behauptete: »Die Verdinglichung aller Beziehungen zwischen den Individuen, [...] die universale Entfremdung und Selbstentfremdung, fordert beim Wort gerufen zu werden, und dazu ist der Roman qualifiziert wie wenig andere Kunstformen.«[10]

Allen Unkenrufen vom Tod des Romans zum Trotz verkündete ARNOLD ZWEIG 1955: *Der Roman lebt*[11]; und auch knapp ein Vierteljahrhundert später mochte DIETER WELLERSHOFF dem Roman »keine tödliche Prognose« stellen, denn er sei »die komplexeste, universellste Ausdrucksform, die der menschliche Geist sich geschaffen hat.«[12] Die Überzeugung vom »Selbstbehauptungswillen« des Romans teilen mit ihm die Autoren der Gegenwart. STEN NADOLNY empfahl 1994 die Integration der Krisensymptome: »Die Gefährdung ist das Rettende, sobald sie zum Teil der Geschichte wird.«[13] Tatsächlich enthalten viele Romane nicht erst der Postmoderne metafiktionale, selbstreflexive Elemente, d. h., sie problematisieren das

---

10 Theodor W. Adorno, »Standort des Erzählers im zeitgenössischen Roman«, in: T. W. A., *Noten zur Literatur*, hrsg. von Rolf Tiedemann, Frankfurt a. M. 1981, S. 41–48, hier S. 42 f.

11 So der Titel eines Essays; Teildruck in: *Theorie und Technik des Romans im 20. Jahrhundert*, hrsg. von Hartmut Steinecke, Tübingen ²1979, S. 81–83.

12 Dieter Wellershoff, »Der Roman als Krise« (1979), zit. nach: *Romantheorie. Texte vom Barock bis zur Gegenwart*, hrsg. von Hartmut Steinecke und Fritz Wahrenburg, Stuttgart 1999 (Reclams Universal-Bibliothek, 18025), S. 496.

13 Sten Nadolny, »Roman oder Leben –? Diesseits und jenseits des Schreibens« (1994), zit. nach: *Romantheorie* (s. Anm. 12) S. 517.

Verhältnis von Fiktion und Wirklichkeit und legen den Kunst- bzw. Spielcharakter der erzählten Welt offen. Es scheint jedoch weiterhin die von Uwe Timm im Titel eines Essaybandes von 1993 ausgegebene Devise zu gelten: *Erzählen und kein Ende.*

3.2.2 Formen und Entwicklungen des deutschsprachigen Romans

Mit dem Begriff »Roman« wurde ursprünglich alles in romanischer Sprache Geschriebene (frz. *roman*) bezeichnet, nämlich das Volkssprachliche im Gegensatz zur gelehrten lateinischen Schriftsprache. Angeregt von altfranzösischen Helden-, Ritter- und Liebesgeschichten in Vers oder Prosa, entstanden mittelhochdeutsche Versdichtungen mit romanhaften Zügen. Die im Spätmittelalter einsetzende Verbreitung der Literatur über Adel und Klerus hinaus und die Prosabearbeitungen epischer Vorlagen in Volksbüchern trugen zur Emanzipation prosaischer Erzählformen bei. Die Erfindung des Buchdrucks Mitte des 15. Jahrhunderts ermöglichte die Versorgung breiterer Schichten mit unterhaltsamen Ritter-, Helden- und Abenteuerromanen sowie Schwanksammlungen wie der vom Eulenspiegel[14]. Höhepunkte der Prosaliteratur in der frühen Neuzeit bilden die bereits modern anmutenden Romane *Der Goldtfaden* (1557) von Jörg Wickram und *Geschichtklitterung* (1575/82) von Johann Fischart.

In Anlehnung an europäische Vorbilder wird im Zeitalter des Barock der höfisch-historische Roman zum bevorzugten Medium, daneben blüht der galante bzw. Schäferroman auf. Beide Genres spiegeln das neu formierte abso-

---

14 Originaltitel: *Ein kurtzweilig lesen von Dyl Vlenspiegel geboren vß dem land zů Brunßwick. Wie er sein leben volbracht hatt* (Straßburg 1510–11; 1515); Verfasser bzw. Bearbeiter ist Hermann Bote.

lutistische Herrschaftssystem und dessen Repräsentations-
kultur wider. Die in den monumentalen Romanen von
PHILIPP VON ZESEN, ANTON ULRICH ZU BRAUNSCHWEIG
UND LÜNEBURG u. a. geschilderten Verwicklungen im adli-
gen Milieu lösen sich am Ende stets auf, sodass die sittliche Weltordnung wiederhergestellt ist. DANIEL CASPER
VON LOHENSTEIN erzählt in seinem patriotischen Roman *Großmüthiger Feldherr Arminius oder Herrmann*
(1689–90) eine »sinnreiche Staats-, Liebes- und Heldenge-
schichte«. Von solchen heroisierenden und idealisierenden
Prosawerken hebt sich der kurzweilige, meist episodisch
angelegte und in Ich-Form erzählte Schelmen- oder Pica-
roroman deutlich ab. Dessen Held stammt in der Regel
aus der Unterschicht, bewegt sich aber listig quer durch
alle Sphären der Gesellschaft und zeigt als Außenseiter
eine kritische Distanz zu seinen Zeitgenossen. Ein Mus-
terbeispiel dafür ist *Der Abentheurliche Simplicissimus
Teutsch* (1669) von HANS JACOB CHRISTOFFEL VON GRIM-
MELSHAUSEN, der mit dieser Lebensgeschichte eines tum-
ben Bauernjungen ein facettenreiches Panorama der Zeit
des Dreißigjährigen Krieges schuf. Das ironisch-satirische
Genre des Schelmenromans wurde bis in die Gegenwart
variiert, u. a. von THOMAS MANN (*Bekenntnisse des Hoch-
staplers Felix Krull*, 1954) und GÜNTER GRASS (*Die Blech-
trommel*, 1959).

Großer Popularität erfreuten sich weit über das 17.
Jahrhundert hinaus Reise- und Abenteuerromane wie
CHRISTIAN REUTERS *Schelmuffskys Warhafftige Curiöse
und sehr gefährliche Reisebeschreibung Zu Wasser und
Lande* (1696–97), die an das pikarische Modell anknüpft,
und JOHANN GOTTFRIED SCHNABELS unter dem Titel *Insel
Felsenburg* (1731–43) bekannte Seefahrergeschichte, die
von der Gründung eines christlich fundierten Idealstaats
erzählt und damit ein Gegenbild zum Feudalismus entwickelt. Diese Robinsonade lässt sich auch dem Genre des
utopischen Romans zuordnen, einer Spielart des Staatsro-

mans. Die (Insel-)Utopie geht auf das antike Vorbild von PLATONS *Politeia* zurück und bildet seit dem Erscheinen von THOMAS MORUS' *Utopia* 1516 eine eigene Gattung. Im Unterschied zu den narrativen Entwürfen von Staatsmodellen in der älteren Literatur tendieren viele utopisch-phantastische Romane der Moderne wie ALFRED DÖBLINS *Berge Meere und Giganten* (1924) oder ARNO SCHMIDTS *Gelehrtenrepublik* (1957) zur Anti-Utopie.

Seit Mitte des 18. Jahrhunderts entwickelte sich, inspiriert von englischen und französischen Prosawerken, der empfindsame Briefroman. Er besteht aus einer Serie fingierter Briefe eines oder mehrerer Verfasser, denen damit ein Forum der Selbstdarstellung eröffnet wird. Zur Pionierin wurde SOPHIE VON LA ROCHE, die ihre *Geschichte des Fräuleins von Sternheim* (1771) in die Form eines leidenschaftlichen Briefdialogs kleidete. Den Erfolg dieses Werks überbot der junge GOETHE 1774 mit seinem Briefroman *Die Leiden des jungen Werthers*, in dem der Titelheld in Briefen an einen Freund über seine unglückliche Liebe monologisiert. Mit dem 18. Jahrhundert endete auch die Blütezeit des Briefromans, dessen letzte Höhepunkte LUDWIG TIECKS *William Lovell* (1795–96) und FRIEDRICH HÖLDERLINS *Hyperion* (1797–99) setzten. In den folgenden Jahrhunderten wurde dieses Genre nur noch selten aktualisiert, u. a. von WILHELM RAABE (*Nach dem großen Kriege*, 1861) und ELSE LASKER-SCHÜLER (*Mein Herz*, 1912; *Der Malik*, 1919). Als Variante kann der Tagebuchroman angesehen werden. Während in GOETHES Eheroman *Die Wahlverwandtschaften* (1809) die Wiedergabe von Ottiliens Tagebuch nur eine Erzählsequenz bildet, haben Autoren späterer Generationen Prosawerke fast ausschließlich aus Tagebuchnotizen konstruiert, z. B. RAINER MARIA RILKE *Die Aufzeichnungen des Malte Laurids Brigge* (1910) oder IRMGARD KEUN *Das kunstseidene Mädchen* (1932).

Im Laufe des 18. Jahrhunderts hatte der Roman zuneh-

mende Akzeptanz als ernsthafte Gattung gefunden und
war zum bevorzugten Medium bürgerlicher Selbstdarstel-
lung geworden. Auf den Bildungs- und Tugendidealen der
Aufklärung gründete sich nicht nur das Genre moralisch-
didaktischer Fabeln und Erzählungen über vorbildliche
Helden, sondern auch der Entwicklungsroman, der mo-
dellhaft den Lebensweg eines Individuums nachzeichnet.
Zu den Wegbereitern gehörten neben den autobiographischen Selbstbespiegelungen des Pietismus (z. B. *Henrich
Stillings Jugend* von Johann Heinrich Jung, genannt JUNG-
STILLING, 1777) vor allem ROUSSEAUS Erziehungsroman
Émile (1762). Während CHRISTOPH MARTIN WIELANDS
Geschichte des Agathon (1766/67) auf den Bildungsroman
klassischer Prägung vorausweist, beleuchtet KARL PHILIPP
MORITZ in seinem – die eigene Lebensgeschichte aufar-
beitenden – »psychologischen Roman« *Anton Reiser*
(1785–90) die Schattenseiten und deckt die Mechanismen
auf, die die freie Entwicklung der Persönlichkeit und die
Integration in die bürgerliche Gesellschaft verhindern.

Dieser kritische Impetus ist dem Bildungsroman der
Weimarer Klassik fremd. Der 1819 von KARL MORGEN-
STERN geprägte Begriff bezeichnet eine spezifisch deutsche
Variante des Entwicklungsromans. Als Prototyp gilt
GOETHES Roman *Wilhelm Meisters Lehrjahre* (1795–96)
und seine Fortsetzung *Wilhelm Meisters Wanderjahre
oder Die Entsagenden* (1821). Die Werktitel geben bereits
programmatisch die Zielrichtung vor: Erzählt wird der
Werdegang eines idealtypischen Individuums, und zwar
eine »Odyssee der Bildung« bis hin zur vollen Entfaltung
seiner charakterlichen und geistigen Anlagen. Am Ende
dieses Reifeprozesses erscheint die harmonische, mit sich
und der Welt im Reinen befindliche Persönlichkeit. Im
Unterschied zu den *Lehrjahren* konterkariert die offene,
heterogene Erzählstruktur der *Wanderjahre* allerdings das
klassische ästhetische Postulat des geschlossenen, abge-
rundeten Kunstwerks.

An das Modell des *Wilhelm Meister* lehnten sich zahlreiche Autoren an, selten jedoch so affirmativ wie ADALBERT STIFTER in *Der Nachsommer* (1857). Die meisten Bildungs- und Entwicklungsromane in der Nachfolge GOETHES zeigen eine kritische Distanz zum ganzheitlichen Bildungskonzept ebenso wie zu rationalistischen Nützlichkeitsidealen, so JEAN PAULS humoristisch-satirische Romane *Titan* (1800–03) und *Flegeljahre* (1804–05) oder JOSEPH VON EICHENDORFFS Erzählung *Aus dem Leben eines Taugenichts* (1826). GOTTFRIED KELLER verzichtet in seinem Roman *Der grüne Heinrich* (1854–55; Neufassung 1879–80) auf Idealisierungen zugunsten realitätsnaher Darstellung und legt den Akzent auf die Probleme der Identitätsfindung. Zwar benutzen auch im 20. Jahrhundert einige Autoren die Folie des Bildungs- und Entwicklungsromans, markieren aber deutlich den Abstand, etwa in ironischer Form (z. B. THOMAS MANN, *Der Zauberberg*, 1924; HERMANN HESSE, *Das Glasperlenspiel*, 1943).

Einige der genannten Entwicklungsromane wie KELLERS *Grüner Heinrich* reihen sich aufgrund der beruflichen Ambitionen der Hauptfiguren auch in die Tradition des Künstlerromans ein, die WILHELM HEINSE mit seinem Renaissance-Roman *Ardinghello und die glückseeligen Inseln* (1787) begründet hatte. Eine besondere Affinität zu diesem Genre zeigten die Romantiker. Zu nennen sind die – eine Kunstfrömmigkeit im Sinne der Frühromantik propagierenden – *Herzensergießungen eines kunstliebenden Klosterbruders* (1797) von WILHELM HEINRICH WACKENRODER und LUDWIG TIECK, das Romanfragment *Heinrich von Ofterdingen* (postum 1802) von NOVALIS (d. i. Friedrich von Hardenberg) sowie E. T. A. HOFFMANNS *Lebens-Ansichten des Katers Murr* (1820–22), die auch als Parodie auf den klassischen Bildungsroman zu lesen sind. Erzähltexte über Künstlerexistenzen bilden einen bis in die Gegenwart reichenden Traditionsstrang. Im Zentrum steht häufig der Zwiespalt zwischen Kunst und

Leben, so in EDUARD MÖRIKES *Maler Nolten* (1832) oder
in den Prosawerken von THOMAS MANN (*Doktor Faustus*,
1947), THOMAS BERNHARD (*Der Untergeher*, 1983) und
BOTHO STRAUSS (*Der junge Mann*, 1984).

Das ausgeprägte Interesse der Romantiker für die Geschichte, insbesondere für die deutsche Nationalgeschich-
te und das Mittelalter, spiegelt sich nicht nur in den pseu-
dohistorischen Ritterromanen (z. B. FRIEDRICH DE LA
MOTTE FOUQUÉS *Der Zauberring*, 1812), sondern auch in
vielen historischen Romanen und Erzählungen wider,
etwa in ACHIM VON ARNIMS in der Reformationszeit an-
gesiedeltem »historischen Sagenroman« *Die Kronenwäch-
ter* (1817/54) oder TIECKS Roman über die Spätrenaissance
Vittoria Accorombona (1840). WILLIBALD ALEXIS (d. i.
Wilhelm Häring) hatte seine Geschichtsromane anfangs
unter dem Namen des für die Gattung sehr einflussrei-
chen Engländers WALTER SCOTT veröffentlicht, bevor er
sich durch eine Reihe »vaterländischer Romane« von seinem Vorbild löste. Im Zeichen des Historismus erlebte
der Geschichtsroman in der zweiten Hälfte des 19. Jahrhunderts einen erneuten Aufschwung. STIFTERS Trilogie
über den böhmischen Herrscher *Witiko* (1865–67), GUS-
TAV FREYTAGS Zyklus *Die Ahnen* (1872–80) und THEO-
DOR FONTANES Roman über die Befreiungskriege *Vor
dem Sturm* (1878) sind nur wenige Beispiele dieser für die
Literatur des Realismus außerordentlich produktiven Gattung. Zu deren Erneuerung leisteten im 20. Jahrhundert
vor allem ALFRED DÖBLIN mit *Wallenstein* (1920) und
November 1918 (1939–50) sowie HEINRICH MANN mit
seinem Exilwerk über *Henri Quatre* (1935/38) bedeutende
Beiträge, indem sie ihren Texten eine moderne Ge-
schichtsauffassung zugrunde legten.

Die Komplexität sozialer, kultureller und politischer
Verhältnisse einer Epoche abzubilden, ist auch das Ziel
des Zeitromans, der sich jedoch im Unterschied zum historischen Roman der Gegenwart widmet. Dieser Typus

etablierte sich im ersten Drittel des 19. Jahrhunderts vor
dem Hintergrund der Frühindustrialisierung. Als Auseinandersetzung mit den veränderten Realitäten sind z. B.
KARL IMMERMANNS »Familienmemoiren« *Die Epigonen*
(1836) zu lesen, die ein Panorama der zeitgenössischen
Gesellschaft entfalten. Während sich hier der Protagonist
am Schluss aus der Moderne zurückzuziehen versucht,
stellt GUSTAV FREYTAG in *Soll und Haben* (1855) einen
bürgerliche Werte und Tugenden verkörpernden Kauf-
mann in den Mittelpunkt, der von der industriellen Entwicklung profitiert. Im Gegensatz zu diesem die »Poesie
des Geschäfts« verklärenden Roman fand das synchron
angelegte sozialkritische Zeitporträt *Die Ritter vom Geiste*
(1850–51) des Jungdeutschen KARL GUTZKOW nur wenige
Leser.

Die Autoren des Realismus, die mit ihren Erzähltexten
die Poetisierung der bürgerlichen Alltags- und Arbeitswelt
anstrebten, knüpften nur bedingt an diese politisch aufge-
ladenen Zeitromane an. Für die realistische Darstellung der
Privat- und Berufssphäre fanden sie im Entwicklungsroman das bevorzugte Medium, in dem sich an einem Individuum die identitätsstiftende Funktion bürgerlicher Normen exemplifizieren ließ, das aber gleichzeitig die Möglichkeit kritischer Selbstreflexion bot. RAABE weitet in *Der
Hungerpastor* (1864) das Modell zu einem Doppelporträt
zweier gegensätzlicher Charaktere aus und liefert damit
auch ein Abbild des ideologischen Spannungspotenzials
der Zeit.

Die Auswirkungen hierarchischer Strukturen auf Einzelschicksale wurden verstärkt zum Gegenstand vor allem
von Familien- und Eheromanen. FONTANE setzte sich in
seinen Erzähltexten mit den Folgen von Ehebrüchen oder
unstandesgemäßen Beziehungen auseinander und pranger-
te die repressiven Moralvorstellungen seiner Zeit mit ihren
besonders für Frauen fatalen Folgen an, etwa in *Cécile*
(1887) und *Effi Briest* (1895). Während die Romanciers

des Realismus weitgehend am bürgerlich-patriarchalischen Wertesystem festhielten, erzählt THOMAS MANN in den *Buddenbrooks* (1901) vom Verfall einer großbürgerlichen hanseatischen Kaufmannsfamilie und wird damit zum Chronisten eines tiefgreifenden gesellschaftlichen Umbruchs.

Als Reaktion auf die Erfahrung des industriellen Massenzeitalters und in Anlehnung an englische, russische und französische Erzähler entstanden gegen Ende des 19. Jahrhunderts auch in Deutschland Gesellschaftsromane. Schon bei FONTANE ist trotz der Fokussierung auf Einzelfiguren die Tendenz erkennbar, ein breites Spektrum an Repräsentanten verschiedenster Klassen und Milieus darzubieten und so ein querschnittartiges Porträt der wilhelminischen Gesellschaft zu vermitteln. Als »sozialen Roman« etikettierte MAX KRETZER seinen *Meister Timpe* (1888), in dem er an einem Handwerksbetrieb die politischen, ökonomischen und privaten Folgen der industriellen Revolution und Urbanisierung in der Berliner Gründerzeit aufzeigt. Der ›deutsche ZOLA‹ vertritt noch nicht den konsequenten Naturalismus, der den auf Fakten gestützten, multiperspektivischen Experimentalroman hervorbrachte. ARNO HOLZ und JOHANNES SCHLAF setzten in ihrer novellistischen Studie über *Papa Hamlet* (1889), einen heruntergekommenen Schauspieler, ihre von positivistischen Wissenschaftsidealen geprägte Kunsttheorie um und bedienten sich dabei des ›Sekundenstils‹, mit dem in einer Art Zeitlupentechnik die Sprech- und Bewegungsabläufe nachgezeichnet werden.

Diese erzähltechnischen Innovationen fanden vorerst keine Fortsetzung. Teilweise in bewusster Ablehnung der naturalistischen Programmatik entstanden um 1900 Erzähltexte, die an die im 18. Jahrhundert begründete und von den Romantikern und Realisten fortgesetzte Tradition des psychologischen Romans anschlossen und sich dabei die Entdeckungen der zeitgenössischen Psychologie zunutze machten. Insbesondere die Lehre SIGMUND FREUDS übte auf Autoren wie ARTHUR SCHNITZLER, STEFAN ZWEIG u. a. großen Einfluss aus. Symptomatisch dafür sind Texte, die sich wie Fallbeschreibungen lesen, aber in der Diagnostik weit über das Individuelle hinausgehen und Krisenerfahrungen der Moderne gestalten, so ROBERT MUSILS Pubertätsstudie *Die Verwirrungen des Zöglings Törleß* (1906) oder HERMANN HESSES »Geschichte einer Jugend« *Demian* (1919).

Während impressionistische Erzähler wie HERMANN BAHR oder EDUARD KEYSERLING das psychologisierende Verfahren extrem verfeinerten, grenzten sich Autoren der Berliner, Wiener und Prager Moderne zu Beginn des 20. Jahrhunderts davon ab, explizit wie DÖBLIN oder implizit wie KAFKA. Unter dem Eindruck der neuen Medien und des rasanten wissenschaftlich-technischen Fortschritts entwickelten sie in produktiver Auseinandersetzung mit den europäischen Avantgarde-Bewegungen eine dezidiert moderne Ästhetik, die den veränderten Lebensbedingungen und Wahrnehmungsmustern in den Großstädten Rechnung trug. Kennzeichen dieses neuartigen Erzählstils sind Dynamik, Disharmonie, Fragmentarisierung, Entfabelung und Typisierung der Figuren (bis hin zur totalen Anonymisierung der Protagonisten etwa in KAFKAS Romanen). Die Autoren lenken den Blick auf das Hässliche, Kranke und Brutale – als Reaktion auf die deformierenden Effekte der Moderne und infolge der Erfahrung des im Ersten Weltkrieg entfesselten Gewaltpotenzials der wilhelminischen Gesellschaft. Während HEINRICH MANN mit seinen sozialkritischen Romanen, etwa *Professor Unrat* (1905), noch dem französischen Gesellschaftsroman ZOLAscher Prägung verpflichtet ist, entwickelt DÖBLIN – Anregungen des Futurismus und Dadaismus aufgreifend – den Montageroman. In *Berlin Alexanderplatz* (1929) bildet die im Untertitel angekündigte »Geschichte vom Franz Biberkopf« zwar noch den roten Faden, doch der eigentliche Gegenstand des Romans ist die Metropole Berlin, die durch eine Zitatcollage aus zeitgenössischen Dokumenten und Diskursen zu einem Spiegelbild modernen Lebens wird. Das Werk wirkte aufgrund seiner innovativen Erzähltechnik stilbildend auf nachfolgende Generationen bis in die Gegenwart hinein. Nicht nur Autoren der Neuen Sachlichkeit wie ERICH KÄSTNER (*Fabian*, 1931) oder HANS FALLADA (*Kleiner Mann – was nun?*, 1932) knüpften an *Berlin Alexanderplatz* an, sondern auch Erzähler der Nachkriegszeit wie ARNO SCHMIDT, der für seine Texte eine neuartige »Rastertechnik« entwickelte, ferner WOLFGANG KOEPPEN (*Tauben im Gras*, 1951), UWE JOHNSON (*Jahrestage*, 1970–83) oder PETER WEISS (*Die Ästhetik des Widerstands*, 1975–81).

Die ideologischen Polarisierungen in der Weimarer Republik spiegeln sich in einer Vielzahl sozialkritischer und politischer Romane wider, die sich zeitgeschichtlich virulenter Themen annehmen. Eine regelrechte Konjunktur erlebten neben justizkritischen Erzähltexten vor allem realitätsnahe, unsentimentale Angestellten- und Kleinbürgerromane, z. B. von IRMGARD KEUN, MARIELUISE FLEISSER, ÖDÖN VON HORVÁTH und MARTIN KESSEL. Daneben erschienen pazifistische Romane, die die Brutalität des Ersten Weltkriegs drastisch vor Augen führen und damit zur Zielscheibe rechtsnationaler Kreise wurden, so *Im Westen nichts Neues* von ERICH MARIA REMARQUE, *Krieg* von LUDWIG RENN (beide 1929) und der halb dokumentarische *Heeresbericht* (1930) von EDLEF KÖPPEN. Ästhetisch und thematisch vielschichtiger sind die monumentalen Romane von HERMANN BROCH (*Die Schlafwandler*, Trilogie 1931/32), JOSEPH ROTH (*Radetzkymarsch*, 1932) und ROBERT MUSIL (*Der Mann ohne Eigenschaften*, 1930/32; unvollendet), die die Ursachen und Folgen des Zerfalls der Habsburger Monarchie ins Zentrum rücken. Dieses Themas nehmen sich auch die Romane HEIMITO VON DODERERS an, vor allem *Die Strudlhofstiege oder Melzer und die Tiefe des Raums* (1951). Im gleichen Zeitraum lenken Autoren ultralinker Couleur den Blick auf die inhumanen Arbeitsbedingungen in der Großindustrie und üben scharfe Kritik am Kapitalismus, so ERIK REGER (d. i. Hermann Dannenberger) in *Union der festen Hand* (1931). An diese Tradition der Arbeiterdichtung knüpfen sowohl DDR-Schriftsteller an, die der Programmatik des sozialistischen Realismus folgen oder diese – um den Preis der Zensur – unterlaufen (wie MONIKA MARON in *Flugasche*, 1981), als auch westdeutsche Autoren wie MAX VON DER GRÜN (z. B. *Irrlicht und Feuer*, 1963).

In der Erzählliteratur der Gegenwart ist ein Pluralismus festzustellen, der sich verschiedenster Sujets, Stil- und Sprachformen bedient. Einen thematischen Schwerpunkt bildet die Aufarbeitung der NS-Zeit und deren Nachwirkungen, meist konzentriert auf Einzelschicksale bzw. -familien, aber auch größer dimensioniert in Epochenromanen.

3.2.3   Epische Kleinformen

Zu den epischen Kleinformen zählen Märchen, Sagen, Legenden, Schwänke, Anekdoten, Fabeln, Parabeln, Kalendergeschichten, Novellen, Kurzgeschichten.[15] Als Terminus für fiktionale Texte mittleren Umfangs hat sich der Sammel- und Oberbegriff »Erzählung« eingebürgert, wobei die Grenzen zum Roman fließend sind, denn beide Genres zeigen gleiche Strukturmerkmale und unterscheiden sich letztlich nur durch ihre Länge und Komplexität voneinander. Vielfach nehmen Autoren selbst eine Gattungsbestimmung vor und steuern damit die Textrezepti-

---

15 Vgl. zu den einzelnen Gattungen den Sammelband *Kleine literarische Formen in Einzeldarstellungen*, Stuttgart 2002 (Reclams Universal-Bibliothek, 18187).

on. Andere verzichten auf solche Zuordnungen, um ihre Abkehr oder Gleichgültigkeit gegenüber Gattungs- und Formtraditionen zu signalisieren. So wählte KAFKA für sein erstes Buch, eine Sammlung von 18 kurzen Prosastücken, den vieldeutigen Titel *Betrachtung* (1913). Diese Texte brechen insofern mit Erzählkonventionen, als sie nur noch ansatzweise Geschichten erzählen und stattdessen Beobachtungen, Wahrnehmungen und Gedankenspiele wiedergeben. Die skizzenhafte, offene Form wird hier zum Programm. Auf der anderen Seite zeigen manche Autoren der Gegenwart gattungspoetisches Traditionsbewusstsein, indem sie ihre Prosatexte als Novellen deklarieren, so z. B. GÜNTER GRASS (*Katz und Maus*, 1961) oder MARTIN WALSER (*Ein fliehendes Pferd*, 1978).

3.2.3.1 Novelle

Die Novelle ist romanischen Ursprungs; der Begriff ist abgeleitet vom italienischen Wort *novella* ›(kleine) Neuigkeit‹. Gattungskonstitutiv wurde der in der italienischen Frührenaissance von GIOVANNI BOCCACCIO geschaffene Novellenzyklus *Decamerone* (1353), der – ähnlich wie die *Erzählungen aus Tausendundeiner Nacht* – von einer Rahmenhandlung zusammengehalten wird. Darin wird eine Gruppe von Menschen geschildert, die vor der in Florenz grassierenden Pest geflohen ist und die Wartezeit mit dem Erzählen von (Liebes-)Geschichten überbrückt. Während dieses Modell von Rahmen- und Binnenerzählung in der europäischen Literatur bald zahlreiche Nachahmer findet, wird es im deutschen Sprachraum erst gegen Ende des 18. Jahrhunderts übernommen. In den *Unterhaltungen deutscher Ausgewanderten* (1795) führt GOETHE adlige Revolutionsflüchtlinge zusammen und lässt diese jeweils eine Geschichte erzählen – unter Ausschluss politischer Themen. Den Novellenbegriff verwendet er

erst für eine 1828 publizierte prototypische Erzählung, die
er mit dem Titel *Novelle* versah. Damit vollzieht GOETHE
wie zuvor schon HEINRICH VON KLEIST, E. T. A. HOFF-
MANN u. a. die Abkehr vom Novellenzyklus hin zur Ein-
zelnovelle. Diese kann in eine Rahmenhandlung eingebet-
tet sein, jedoch verfugt mit der Binnenerzählung, wie in
CLEMENS BRENTANOS *Geschichte vom braven Kasperl und
dem schönen Annerl* (1818). In einem Gespräch mit JO-
HANN PETER ECKERMANN vom 29. Januar 1827 ist eine
pointierte, auf die Erzählhandlung bezogene Definition
GOETHES überliefert, die im Unterschied zu früheren Begriffsbestimmungen von WIELAND, SCHLEIERMACHER,
den Brüdern SCHLEGEL u. a. bis heute zitiert wird: »[...]
was ist eine Novelle anders als eine sich ereignete uner-
hörte Begebenheit.«[16] Die Konfrontation einer Figur mit
einem einschneidenden, konfliktträchtigen Ereignis wird
auch in der Folgezeit als Wesensmerkmal der Novelle angesehen, doch treten formalästhetische Kriterien hinzu. In
der Diskussion spielt seit dem ausgehenden 19. Jahrhundert die von PAUL HEYSE entwickelte »Falkentheorie«
eine große Rolle. In seiner Einleitung zum *Deutschen No-
vellenschatz* (1871) analysiert er die neunte Novelle in
BOCCACCIOS *Decamerone*, in der ein Falke jeweils an den
Schnittstellen der Handlung auftaucht, und erkennt in
diesem Zentralmotiv »das Spezifische, das diese Geschichte von tausend anderen unterscheidet«.[17] Anstelle des bild-
haften Falken-Begriffs wird heute meist vom Leitmotiv
(s. S. 131 f.) oder auch vom Dingsymbol gesprochen, in
dem sich der Kern des erzählten Konflikts widerspiegelt.
Vielfach deutet darauf bereits der Titel hin, so ANNETTE
VON DROSTE-HÜLSHOFFS Kriminalnovelle *Die Judenbu-
che* (1842).

16 Zit. nach: *Theorie der Novelle*, hrsg. von Herbert Krämer, Stuttgart 1976
   (Arbeitstexte für den Unterricht; Reclams Universal-Bibliothek, 9524),
   S. 29.
17 Ebd., S. 41.

Aufgrund der straffen, linearen Handlungsführung auf einen Wendepunkt hin ist bereits von AUGUST WILHELM SCHLEGEL, später von THEODOR STORM auf die strukturellen Affinäten zwischen Novelle und Drama hingewiesen worden. STORM bezeichnete die Novelle 1881 als »die Schwester des Dramas und die strengste Form der Prosadichtung«.[18] Hatte er wie viele Erzähler seiner Zeit noch ein ungebrochenes Verhältnis zu diesem Genre, so gilt dies für Autoren der Moderne nicht mehr. Symptomatisch dafür ist der von MUSIL 1914 veröffentlichte Essay *Die Novelle als Problem*, in dem er die Gültigkeit normativer gattungspoetischer Vorgaben leugnet: »Außer dem Zwang, in beschränktem Raum das Nötige unterzubringen, bedingt kein Prinzip einen einheitlichen Formcharakter der Gattung.«[19]

3.2.3.2 Kurzgeschichte

Zwar wird die strenge, geschlossene Kompositionsform der ›klassischen‹ Novelle auch heute noch vereinzelt realisiert, doch bevorzugen viele Gegenwartsautoren offene Prosaformen, um von alltäglichen Begebenheiten und unheroischen Menschen zu erzählen oder nur mehr Momentaufnahmen, Realitätsausschnitte u. Ä. darzubieten. Im Bereich der modernen Erzählprosa ist es vor allem die Kurzgeschichte, die einem mehr oder minder einheitlichen Strukturschema folgt und sich dabei vielfach an ihrem Vorbild, der amerikanischen *short story*, orientiert. Gemeinsame Merkmale sind der unvermittelte Einsatz der Handlung, die starke Verdichtung des Geschehens und der offene, disharmonische Schluss, der dem Leser Deutungsspielräume lässt. Die Sprache ist meist betont

18 Ebd., S. 50.
19 Ebd., S. 63.

schmucklos und unpathetisch, lakonisch verknappt und der Alltagsdiktion angenähert. Vieles wird nur angedeutet oder vollständig ausgespart, so etwa genauere Angaben über die Zeit, den Ort, die Figuren.

Ihre Blütezeit erlebte die Kurzgeschichte in Deutschland nach 1945. WOLFGANG BORCHERT, HEINRICH BÖLL, ILSE AICHINGER, ALFRED ANDERSCH u. a. nutzten dieses Genre, um in repräsentativen Ausschnitten die trostlose Wirklichkeit der Kriegs- und Nachkriegszeit vor Augen zu führen und ihre Erfahrungen als ›Davongekommene‹ literarisch aufzuarbeiten. Seit den 1960er Jahren verliert die Kurzgeschichte an Boden, trotz thematischer Verbreiterung und formaler Neuerungen. Die Erzählprosa dieser Zeit tendiert einerseits zu extremer Reduktion, Fragmentarisierung und Entfabelung, zu Miniaturen bzw. Kürzestgeschichten (z. B. von ROR WOLF, PETER BICHSEL) und sonstigen experimentellen Spielarten, andererseits zu (pseudo)dokumentarischen, protokollartigen oder reportagenahen Prosatexten mit politischen und sozialkritischen Inhalten (z. B. von ALEXANDER KLUGE). Die Vielzahl der in den letzten Jahrzehnten veröffentlichten Prosabände (z. B. von BRIGITTE KRONAUER, HERTA MÜLLER) zeigt jedoch, dass die Autoren am Geschichten-Erzählen festhalten.

3.3 Strukturelemente von Erzähltexten

3.3.1 Was wird erzählt?

Das Interesse des Lesers von Erzähltexten richtet sich in der Regel zunächst auf die inhaltliche Ebene. Die Lektüre erfordert das Verständnis dessen, was bzw. wovon erzählt wird. Erst der Nachvollzug des Handlungsverlaufs ermöglicht die Erkenntnis von thematischen Schwerpunkten, zentralen Motiven und anderen Strukturelementen.

3.3.1.1 Ereignis – Geschehen – Geschichte[20]

Als kleinste narrative Handlungseinheit lässt sich das Ereignis bestimmen. In FRANZ WERFELS Erzählung *Die blaßblaue Frauenschrift* (1941) bildet das Eintreffen eines Briefes ein Ereignis, das den Protagonisten (die Hauptfigur) Leonidas in Bedrängnis bringt und den Auftakt für eine Serie weiterer, Spannung und Dynamik erzeugender Ereignisse darstellt. So entsteht durch die Reihung von Ereignissen ein Geschehen. Die zeitliche und logisch-kausale Verknüpfung von Ereignissen im Geschehen ist Voraussetzung für eine zusammenhängende Geschichte. Im anglo-amerikanischen Raum wird diese – in der Nachfolge des englischen Autors E. M. FORSTER – als *plot* bezeichnet, im Unterschied zur *story*, die nur die chronologische Abfolge meint. Dem inzwischen eingedeutschten Terminus »Plot« entspricht der Begriff »Fabel«, der für den Grundplan epischer wie auch dramatischer Handlungsverläufe verwendet wird; er ist allerdings nicht mit dem didaktischen Genre zu verwechseln. Kleinere, zwischen Ereignis und Geschehen angesiedelte Handlungseinheiten werden als Episoden bezeichnet. Solche Erzählsequenzen sind Teil der Haupt- oder Nebenhandlung und mit dem Gesamtgeschehen nur lose verbunden.

3.3.1.2 Thema – Stoff – Motiv

Als Thema eines literarischen Textes bezeichnet man dessen Gegenstand (oder Sujet), der sich in einer Geschichte konkretisiert. Freundschaft, Liebe, Tod, Generationen- und Machtkonflikte bilden Themen, die unzählige Male narrativ behandelt und an fiktiven Figuren exemplifiziert

---

20 Vgl. das Kapitel »Das Was: Handlung und erzählte Welt« bei Martínez/Scheffel (s. Anm. 4) S. 108 ff.

worden sind. Das Erkennen der Thematik setzt Abstraktionsvermögen und Lektüreerfahrung voraus, denn der Leitgedanke eines Textes erschließt sich oft nicht auf Anhieb.

Immer wieder greifen Autoren auf einen überlieferten, literarisch bereits bearbeiteten Stoff zurück und übertragen diesen in abgewandelter Form auf die Gegenwart. ELISABETH FRENZEL versteht unter Stoff »eine durch Handlungskomponenten verknüpfte, schon außerhalb der Dichtung vorgeprägte Fabel, ein[en] ›Plot‹, der als Erlebnis, Vision, Bericht, Ereignis, Überlieferung durch Mythos und Religion oder als historische Begebenheit an den Dichter herangetragen wird und ihm einen Anreiz zu künstlerischer Gestaltung bietet«.[21] Als Beispiele seien zwei Erzähltexte genannt, in denen die Autorinnen mythologische Stoffe neu deuten und modernisieren: *Meine Schwester Antigone* (1980) von GRETE WEIL und *Kassandra* (1986) von CHRISTA WOLF.

Eine kleinere stofflich-thematische Einheit bildet das Motiv, das »den elementaren, keim- und kombinationsfähigen Bestandteil eines Stoffes« bezeichnet; »eine Kette oder ein Komplex von Motiven ergibt einen Stoff«[22]. Der Rückgriff auf Motive wie das der *femme fatale* oder des feindlichen Bruders setzt die Annahme anthropologischer Konstanten voraus, die unabhängig von historischen Rahmenbedingungen existieren. Allerdings entwickeln bestimmte Epochen stoff- und motivliche Vorlieben. So findet sich das Motiv des Doppelgängers in mehreren Werken der Romantik, u. a. bei ADELBERT VON CHAMISSO (*Peter Schlemihl's wundersame Geschichte*, 1814) und E. T. A. HOFFMANN (*Die Elixiere des Teufels*, 1815–16).

Kehrt ein Motiv innerhalb eines Textes in wörtlicher

---

21 Elisabeth Frenzel, *Stoffe der Weltliteratur. Ein Lexikon dichtungsgeschichtlicher Längsschnitte*, 4. überarb. Aufl., Stuttgart 1976, S. V.
22 Ebd.

Wiederholung oder leicht variierter Form mehrfach wieder, so spricht man – in Anlehnung an das von RICHARD WAGNER entwickelte musikalische Prinzip der Wiederholung einer bestimmten Tonfolge zur Charakterisierung von Figuren, Dingen usw. – von einem Leitmotiv, das eine strukturierende und sinnstiftende Funktion übernimmt. Besonders kunstvoll ausgebildet wurde diese Technik von THOMAS MANN (z. B. in der Novelle *Der Tod in Venedig*, 1912).

3.3.2   Wie wird erzählt?

Die Vielfalt der Erzählliteratur zeigt, dass sich Geschichten auf verschiedenste Weise erzählen lassen. Dennoch gibt es Merkmale und Ordnungskriterien, nach denen sich bestimmte Typen und Formen unterscheiden lassen.

3.3.2.1   Zeit

Der Akt des Erzählens ist wie der des Lesens an die Zeit gebunden. Erzähltexte entstehen in einer bestimmten Zeit, und sie beziehen sich auf einen begrenzten Zeitraum, in dem die Figuren agieren. Die fiktive Handlung kann in der Gegenwart des Autors, in einer historischen Epoche oder in der Zukunft spielen. Sie kann sich auf einen einzigen Tag beschränken oder über mehrere Jahrhunderte ausdehnen.

GÜNTHER MÜLLER führte 1948 die Unterscheidung zweier Zeitmaße in die Textanalyse ein. Die Erzählzeit ist die Zeit, die der Erzähler für seine Geschichte benötigt bzw. der Rezipient für die Lektüre; Bezugsgröße ist die Textlänge. Die erzählte Zeit meint dagegen die Dauer der erzählten Geschichte. Mit Hilfe dieser quantitativen Abwägung lässt sich, wie EBERHARD LÄMMERT in den *Bau-*

formen des Erzählens (1955) ausgeführt hat, das Zeitgerüst eines Erzähltextes und die Art der Geschehensvermittlung näher bestimmen. In historischen oder Generationen übergreifenden Familienromanen ist das erzählende Medium gezwungen, sich auf die Vergegenwärtigung repräsentativer Ausschnitte zu beschränken und die dazwischen liegenden Phasen zusammenzufassen oder auszusparen. In Formulierungen wie »drei Jahre später« tritt das Verfahren der Zeitraffung zutage. Die Erzählzeit unterschreitet hier deutlich die erzählte Zeit. In ein anderes Verhältnis treten diese beiden Größen in Texten, die überwiegend aus Gesprächen bestehen. Das (Vor-)Lesen szenisch-dialogischer Passagen beansprucht, sofern diese keine oder wenige Erzählerkommentare enthalten, ungefähr die gleiche Zeit, wie die Figuren für ihre Rede benötigen. In einem solchen Fall stimmen Erzählzeit und erzählte Zeit in etwa überein, sodass von Zeitdeckung gesprochen werden kann. Umfasst das erzählte Geschehen nur einen kleinen Zeitraum und wird dieser in einer Art Zeitlupentechnik geschildert, so übersteigt die Erzählzeit die erzählte Zeit. Zeitdehnung entsteht z. B. durch die extensive Wiedergabe von Gedanken, Empfindungen oder Erinnerungen einer Figur. Retardierende (verzögernde) Wirkung hat auch die Erzählung parallel bzw. gleichzeitig verlaufender Handlungen oder die Mehrfacherzählung derselben Vorfälle aus verschiedenen Blickwinkeln.

Viele Erzähltexte folgen nicht dem Prinzip des chronologischen Nacheinanders (der Sukzession), sondern nehmen Ereignisse vorweg oder berichten davon an späterer Stelle, weichen also von der linearen Zeitachse ab. LÄMMERT unterscheidet zwischen Vorausdeutungen und Rückwendungen und gliedert sie in Untergruppen wie zukunftsgewisse und -ungewisse Vorausdeutungen bzw. Rückschritt, Rückgriff und Rückblick. Stringenter ist die von dem französischen Strukturalisten GÉRARD GENETTE entwickelte Begrifflichkeit. Er empfiehlt, zwischen der

Ordnung, Dauer und Frequenz des erzählten Geschehens zu differenzieren und danach zu fragen, in welcher Reihenfolge die Ereignisse dargeboten werden, wie lange sie jeweils dauern und wie oft davon erzählt wird.[23]

Lassen sich hinsichtlich der Ordnung der Ereignisse Abweichungen zwischen fiktiver und realer Chronologie feststellen, so liegt Anachronie vor. Die nachträgliche Darstellung eines Geschehens bezeichnet GENETTE als Analepse, die vorwegnehmende als Prolepse. In den seltenen Fällen, wo gar keine chronologische Ereignisfolge zu erkennen ist, handelt es sich um Achronie. Die Entscheidung eines Erzählers für das Prinzip der Chronologie oder das der Anachronie hat erhebliche Konsequenzen für die Erzählstruktur insgesamt. Eine beispielhafte chronologisch-lineare bzw. synthetische Erzählung ist FONTANES Kriminalgeschichte *Unterm Birnbaum* (1885), in der ein Mordfall von der Planung bis zum Tod des Täters rekonstruiert wird. Das gegensätzliche Modell einer analytischen Erzählung[24] repräsentiert E.T.A. HOFFMANNS Novelle *Das Fräulein von Scuderi* (1820); sie beginnt mit einem rätselhaften Ereignis, dessen Vorgeschichte analeptisch aufgedeckt wird.

Für die typisierende Beschreibung von Erzähleingängen hat sich eine von HORAZ hergeleitete Terminologie eingebürgert. FONTANE erzählt *ab ovo* (von Beginn an), indem er zunächst die lokalen und historischen Umstände beschreibt und die Hauptfigur vorstellt. HOFFMANN setzt dagegen mit einem Ereignis ein, das innerhalb der erzählten Geschichte zur Endphase gehört; er erzählt also *in ultimas res* (vom Ende her). Wird der Erzählfaden scheinbar an beliebiger Stelle aufgenommen, etwa mitten in einem Gespräch, so handelt es sich um den Typus *in medias res*

23 Gérard Genette, *Die Erzählung*, übers. von Andreas Knop; mit einem Nachw. hrsg. von Jochen Vogt. München ²1998, S. 21–114. – Vgl. dazu Martínez/Scheffel (s. Anm. 4) S. 30–46.
24 Vgl. Kap. III.4.3.2.4 »Das analytische und synthetische Drama«.

(mitten in die Dinge hinein). GOETHE lässt z. B. *Wilhelm Meisters Lehrjahre* mit einem Monolog, also szenisch beginnen. Mitunter stellen Autoren ihren Werken auch einen Prolog voran, der Bemerkungen über ihre Intention, die verwendeten Quellen u. Ä. enthält. Solche Vorreden dienen oft dazu, den Leser wohlwollend zu stimmen (*captatio benevolentiae*) und sein Interesse zu wecken.

Im Blick auf die Dauer eines Geschehens bzw. das Erzähltempo unterscheidet GENETTE – ähnlich wie LÄMMERT – zwischen zeitdeckendem (szenischem), zeitdehnendem und zeitraffendem bzw. summarischem Erzählen. Für Zeitsprünge führt er den Begriff der Ellipse ein; dabei wird durch das Aussparen von erzählter Zeit das Erzähltempo erhöht. Wird die fortlaufende Handlung etwa durch Reflexionen unterbrochen, entsteht eine Pause; sie führt zum Stillstand der erzählten Zeit bzw. des Geschehens und zur Verringerung des Erzähltempos.

Neben der Ordnung und Dauer ist für GENETTE die Frequenz eine wichtige Kategorie für die Analyse der Zeitstruktur. Den Regelfall stellt die singulative Erzählung dar, in der ein Ereignis einmal erzählt wird. Das Gegenmodell bildet die repetitive Erzählung, in der ein Ereignis wiederholt erzählt wird, z. B. von verschiedenen Figuren, oder in der eine Erzählsequenz mehrmals auftaucht.

3.3.2.2 Erzählsituationen (nach FRANZ K. STANZEL)

Erzähltexte handeln nicht nur von erfundenen Personen, sie erfinden auch den Erzähler oder abstrakter gesprochen: das erzählende Medium, die Erzählinstanz. Der Erzähler ist Teil der narrativen Fiktion, er ist Aussagesubjekt der Erzählrede und vom realen Autor des Textes zu trennen. In manchen Prosatexten stellt sich der Erzähler persönlich vor, spricht von sich in der Ich-Form und legt seine Erzählmotivation offen, in anderen bleibt er anonym, tritt nicht in Erscheinung und verschwindet hinter den Figuren. So stellt sich bei der Lektüre eines Romans stets die Frage: Wer erzählt? Diese ist nicht immer leicht zu beantworten, und schon gar nicht mit dem Hinweis auf den faktischen Urheber der Erzählung. Eine Identität besteht lediglich in Autobiographien, in denen das Ich gleichzeitig Autor, Erzähler und Figur ist (→ III.6.2). Es gibt jedoch auch fiktionale Erzähltexte in der Ich-Form, etwa Brief- und Tagebuchromane. Hier gehört das erzählende Ich zu den Figuren und ist Teil der erzählten Welt. In dem von FRANZ K. STANZEL 1955 vorgestellten »Typenkreis« bildet der Ich-Roman eine von drei Erzählsituationen. Mit seiner Unterscheidung zwischen auktorialer, personaler und Ich-Erzählsituation lieferte er – ungeachtet aller Kritik im einzelnen – eine bis heute gebräuchliche Terminologie.[25]

3.3.2.2.1 Auktoriale Erzählsituation

STANZEL zufolge ist das Hauptmerkmal dieser Erzählsituation »die Anwesenheit eines persönlichen, sich in Einmengung und Kommentaren zum Erzählten kundgebenden Erzählers«, der »als Mittelsmann der Geschichte« kommentierend und reflektierend in diese eingreift.[26] Er steht außerhalb und über der erzählten Welt, nimmt also nicht an der Handlung teil. Sein Standort ist überlegen, souverän, unbegrenzt. Er scheint allwissend zu sein und eine olympische Position innezuhaben. Im »Vorsatz« zu TH. MANNS Roman *Der Zauberberg* (1924) wendet sich der Erzähler an den Leser:

---

25 Zur Diskussion um die »Brauchbarkeit von Stanzels Beschreibungsmerkmalen« vgl. Jochen Vogt, *Aspekte erzählender Prosa*, 8. durchges. und aktual. Aufl. Opladen 1998, S. 82 ff.
26 Franz Stanzel, *Typische Formen des Romans*, Göttingen 1964 [u. ö.], S. 16.

»Die Geschichte Hans Castorps, die wir erzählen wollen, – nicht um seinetwillen (denn der Leser wird einen
einfachen, wenn auch ansprechenden jungen Menschen
in ihm kennenlernen), sondern um der Geschichte willen, die uns in hohem Grade erzählenswert scheint [...]:
diese Geschichte ist sehr lange her, sie ist sozusagen
schon ganz mit historischem Edelrost überzogen und
unbedingt in der Zeitform der tiefsten Vergangenheit
vorzutragen.«[27]

Der sich zum »raunenden Beschwörer des Imperfekts«
stilisierende Erzähler verwendet die Wir-Form (*pluralis
majestatis*), um den Leser in die Fiktion einzubeziehen.
Der ironische Ton ist jedoch eine Reaktion auf die Problematik des allwissenden Erzählers im modernen Roman,
dessen Autorität dadurch in Frage gestellt wird.

3.3.2.2.2   Ich-Erzählsituation

Im Gegensatz zur auktorialen Erzählsituation gehört
»hier der Erzähler zur Welt der Romancharaktere«. Im
Ich-Roman hat der Erzähler »das Geschehen erlebt, mit-
erlebt oder beobachtet, oder unmittelbar von den eigentlichen Akteuren des Geschehens in Erfahrung gebracht«.[28]
Trotz der personalen Identität von Ich-Erzähler und Ich-
Figur muss zwischen beiden unterschieden werden, denn
in der Regel besteht ein zeitlicher und räumlicher Abstand
zwischen der Erzähl- und Handlungsebene. Deutlich
spürbar wird die Distanz zwischen erzählendem und erle-
bendem bzw. erinnerndem und erinnertem Ich in Romanen, die fiktive Lebensgeschichten erzählen. Sofern Ich-

---

27 Thomas Mann, *Gesammelte Werke in dreizehn Bänden*, Bd. 3, Frankfurt
   a. M. 1990, S. 9.
28 Stanzel (s. Anm. 26) S. 16 f.

Romane auf der Fiktion brieflicher, diaristischer oder pro-
tokollarischer Aufzeichnungen beruhen, entsteht der Eindruck einer subjektiven Wahrnehmung. So signalisiert ein
Datumseintrag zu Beginn des Romans *Jugend ohne Gott*
(1938) von ÖDÖN VON HORVÁTH, dass es sich um Tagebuchnotizen handelt:

> »25. März
> Auf meinem Tische stehen Blumen. Lieblich. Ein Ge-
> schenk meiner braven Hausfrau, denn heute ist mein
> Geburtstag.«[29]

Die Ich-Erzählsituation eignet sich in besonderem Maße
dazu, Krisen des Subjekts darzustellen. So wird die Identität des Ich-Erzählers in MAX FRISCHs Roman *Stiller*
(1954) von Beginn an in Zweifel gezogen und damit eine
Verunsicherung des Lesers provoziert – durch die Behauptung: »Ich bin nicht Stiller!« Eine andere Erzähltechnik zur Veranschaulichung der Identitätsproblematik
nutzt FRISCH in dem Roman *Mein Name sei Gantenbein*
(1964), dessen Erzählfigur eine Reihe von Rollen durch-
spielt, wobei sich Ich- und Er-Form sowie Innen- und
Außenperspektive abwechseln.

3.3.2.2.3   Personale Erzählsituation

Wenn der Erzähler die Optik einer Figur übernimmt und
nur erzählt, was diese wahrnehmen und wissen kann,
dann »öffnet sich dem Leser die Illusion, er befände sich
selbst auf dem Schauplatz des Geschehens oder er be-
trachte die dargestellte Welt mit den Augen einer Romanfigur, die jedoch nicht erzählt, sondern in deren Bewußt-

29 Ödön von Horváth, *Gesammelte Werke*, hrsg. von Traugott Krischke,
    Bd. 13, Frankfurt a. M. 1983, S. 11.

sein sich das Geschehen gleichsam spiegelt. Damit wird diese Romanfigur zur *persona*, zur Rollenmaske, die der Leser anlegt.«[30] Diese Erzähltechnik wird anschaulich in KAFKAS 1914/15 geschriebenem Roman *Der Proceß*, der so beginnt:

> »Jemand mußte Josef K. verleumdet haben, denn ohne daß er etwas Böses getan hätte, wurde er eines Morgens verhaftet. Die Köchin der Frau Grubach, seiner Zimmervermieterin, die ihm jeden Tag gegen acht Uhr früh das Frühstück brachte, kam diesmal nicht.«[31]

Aufgrund der personalen Erzählsituation erfährt der Leser zwar ebenso wenig wie der Protagonist bis zu dessen Hinrichtung am Schluss den Grund der Verhaftung durch das »höchste Gericht«, er kann aber die Konfrontation Josef K.s mit der Schuldfrage nachvollziehen, denn eine übergeordnete, Informationen über das rätselhafte Geschehen liefernde Erzählinstanz fehlt.

Liegt der Standpunkt der Beobachtung nicht in einer Figur und beschränkt sich die Darstellung strikt auf die Außenperspektive, so lässt sich von einer neutralen Erzählsituation sprechen – in Analogie zum filmtechnischen Begriff des *camera eye*, das dem Zuschauer suggeriert, imaginärer Zeuge des Geschehens zu sein. Eine objektive und wertungsfreie Erzählweise kann jedoch streng genommen nur innerhalb von direkter Rede auftreten, bei der sich in Erzähltexten oft nur *inquit*-Formeln (»er, sie, es sagte«) finden. STANZEL distanzierte sich 1979 in seiner *Theorie des Erzählens* von diesem – als Sonderform der personalen Erzählsituation eingeführten – Begriff »wegen seiner Mißverständlichkeit«[32]. Er

30 Ebd., S. 17.
31 Franz Kafka, *Der Proceß*. Roman in der Fassung der Handschrift, hrsg. von Malcom Pasley, Frankfurt a. M. 1990, S. 7.
32 Stanzel, *Theorie des Erzählens*, Göttingen 1979 [u. ö.], S. 93.

nahm darin eine »Neukonstituierung der typischen Erzählsituationen« vor, indem er drei zusätzliche »Konstituenten« einführte:

– Person: Identität oder Nicht-Identität der Seinsbereiche des Erzählers und der Charaktere (Ich- oder Er-Bezug)
– Perspektive: Innenperspektive oder Außenperspektive (Perspektivismus oder Aperspektivismus)
– Modus: Erzähler oder Nichterzähler (= neutraler Reflektor)[33]

Eine auktoriale Erzählsituation liegt vor bei Nicht-Identität der Seinsbereiche von Erzähler und Figuren, Dominanz der Außenperspektive und Allwissenheit des Erzählers. In der Ich-Erzählsituation lebt der Erzähler im Seinsbereich der Figuren, spricht aus der begrenzten Perspektive eines Beteiligten (*limited point of view*) und ist eine eigenständige Erzählerpersönlichkeit. Bleibt der Erzähler an die begrenzte Perspektive der Figur(en) gebunden und ist er bloßer Reflektor, der als solcher nicht im Seinsbereich der Figuren zu verorten ist, dann liegt eine personale Erzählsituation vor. Im Gegensatz zum Erzähler, der das »eigentliche Narrative« repräsentiert, bezieht sich der Begriff »Reflektor« »auf die szenische und erzählerlose Darstellung«, d. h. sowohl auf die »dramatisierte Szene« (Beobachtung des Geschehens *in actu*) als auch auf die »unkommentierte Spiegelung der dargestellten Wirklichkeit im Bewußtsein einer Romangestalt«[34]. Dabei ist der Leser »auf Gedeih und Verderb der Reflektorfigur und ihrem existentiell begrenzten Wissens- und Erfahrungshorizont ausgeliefert.«[35]

33 Ebd., S. 76 ff.
34 Ebd., S. 70 f.
35 Ebd., S. 204.

Typenkreis nach STANZEL[36]:

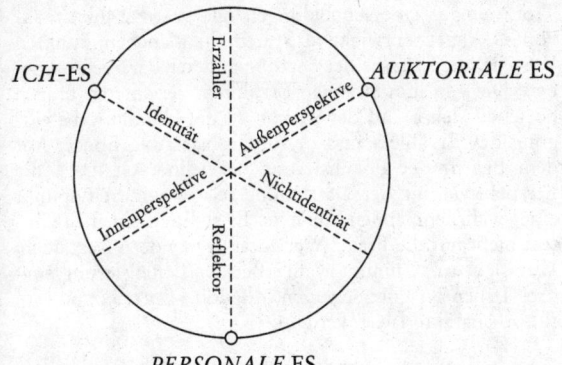

ICH-ES

AUKTORIALE ES

PERSONALE ES

Nach Meinung vieler Kritiker ist es STANZEL trotz der
Einbeziehung von Übergangs- und Kombinationstypen
auch mit diesem erweiterten Typenkreis nicht gelungen,
alle Erzählformen zu erfassen, insbesondere nicht »all die
widersprüchlichen, in der Moderne zunehmend populären
Mischformen [...], die der Tradition eines ›illusionsstören-
den Erzählens‹ verpflichtet sind«. Als Gründe dafür nennen MATÍAS MARTÍNEZ und MICHAEL SCHEFFEL die Aus-
klammerung der Handlungskomponente narrativer Texte
sowie die unzureichende Berücksichtigung »wichtige[r]
Parameter wie Ordnung, Dauer, Frequenz, Ort und Zeitpunkt des Erzählens«. Weitere »systeminterne Nachteile«
liegen u. a. »in der mangelnden Trennung zwischen den
Positionen von ›Sprecher‹ und ›Wahrnehmendem‹«.[37]

---

36 Ebd., S. 81 (ES = Erzählsituation); vgl. die tabellarische Übersicht von Jost
    Schneider, *Einführung in die Roman-Analyse*, Darmstadt 2003, S. 64.
37 Martínez/Scheffel (s. Anm. 4) S. 93.

3.3.2.3 Fokalisierungstypen (nach GÉRARD GENETTE)

Trotz einiger Überschneidungen mit STANZEL bietet das von GENETTE entwickelte System in manchen Punkten Vorteile, die sich aus der Setzung anderer Parameter ergeben. Die von ihm an einen Erzähltext gerichteten Fragen beziehen sich a) auf den Fokus, b) die Handlungsbeteiligung des Erzählers und c) auf die narrative Ebene. Mit dem Begriff der Fokalisierung bezeichnet GENETTE die Perspektivierung der Darstellung relativ zum Standpunkt eines wahrnehmenden Subjekts. Er stellt an einen Erzähltext nicht nur die Frage: Wer erzählt?, sondern fragt auch: Wer sieht bzw. nimmt wahr? Bei der Fokalisierung sind drei Typen zu unterscheiden, die von MARTÍNEZ/SCHEFFEL so charakterisiert werden:

- Nullfokalisierung: Erzähler > Figur (›Übersicht‹ – der Erzähler weiß bzw. sagt mehr, als irgendeine der Figuren weiß bzw. wahrnimmt)
- Interne Fokalisierung: Erzähler ≈ Figur (›Mitsicht‹ – der Erzähler sagt nicht mehr, als die Figur weiß)
- Externe Fokalisierung: Erzähler < Figur (›Außensicht‹ – der Erzähler sagt weniger, als die Figur weiß)[38]

Die Nullfokalisierung lässt sich auch als auktorial beschreiben, die interne Fokalisierung als aktorial und die externe als neutral. Fokalisierungstypen können innerhalb eines Erzähltextes mehrfach wechseln, insbesondere in modernen Romanen wie DÖBLINS *Berlin Alexanderplatz*. Bei der internen Fokalisierung kann darüber hinaus noch zwischen fixierter, variabler und multipler Fokalisierung unterschieden werden:

a) Bei der fixierten internen Fokalisierung ist die Erzäh-

---

38 Ebd., S. 64.

lung durchgängig auf die Wahrnehmung einer einzelnen Figur beschränkt (z. B. in den Romanen KAFKAS).

b) Bei der variablen internen Fokalisierung wird das in
der Regel chronologisch erzählte Geschehen aus der
Sicht verschiedener Figuren wiedergegeben. So wird
in HEINRICH BÖLLS Eheroman *Und sagte kein einziges Wort* (1953) das Geschehen abwechselnd aus der
Ich-Perspektive Käte und Fred Bogners dargeboten.

c) Bei der multiplen internen Fokalisierung wird das im
Wesentlichen gleiche Geschehen aus der Perspektive
mehrerer Figuren wiedergegeben. In CHRISTOPH
HEINS Roman *Landnahme* (2004) z. B. erzählen fünf
Personen in monologisierender Rollenprosa über einen gemeinsamen Weggefährten. STANZEL zufolge
handelt es sich bei den Typen b) und c) um poly- oder
multiperspektivisches Erzählen.

Ein weiteres wichtiges Unterscheidungskriterium ist für
GENETTE die Stellung des Erzählers zum Geschehen. Bei
der homodiegetischen Erzählung (abgeleitet von griech.
diégēsis ›Erzählung‹) ist die erste Person[39] eine Figur der
erzählten Welt. Diese Konstellation liegt in FRANZ GRILL
PARZERS Erzählung *Der arme Spielmann* (1847) vor, denn
der Rahmenerzähler ist als Figur am Geschehen beteiligt.
Wenn der Ich-Erzähler gleichzeitig die Hauptfigur ist,
handelt es sich um den Spezialfall der autodiegetischen
Erzählung (z. B. WOLFGANG KOEPPEN: *Jugend*, 1976).

In einer heterodiegetischen Erzählung gehört der Erzähler dagegen nicht zu den Figuren seiner Geschichte,
und es dominiert die dritte Person: »in diesem Fall gibt es
kein erlebendes, sondern nur das erzählende, als leibliche
Person womöglich gar nicht faßbare Ich des Sprechers der

---

39 Diese ist nicht grammatisch zu verstehen: »Da jede Erzählung *per definitionem* von jemandem erzählt wird, ist sie, sprechpragmatisch gesehen,
immer in der ersten Person abgefaßt« (ebd., S. 81).

Erzählrede«. MARTÍNEZ/SCHEFFEL nennen hier als Beispiel GEORG BÜCHNERS Erzählung *Lenz* (1839), in der der heterodiegetische Erzähler nicht in der Figurenwelt präsent ist.[40]

Bezieht man die Unterscheidung »faktuales versus fiktionales Erzählen« in die Analyse ein, so ergeben sich folgende vier Typen (A = Autor; E = Erzähler; F = Figur):

- Autobiographie (homo-/autodiegetisch): A = E = F
  (z. B. ELIAS CANETTI, *Die gerettete Zunge*, 1977)
- Historische Biographie (heterodiegetisch): A = E ≠ F
  (z. B. GOLO MANN, *Wallenstein*, 1971)
- Homodiegetische fiktionale Erzählung: A ≠ E = F
  (z. B. JOSEPH ROTH, *Hotel Savoy*, 1924)
- Heterodiegetische fiktionale Erzählung: A ≠ E ≠ F
  (z. B. ERICH KÄSTNER, *Fabian*, 1931)

Eine weitere Unterscheidung GENETTES betrifft die Ebene, auf der erzählt wird. Die Erzählebene ist wichtig insbesondere bei verschachtelten Erzählformen, etwa bei Novellen mit Rahmenkonstruktion. Die extradiegetische Erzählung ist eine Erzählung erster Stufe, die zur Rahmenerzählung wird, sobald sie eine Erzählung zweiter Stufe (Binnenerzählung) enthält. Bei der intradiegetischen Erzählung handelt es sich um eine Erzählung auf der zweiten Ebene, d. h. um die Erzählung in der Erzählung einer Figur, die der erzählten Welt einer Rahmengeschichte angehört.[41]

Nimmt man die Parameter Fokalisierung (auktorial – aktorial – neutral) und die Trennung zwischen hetero- und homodiegetischer Erzählung hinzu, so ergeben sich sechs Kombinationsmöglichkeiten. Dieses Modell erweitert sich auf zwölf Typen, wenn zusätzlich jeweils zwi-

40 Vgl. ebd., S. 81.
41 Ebd., S. 75 ff.

schen extra- und intradiegetisch unterschieden wird. Allerdings, so räumen MARTÍNEZ/SCHEFFEL ein, können nicht für alle denkbaren Kombinationen »ganze Werke, sondern nur noch kürzere Textpassagen« angeführt werden.[42]

3.3.2.4 Formen der Rede: narrativer und dramatischer Modus

Als letzte analytische Kategorie sei noch die Mittelbarkeit versus Unmittelbarkeit des Erzählten in den Blick genommen. Innerhalb von Erzähltexten lässt sich nach STANZEL zwischen berichtender Erzählung und szenischer Darstellung unterscheiden. Die Verteilung von narrativen und nicht-narrativen Partien verleiht Prosawerken ein individuelles Erzählprofil.[43] Die Erzählung von Ereignissen ist – unabhängig von der Erzählsituation bzw. Fokalisierung – kennzeichnend für den narrativen Modus. Als Modus der Mittelbarkeit kann er verschiedene Redeformen wie die Beschreibung, Kommentierung, Reflexion und den Gesprächsbericht umfassen. Der szenisch-dramatische, durch Unmittelbarkeit gekennzeichnete Modus ist dagegen durch die Wiedergabe gesprochener Worte, also durch die Figurenrede bestimmt. Dabei findet sich jeweils ein breites Spektrum an Spielarten, die sich den beiden Polen zitierte und erzählte Figurenrede zuordnen lassen. Die zitierte Figurenrede umfasst das monologische und dialogische Sprechen einschließlich des inneren Monologs[44]; die

---

42 Ebd., S. 95. Vgl. die »Typologie möglicher Erzählformen nach Genette« bei Schneider (s. Anm. 36) S. 66.
43 Vgl. dazu Stanzel (s. Anm. 32) S. 95–97 et passim.
44 Beim inneren Monolog handelt es sich um eine Art stummes Selbstgespräch einer Figur, durch das scheinbar distanzlos Gedanken, Assoziationen, Gefühlsregungen, Stimmungen, Bilder, Ahnungen usw. in der 1. Person Präsens wiedergegeben werden. – Werden syntaktische Ordnungen

erzählte Figurenrede wird dagegen vom Erzähler in Form eines Gesprächsberichts ohne wörtliche Rede vermittelt. Laut MARTÍNEZ/SCHEFFEL kommt noch eine zwischen narrativem und dramatischem Modus angesiedelte Mischform hinzu: die transponierte Figurenrede;[45] darunter fallen die indirekte und die erlebte Rede[46]. Analog zur gesprochenen Rede finden sich auch bei der Wiedergabe von Gedanken (Gedankenzitat, -rede, Bewusstseinsbericht usw.) diese »drei Darstellungsformen, die sich durch einen unterschiedlichen Grad an Mittelbarkeit und damit an Distanz auszeichnen«.[47]

Literaturhinweise

Quellentexte

Aristoteles: Poetik. Griech./Dt. Übers. und hrsg. von Manfred Fuhrmann. Stuttgart 1994. (Reclams Universal-Bibliothek. 7828.)

Romantheorie. Texte vom Barock bis zur Gegenwart. Hrsg. von Hartmut Steinecke und Fritz Wahrenburg. Stuttgart 1999. (Reclams Universal-Bibliothek. 18025.)

Sekundärliteratur

Bauer, Matthias: Romantheorie und Erzählforschung. Eine Einführung. 2., aktual. und erw. Aufl. Stuttgart/Weimar 2005.

aufgebrochen, um die Preisgabe rationaler Steuerungsmechanismen zu signalisieren, liegt eine radikalisierte Form des inneren Monologs vor: der Bewusstseinsstrom (*stream of consciousness*). Berühmtestes Beispiel dafür ist JAMES JOYCE' Roman *Ulysses*.

45 Martínez/Scheffel (s. Anm. 4) S. 52.

46 Die erlebte Rede bringt u. a. Unausgesprochenes, Gedanken, Empfindungen einer Figur zum Ausdruck. Sie wird – im Gegensatz zu der im Konjunktiv vermittelten indirekten Rede – nicht durch ein Verb des Sagens (*verbum dicendi*) eingeleitet und ist grammatisch vom Erzählerbericht nicht zu unterscheiden (3. Person, Präteritum, Indikativ).

47 Martínez/Scheffel (s. Anm. 4) S. 55; tabellarische Übersicht: S. 62.

Genette, Gérard: Die Erzählung. Übers. von Andreas Knop. Mit einem Nachw. hrsg. von Jochen Vogt. München ²1998.

Hamburger, Käte: Die Logik der Dichtung. Frankfurt a. M. / Berlin / Wien ³1980.

Hillebrand, Bruno: Theorie des Romans. München 1980.

Lämmert, Eberhard: Bauformen des Erzählens. Stuttgart 1955 [u. ö.].

Martínez, Matías / Scheffel, Michael: Einführung in die Erzähltheorie. München 1999 [u. ö.].

Schneider, Jost: Einführung in die Roman-Analyse. Darmstadt 2003.

Stanzel, Franz K.: Theorie des Erzählens. Göttingen 1979 [u. ö.].

– Typische Formen des Romans. Göttingen 1964 [u. ö.].

Vogt, Jochen: Aspekte erzählender Prosa. 8. durchges. und aktual. Aufl. Opladen 1998.

4 Dramatik (Szenisch-dramatische Texte)

Von Gabriele Sander

Die Dramatik ist neben der Lyrik und Epik die dritte Hauptgattung. Der Begriff ›Drama‹ leitet sich vom griechischen Wort *dráma* ›Handlung; Schauspiel‹ ab und bezeichnet eine literarische Form, in der eine zusammenhängende Handlungsfolge von Figuren durch Rede und Gegenrede auf einer Bühne präsentiert wird. Auf diese spezifische Kommunikationssituation des Dramas hat bereits ARISTOTELES in seiner *Poetik* hingewiesen und grundsätzliche Unterschiede zwischen Epos und Drama festgestellt:

> »[...] es ist möglich, mit Hilfe derselben Mittel dieselben Gegenstände nachzuahmen, hierbei jedoch entweder zu berichten [...] oder alle Figuren als handelnde und in Tätigkeit befindliche auftreten zu lassen.«[1]

Im Gegensatz zur epischen Berichtform wird im Drama die Handlung nicht im Nachhinein erzählt und von einer Erzählinstanz vermittelt, sondern als aktuell sich auf einer begrenzten Bühnenplattform vollziehendes Geschehen dargeboten. Dort wird die meist auf einen Konflikt zugespitzte Handlung dem Publikum von Schauspielern bzw. Rollenträgern vorgeführt. Vollzug und Rezeption des szenisch-dramatischen Geschehens finden also gleichzeitig statt.[2]

---

1 Aristoteles, *Poetik*, griech./dt., übers. und hrsg. von Manfred Fuhrmann, Stuttgart 1994 (Reclams Universal-Bibliothek, 7828), S. 9. – Aus dieser Ausgabe wird künftig direkt im Text zitiert.

2 Manfred Pfister schreibt dazu: »Das Ausfallen des vermittelnden Kommunikationssystems in dramatischen Texten erzeugt gleichzeitig den Eindruck unmittelbarer Gegenwärtigkeit des dargestellten Geschehens, der Gleichzeitigkeit des Dargestellten mit der Darstellung und dem Vorgang der Rezeption« (M. Pfister, *Das Drama. Theorie und Analyse*, München ¹¹2001 – UTB 580 –, S. 23).

Dramentexte werden für die Inszenierung in einem Theater geschrieben und stellen gewissermaßen virtuelle Kunstwerke dar, die erst durch die Realisierung in einem Bühnenraum ihrer Bestimmung zugeführt werden. Nur selten konzipieren Autoren ihre Stücke als Lesedramen.[3] Die Theatergeschichte zeigt jedoch, dass ein beachtlicher Teil der Dramenliteratur nur selten aufgeführt wird oder erst gar nicht auf die Bühne gelangt. Viele ältere Stücke werden heute beinahe ausschließlich durch Lektüre rezipiert und bleiben nur so im kulturellen Gedächtnis lebendig. Die Literaturwissenschaft beschränkt sich meist auf die Analyse der Dramentexte[4], sollte aber deren mediales Potenzial stets mitberücksichtigen. Inszenierungen können als ›theatralische Texte‹ gelesen werden, die als eigenständige Kunstwerke besondere Analyse-Instrumentarien erfordern.[5]

Die zeitgenössische Regietheater-Praxis spiegelt den sehr freien Umgang mit Text- bzw. Spielvorlagen wider. Aber auch in früheren Epochen galt keineswegs das Prinzip der ›Werktreue‹, sondern es wurden seit jeher Dramentexte bearbeitet, Szenen gekürzt, umgestellt oder ganz gestrichen, um etwa die Aktualität eines Stückes zu betonen oder es überhaupt erst bühnentauglich zu machen.[6]

In der Moderne ist das traditionelle Literatur- und Sprechtheater zunehmend in Frage gestellt worden. Expe-

---

3 Pfister führt als Beispiel *Die letzten Tage der Menschheit* (1919) von KARL KRAUS an (S. 39).

4 Pfister, der das Drama als »plurimediale Darstellungsform« begreift, spricht vom »literarischen Textsubstrat« (S. 24 f.).

5 Erika Fischer-Lichte bestimmt die Aufführung als »theatralischen Text«; daher lasse sich die »Aufführungsanalyse [...] als ein besonderer Modus der Textanalyse begreifen und durchführen« (zit. nach: Bernd Graff, »Grundlagen szenischer Texte«, in: *Grundzüge der Literaturwissenschaft*, hrsg. von Heinz Ludwig Arnold und Heinrich Detering, München [5]2002, S. 308–322, hier S. 318).

6 Schon zur Goethezeit waren »massive Eingriffe in die Textgestalt« an der Tagesordnung (Graff – s. Anm. 5 –, S. 313).

rimente mit szenisch-dramatischen Mischformen (Musik-
und Tanztheater, Performances u. Ä.) und der Einsatz
audiovisueller Medien (Film, Video usw.) haben »das
Theater – gegen die Literatur – zum Ort alternativer
Wirklichkeits-Produktion gemacht«.[7] Diese Hinweise
mögen genügen, um zu zeigen, wie sehr sich Inszenie-
rungspraktiken und Rezeptionsformen historisch verändert haben. Die Aufarbeitung der Entwicklungsgeschichte
des Theaters (Ästhetik, Regie- und Schauspielkunst, Kos-
tüm- und Maskenbildnerei, Theater- und Bühnenarchitek-
tur, Theaterkritik usw.) ist Gegenstand der Theaterwissenschaft.

4.1   Zur Geschichte und Theorie des Dramas

4.1.1   Die Entstehung der griechischen Tragödie

Der Ursprung des Dramas ist kultisch-religiös und geht
auf die dem griechischen Vegetations- und Fruchtbar-
keitsgott Dionysos gewidmeten Festlichkeiten zurück. Zu
diesen Dionysien gehörten neben Umzügen und orgiasti-
schen Feiern auch Opferhandlungen, die von magisch-
symbolischen Verwandlungsspielen begleitet wurden.
Maskierte Schauspieler führten im kreisrunden Kultbezirk
(griech. *orchēstra* ›Tanzplatz‹), dessen Mitte der Altar des
Dionysos bildete, von Musik begleitete Szenen auf. Später
errichtete man einen Holzbau (*skēnē* ›Zelt, Hütte‹) sowie
eine erhöhte Spielfläche (*proskēnion* ›Vorbühne‹). Damit
wurde die ›Bühne‹ vom Altarplatz getrennt und die Form
des antiken Halbrundtheaters geschaffen.

Aus den kultischen Opferspielen zu Ehren des Dionysos entwickelte sich der Dithyrambos, eine enthusiastisch-
ekstatische Form des Chorliedes. Die Strophen wurden

von einem – in der Frühzeit wohl mit Bocksmasken ver-
mummten – Chor (*chorós* ›Tanzplatz, Chortanz, Chor‹)
gesungen und getanzt. Die dionysischen Oratorien be-
standen aus Parodos (*párodos* – Gesang beim Einzug des
Chores), Stasimon (*stásimon* – Standlied) und Exodos
(*éxodos* – Gesang beim Auszug). Mit der Aufnahme epischer Stoffe aus den Heldensagen und der Einführung zunächst eines einzelnen Schauspielers (*hypokrités* ›Antwor-
tender‹) entstand im 6. Jahrhundert v. Chr. in Athen die
Tragödie (*tragōdía*, urspr. ›Bocksgesang‹), die sich aus
dem Gegenüber von Chor und Schauspielern entwickelte.
Je mehr Raum die (ausschließlich männlichen) Schauspieler beanspruchten,[8] desto stärker trat der Chor in den
Hintergrund, bis er nur noch deutend-betrachtende Funktion hatte. Zunächst noch an den Dionysos-Kult gebunden, erfuhr die attische Tragödie in ihrer Blütezeit (5. Jh.
v. Chr.) eine Säkularisierung. Die drei bedeutendsten Tra-
gödiendichter AISCHYLOS (*Orestie* u. a.), SOPHOKLES (*König Ödipus*, *Antigone* u. a.) und EURIPIDES (*Medea*, *Elektra* u. a.) schöpften meist aus der Mythologie, nur selten
griffen sie (zeit)geschichtliche Stoffe auf.

4.1.2   Die aristotelische Dramentheorie

Die europäische Dramentheorie steht bis in die Moderne
unter dem Einfluss des ARISTOTELES, der in seiner fragmentarisch überlieferten *Poetik* einige Wesens- und Strukturmerkmale der Tragödie aufzeigt. Auf deren Handlung
bzw. »Fabel« bezogen, nennt er drei Elemente: die Peripetie (*peripéteia* – der Umschwung vom Glück ins Unglück), die Anagnorisis (*anagnórisis* – die Wiedererken-

---

8 Vgl. dazu ARISTOTELES: »Aischylos hat als erster die Zahl der Schauspieler
  von einem auf zwei gebracht, den Anteil des Chors verringert und den Dialog zur Hauptsache gemacht. Sophokles hat den dritten Schauspieler und
  die Bühnenbilder hinzugefügt« (*Poetik*, S. 15).

nung bzw. der Umschlag von Unkenntnis in Kenntnis) und als deren Folge das Pathos (*páthos* – schweres Leid); dieses »ist ein verderbliches oder schmerzliches Geschehen, wie z. B. Todesfälle auf offener Bühne, heftige Schmerzen, Verwundungen und dergleichen mehr« (S. 37). An Tragödienhelden wie Ödipus u. a. demonstriert er, dass das Tragische durch eine Verfehlung (*hamartía*)[9] des Protagonisten ausgelöst wird. Dieser soll weder charakterlich makellos noch ein Schuft sein, sondern ein »zwischen den genannten Möglichkeiten« stehender Mensch. In der Tragödie gerät ein solcher Held »wegen eines Fehlers« (S. 39) – begangen im Affekt, durch Unwissenheit, Leichtsinn, Selbstüberschätzung oder Hybris (*hýbris* ›Hochmut, Stolz‹) – in einen Schuldkonflikt mit tragischen Folgen. Der Zuschauer erfährt durch die emotionale Teilnahme am Schicksal der Figuren eine Läuterung (Katharsis):

> »Die Tragödie ist Nachahmung einer guten und in sich geschlossenen Handlung [...], die Jammer [*éleos* ›Mitleid, Erbarmen‹] und Schaudern [*phóbos* ›Furcht, Schrecken‹] hervorruft und hierdurch eine Reinigung [*kátharsis*] von derartigen Erregungszuständen bewirkt.« (S. 19)

ARISTOTELES ergänzt seine gattungs- und wirkungsästhetischen Reflexionen um Aussagen zur Bauform der Tragödie; diese enthalte »notwendigerweise sechs Teile« (S. 21):

- Mythos, Handlung (*mýthos*)
- Charaktere (*éthē*)
- Sprache, Rede (*léxis*)

---

9 Bernhard Asmuth zufolge ist damit »nicht, wie oft angenommen wird, ein moralisches, sondern ein intellektuelles Versagen gemeint, nicht Schuld im Sinne eines bewußten sittlichen Fehlverhaltens, sondern Irrtum« (B. Asmuth, *Einführung in die Dramenanalyse*, 6., aktual. Aufl. Stuttgart/Weimar 2004 – Sammlung Metzler, 188 –, S. 33).

- Gedanke, Absicht, Erkenntnisfähigkeit (*diánoia*)
- Schau, Szenerie, Inszenierung (*ópsis*)
- Melodik, Gesang, Musik (*melopoiía*)

Die genannten Bestandteile beziehen sich teils auf die Darstellung (*mýthos*, *éthē*, *diánoia*), teils auf die Inszenierung (*léxis*, *ópsis*, *melopoiía*). ARISTOTELES zufolge gliedert sich die Tragödie ferner in bestimmte »Abschnitte« (S. 37):

- Prolog (*prólogos*) vor dem Einzug des Chores
- Episode (*epeisódion*) zwischen den Chorliedern
- Exodos (*éxodos*) nach dem letzten Chorlied
- Chorpartie (*chorikón*); sie kann eine Parodos (»der erste ganze Teil, den der Chor vorträgt«) oder ein Stasimon sein (s. S. 131).

Seine weiteren Aussagen zur Form der Tragödie sind der Aufführungspraxis unter freiem Himmel geschuldet. Im Gegensatz zum Epos, das »über unbeschränkte Zeit« verfügt, hält sich die Tragödie »nach Möglichkeit innerhalb eines einzigen Sonnenumlaufs« (S. 17). Die in sich geschlossene Handlung wird vor unveränderter Kulisse von einer überschaubaren Zahl von Akteuren dargeboten.

ARISTOTELES behandelt in seiner *Poetik* fast ausschließlich die Tragödie; seine Ausführungen über die Komödie gelten als verschollen. Der Hauptunterschied zwischen beiden Dramentypen liegt für ihn im Personal: »die Komödie sucht schlechtere, die Tragödie bessere Menschen nachzuahmen, als sie in der Wirklichkeit vorkommen« (S. 9). Während die Tragödie heroischen Gestalten aus Mythologie und Geschichte vorbehalten ist, stellen die Komödiendichter Figuren niederen Standes auf die Bühne. Die Komödie dramatisiert das Lächerliche, das für ARISTOTELES »ein mit Häßlichkeit verbundener Fehler« ist, »der indes keinen Schmerz und kein Verderben verursacht« (S. 17). Damit ist zumindest angedeutet, dass Komödien einen lösbaren Konflikt behandeln und im Gegensatz zu Tragödien einen glücklichen Ausgang nehmen.

4.1.3   Theorien und Formen des deutschsprachigen Dramas

Die aristotelischen Bestimmungen wurden von den italienischen Humanisten mit den poetologischen Vorschriften des HORAZ verbunden und in eine Lehre von den drei Einheiten (der Zeit, des Ortes[10] und der Handlung) überführt. Dieses Regelwerk blieb auch im deutschen Sprachraum bis ins 18. Jahrhundert verbindlich: OPITZ, GOTTSCHED u. a. formulierten in ihren Poetiken (→ II.1) unter Berufung auf ARISTOTELES die normativen Vorgaben für Dramatiker. Aus dessen Zuordnung verschiedener Charaktere zur Tragödie und Komödie leiteten die Dichtungstheoretiker der Neuzeit die Ständeklausel ab, der zufolge im Trauerspiel[11] nur Personen höheren Standes (Adel), im Lustspiel nur Menschen niederen Standes (Bürgertum, Landbevölkerung) auftreten dürfen. Damit sollte verhindert werden, dass sich das Publikum auf Kosten höherer Gesellschaftsschichten amüsierte. MARTIN OPITZ zufolge handelt die Tragödie »nur von Königlichem willen / Todtschlägen / verzweiffelungen / Kinder- vnd Vätermörden / brande / blutschanden / kriege und auffruhr / klagen / heulen / seuffzen und dergleichen«; die Komödie hingegen »redet von hochzeiten / gastgeboten / spielen / betrug vnd schalckheit der knechte [...] / buhlersachen / leichtfertig-

10 Die Verzicht auf den Schauplatzwechsel wurde von ARISTOTELES nicht ausdrücklich gefordert, denn er war wegen der Freilichtbühne, auf der der Chor ununterbrochen anwesend war, selbstverständlich (s. S. 153).
11 Dieser deutsche Begriff für »Tragödie« war 1628 von OPITZ eingeführt worden, auf den ebenso die ›Eindeutschung‹ der Komödie zu »Lustspiel« zurückgeht.

keit der jugend / geitze des alters / kupplerey vnd solchen sachen / die täglich vnter gemeinen [einfachen] Leuten vorlauffen.«[12]

Tragödie und Komödie unterscheiden sich also sowohl durch ihre Protagonisten als auch durch den Stoff und die Sprache. Mit der Ständeklausel verbindet sich die Zuordnung der Tragödie zum hohen Stil (*genus grande*), der Komödie zum mittleren oder niedrigen Stil (*genus mediocre/humile*). Der Epochenwechsel von der barocken Adelskultur zur bürgerlichen Aufklärung bringt zwar solche starren Regeln ins Wanken, aber Puristen wie JOHANN CHRISTOPH GOTTSCHED beharren auf den tradierten Normen und lehnen dramatische Mischformen strikt ab. Die Tragödie definiert er als »lehrreiches moralisches Gedicht, darin eine wichtige Handlung vornehmer Personen auf der Schaubühne nachgeahmet und vorgestellet wird«.[13] Sein Kampf richtet sich gleichermaßen gegen die düsteren barocken Trauerspiele wie gegen die von Wanderbühnen dargebotenen Possen. Seine rationalistische Poetik ist am Ideal der klassizistischen französischen Dramatik von CORNEILLE und RACINE orientiert, denen GOTTSCHED in formstrengen Dramen nacheiferte (z. B. *Sterbender Cato*, 1731[14]).

Seine gegen Regellosigkeit, Sprachverwilderung und barocken Manierismus gerichteten Reformbemühungen fanden jedoch nicht nur Zustimmung. Als sein schärfster Kritiker profilierte sich GOTTHOLD EPHRAIM LESSING, der im 17. seiner *Briefe, die neueste Literatur betreffend*

---

12 Martin Opitz, *Buch von der Deutschen Poeterey* (1624), zit. nach: Heinz Geiger / Harald Haarmann, *Aspekte des Dramas*, Opladen 1978 [u. ö.], S. 119.

13 Zit. nach Geiger/Haarmann (ebd.) S. 121.

14 Obwohl gerade dieses Stück später viel Spott auf sich zog, bezeichnen GOTTSCHEDs staatspolitische Dramen doch »den Anfang einer eigenständigen hohen Tragödie von bürgerlicher Grundhaltung, des ›republikanischen Trauerspiels‹« (Christian Rochow, *Das bürgerliche Trauerspiel*, Stuttgart 1999 – Reclams Universal-Bibliothek, 17617 –, S. 31).

(16. Februar 1759) wünschte, »daß sich Herr Gottsched
niemals mit dem Theater vermengt hätte«. LESSING be-
zweifelt, dass das »französierende Theater der deutschen
Denkungsart« entspreche, und glaubt, dass »die Meister-
stücke des Shakespeare [...] von bessern Folgen gewesen«
wären und »ganz andere Köpfe unter uns erweckt« hätten.[15] Er engagiert sich als Publizist und Dramaturg für
die Schaffung eines neuen deutschen Theaters, das sich
dem aufgeklärten, emanzipierten Bürgertum öffnet und
dessen Humanitäts- und Toleranzideale verbreitet. Als er-
folgreicher Bühnenautor trägt er entscheidend dazu bei,
die Gattungsnormen aufzubrechen. In seinen Stücken
Miss Sara Sampson (1755) und *Emilia Galotti* (1771) konfrontiert er das Bürgertum mit der Adelswillkür und
macht – wie bereits LUISE GOTTSCHED (»die Gottsche-
din«) in ihrem Lustspiel *Hausfranzösinn, oder die
Mammsell* (1745) – die bürgerliche Familie und ihre Pri-
vatsphäre zum Schauplatz von Standeskonflikten.[16] In
dem von LESSING neu geschaffenen, in Prosa verfassten
Genre des bürgerlichen Trauerspiels[17] setzt er sich über
die Lehre von den drei Einheiten hinweg und hebt die
Ständeklausel auf.[18] In der *Hamburgischen Dramaturgie*
tritt er der Vorstellung von der »Fallhöhe« entgegen und

---

15 Gotthold Ephraim Lessing, *Werke*, hrsg. von Kurt Wölfel, Bd. 2: *Schriften
    I: Schriften zur Poetik, Dramaturgie, Literaturkritik*, Frankfurt a. M.
    1967, S. 614–616.

16 Vgl. Rochow (s. Anm. 14) S. 36 ff.

17 Eine Vorstufe bildet das weinerliche oder rührende Lustspiel (nach dem
    französischen Vorbild der *comédie larmoyante*), in dem sich Tragödie und
    Komödie bereits annäherten. Bekanntestes Beispiel ist das empfindsame
    Rührstück *Die zärtlichen Schwestern* (1745) von CHRISTIAN FÜRCHTE-
    GOTT GELLERT. – Zur Vor- und Frühgeschichte des bürgerlichen Thea-
    ters, dessen Keimzelle die seit dem Mittelalter an hohen kirchlichen Feier-
    tagen aufgeführten geistlichen Spiele (Passionsspiele u. Ä.) sowie die mo-
    ralisch-exemplarischen Stücke (z. B. über *Everyman – Jedermann*) waren,
    vgl. Rochow (s. Anm. 14) S. 15 ff.

18 Wie zuvor schon ANDREAS GRYPHIUS in seinem Drama *Cardenio und Ce-
    linde* (1657), das als Vorläufer des bürgerlichen Trauerspiels gilt.

bestreitet, dass nur adliges Personal tragödienfähig sei und die Stellung des Dramenhelden in der gesellschaftlichen Hierarchie über die Tiefe des tragischen Falls entscheide.[19] Daher lässt er in seinen Stücken statt vollkommener Menschen »Mittelcharakter[e]« auftreten, Figuren, die »mit uns von gleichem Schrot und Korne« sind.[20] LESSING bezieht sich auf die Katharsis-These des ARISTOTELES, der in seinen Augen »falsch verstanden« worden sei:

> »Er spricht von Mitleid und Furcht, nicht von Mitleid und Schrecken; und seine Furcht ist durchaus nicht die Furcht, welche uns das bevorstehende Übel eines andern, für diesen andern, erweckt, sondern es ist die Furcht, welche aus unserer Ähnlichkeit mit der leidenden Person für uns selbst entspringt; es ist die Furcht, daß die Unglücksfälle, die wir über diese verhänget sehen, uns selbst treffen können [...].«[21]

Statt Jammer und Schaudern will LESSING beim Publikum Furcht und Mitleid wecken. Die Tragödie solle nicht nur belehren, sondern »unsre Fähigkeit, Mitleid zu fühlen, erweitern«[22]. Die Zuschauer sollen durch Einfühlung in die Figuren eine Läuterung erfahren, sodass sich die dargestellten Leidenschaften »in tugendhafte Fertigkeiten« verwandeln.[23] Dieses Konzept eines illusions- und identifikationsstiftenden Theaters setzt auf die Mündigkeit des Publikums und hat neben dem didaktischen auch einen sozial-ethischen Impetus.

LESSING wurde mit seinen Dramen zum eigentlichen

---

19 Vgl. *Hamburgische Dramaturgie* (14. Stück; 16. Juni 1767), in: Lessing (s. Anm. 15) S. 177.

20 Lessing (s. Anm. 15) S. 422.

21 *Hamburgische Dramaturgie* (75. Stück; 19. Januar 1768), ebd., S. 420.

22 Brief an FRIEDRICH NICOLAI, 13. November 1756, zit. nach: *Theorie des Dramas*, hrsg. von Ulrich Staehle, Stuttgart 1973 (Arbeitstexte für den Unterricht; Reclams Universal-Bibliothek, 9503), S. 23.

23 Lessing (s. Anm. 15) S. 434.

Schöpfer des deutschen Nationaltheaters und gab der nachfolgenden Generation entscheidende Impulse. Die Autoren des Sturm und Drang setzten die Tradition des bürgerlichen Trauerspiels fort, verschärften aber die soziale Anklage. Sie orientierten sich an WILLIAM SHAKESPEARE, in dessen Namen sie alle Regeln der Poetik über Bord warfen. Der junge GOETHE widmete dem englischen »Genius« eine emphatische Rede *Zum Shakespeares-Tag* (14. Oktober 1771):

> »Ich zweifelte keinen Augenblick, dem regelmäßigen Theater zu entsagen. Es schien mir die Einheit des Orts so kerkermäßig ängstlich, die Einheiten der Handlung und der Zeit lästige Fesseln unsrer Einbildungskraft. Ich sprang in die freie Luft und fühlte erst, daß ich Hände und Füße hatte.«[24]

SHAKESPEARES Einfluss auf GOETHES dramatisches Schaffen ist in seinem »Schauspiel«[25] *Götz von Berlichingen mit der eisernen Hand* (1773) deutlich spürbar. In diesem politisch-nationalen Stück bricht GOETHE radikal mit dem klassizistischen Regeldrama. Das auf einen naturhaft vitalen, freiheitsliebenden Helden fokussierte, Personen aller Stände umfassende Stück ist zwar noch in fünf Akte gegliedert, aber die disparate Handlung ist auf 56 kurze Szenen von unbestimmter Dauer verteilt und spielt an verschiedenen Orten. Innovativ ist neben der volkstümlichen, teilweise drastischen Sprache der Verzicht auf einen tragischen Konflikt, an dessen Stelle politische, religiöse und

---

24 Johann Wolfgang Goethe, *Werke*, Hamburger Ausgabe in 14 Bänden, hrsg. von Erich Trunz, Bd. 12: *Schriften zur Kunst, Schriften zur Literatur, Maximen und Reflexionen*, München 1978, S. 225.

25 Diese ›neutrale‹ Gattungsbezeichnung setzte sich »im ausgehenden 18. Jh. für das rührende Lustspiel und überhaupt für das untragische ernste Drama« durch und verengte sich »vom Ober- zum Zwischenbegriff« (Asmuth – s. Anm. 9 –, S. 30 f.).

psychologische Problemfelder treten. Die Konzeption der kraftgenialischen, von Gefühl und Instinkt geleiteten Hauptfigur spiegelt GOETHES kritisches Verhältnis zur Vernunftgläubigkeit der Aufklärung wider.

Auch JAKOB MICHAEL REINHOLD LENZ (*Der Hofmeister*, 1774; *Die Soldaten*, 1776) und HEINRICH LEOPOLD WAGNER (*Die Kindermörderin*, 1776)[26] rücken nicht mehr die individuelle sittliche Entscheidung ins Zentrum ihrer Dramen, sondern lassen ihre Figuren gegen Klassenschranken aufbegehren und an rigiden moralischen Normen zerbrechen. Indem sie Unterprivilegierte und »Alltagscharaktere«[27] auf die Bühne stellen, begründen sie das soziale Drama, dessen Figuren keine autonom Handelnde sind, sondern »durch überindividuelle Institutionen und Konventionen« bestimmt werden.[28]

Wie GOETHE betrat auch FRIEDRICH SCHILLER die Theaterbühne mit politisch subversiven Stücken. Die Mannheimer Uraufführung seines Dramas *Die Räuber* am 13. Januar 1782 geriet zu einem spektakulären Ereignis. In den nachfolgenden Dramen, darunter das von SHAKESPEARES *Romeo und Julia* inspirierte »bürgerliche Trauerspiel« *Kabale und Liebe* (1783), schlug SCHILLER bereits leisere Töne an. Seine Auffassung vom Theater als einer ästhetischen und politisch-moralischen Bildungsinstitution skizzierte er 1784 in einer programmatischen Rede über die Frage *Was kann eine gute stehende Schaubühne eigentlich wirken?*[29]:

»Die Schaubühne ist [...] eine Schule der praktischen Weisheit, ein Wegweiser durch das bürgerliche Leben,

---

26 Das Stück ist formal ungewöhnlich, da es aus sechs Akten besteht.
27 LENZ, zit. nach Theo Elm, *Das soziale Drama. Von Lenz bis Kroetz*, Stuttgart 2004 (Reclams Universal-Bibliothek, 17645), S. 63.
28 Elm (ebd.) S. 13.
29 Für den Nachdruck von 1802 änderte SCHILLER den Titel in: *Die Schaubühne als moralische Anstalt betrachtet*.

ein unfehlbarer Schlüssel zu den geheimsten Zugängen der menschlichen Seele. [...]

Die Schaubühne ist der gemeinschaftliche Kanal, in welchen von dem denkenden bessern Teile des Volks das Licht der Weisheit herunterströmt und von da aus in milderen Strahlen durch den ganzen Staat sich verbreitet. Richtigere Begriffe, geläuterte Grundsätze, reinere Gefühle fließen von hier durch alle Adern des Volks [...].«[30]

Unter dem Einfluss der Beschäftigung mit der Antike ab 1788, der KANT-Lektüre und des Austausches mit GOETHE ab 1794 erfolgte eine partielle Neubestimmung der ästhetischen und weltanschaulichen Ziele. Bei GOETHE hatte die Rückbesinnung auf antike Muster bereits während seiner italienischen Reise eingesetzt und ihn zur Überarbeitung der *Iphigenie auf Tauris* (1787) in ein streng gebautes klassizistisches Drama bewogen. Den neuen Idealen von Schönheit und Humanität verpflichtet sind auch *Egmont* (1788) und *Torquato Tasso* (1790), während *Faust. Der Tragödie erster Teil* (1808) seine entstehungsgeschichtlichen Wurzeln in der Sturm-und-Drang-Zeit (»Urfaust«) nicht verleugnen kann. Ähnliches gilt für SCHILLERS *Don Karlos*, dessen Endfassung von 1787 ein politisches Ideendrama ist. Seine Freiheitsutopie projizierte er auch in seine Geschichtsdramen *Wallenstein* (1798/99), *Maria Stuart* (1800), *Die Jungfrau von Orleans* (1801) und *Wilhelm Tell* (1804); sie machten SCHILLER zum erfolgreichsten deutschen Bühnenautor bis in die Gegenwart hinein.

Die Dramen der Weimarer Klassik beruhen auf einem Begriff des Tragischen, den GOETHE 1824 so umschrieb: »Alles Tragische beruht auf einem unausgleichbaren Ge-

30 Friedrich Schiller, *Sämtliche Werke*, Bd. 5: *Erzählungen – Theoretische Schriften*, hrsg. von Wolfgang Riedel, München 2004, S. 826 und 828.

gensatz. Sowie Ausgleichung eintritt oder möglich, schwindet das Tragische.«[31] Unter Berufung auf ARISTOTELES' Katharsis-Begriff fordert er »von allem Drama, ja sogar von allen poetischen Werken« eben diese »Ausgleichung« der Leidenschaften und die »aussöhnende Abrundung«, die ein harmonisches Kunstwerk entstehen lasse.[32]

Mit den idealistischen Theorien des Tragischen konkurriert in der Romantik die fatalistische. Der Glaube an das unentrinnbare Walten des Fatums als einer übernatürlichen Macht liegt dem romantischen Schicksalsdrama zugrunde, dessen Prototyp *Der vierundzwanzigste Februar* (1810) von ZACHARIAS WERNER ist. Das Genre wurde vielfach parodiert, z. B. von AUGUST GRAF VON PLATEN in der satirischen Literaturkomödie *Die verhängnisvolle Gabel* (1826). Überhaupt zeigten die Romantiker eine Affinität zur Komödie, in die sie zwecks Transzendierung der Wirklichkeit vielfach Märchenmotive und Traumsequenzen integrierten (z. B. LUDWIG TIECK, *Der gestiefelte Kater*, 1797; CLEMENS BRENTANO, *Ponce de Leon*, 1804).

In der Restaurationsepoche pflegten konservativ-biedermeierliche Autoren das klassisch-romantische Erbe. Am Wiener Burgtheater wurden neben klassizistischen Tragödien von FRANZ GRILLPARZER (z. B. *Sappho*, 1818) vor allem die Zauberspiele (mit Gesang) von FERDINAND RAIMUND (z. B. *Der Alpenkönig und der Menschenfeind*, 1828) und JOHANN NESTROY (z. B. *Der böse Geist Lumpazivagabundus*, 1833) publikumswirksam aufgeführt. Dabei gelingt es insbesondere NESTROY, in seinen volkstümlichen Stücken das repressive Klima der Metternich-Ära widerzuspiegeln und mit subversivem Witz die restaurativen Verhältnisse im Biedermeier anzuprangern.

---

31 Zit. nach Asmuth (s. Anm. 9) S. 34.

32 *Nachlese zu Aristoteles' Poetik* (1827), in: Johann Wolfgang Goethe, *Frühes Theater*, mit einer Auswahl aus den dramaturgischen Schriften 1771–1828 hrsg. und mit einem Nachw. von Dieter Borchmeyer, Frankfurt a. M. 1982, S. 537–541, hier S. 538.

Zur gleichen Zeit beteiligt sich GEORG BÜCHNER in Hessen mit der Parole »Friede den Hütten! Krieg den Palästen!« (1834) am politischen Freiheitskampf und entwickelt im Widerstand gegen die idealistische Ästhetik der Weimarer Klassik und explizit gegen SCHILLER eine realistisch-moderne Schreibweise. Überzeugt vom »Fatalismus der Geschichte«, stellt er statt selbstbestimmter Helden passive, leidende, verzweifelnde Menschen ins Zentrum seiner gesellschaftskritischen Stücke, deren Aufführung er nicht mehr erlebte. Anhand seines Revolutionsdramas *Dantons Tod* (1835) erläutert BÜCHNER sein Dichtungskonzept:

> »Wenn man mir [...] sagen wollte, der Dichter müsse die Welt nicht zeigen wie sie ist, sondern wie sie sein solle, so antworte ich, daß ich es nicht besser machen will, als der liebe Gott [...]. Was noch die sogenannten Idealdichter anbetrifft, so finde ich, daß sie fast nichts als Marionetten mit himmelblauen Nasen und affektiertem Pathos, aber nicht Menschen von Fleisch und Blut gegeben haben, deren Leid und Freude mich mitempfinden macht, und deren Tun und Handeln mir Abscheu oder Bewunderung einflößt.«[33]

Seine melancholisch-satirische Komödie *Leonce und Lena* (1842) knüpft an die Tradition des zeitkritischen Lustspiels an, das durch Stücke von GOETHE, LENZ und KLEIST (u. a. *Der zerbrochne Krug*, 1811) in den Bereich der Hochkultur überführt worden war. BÜCHNERS Modernität tritt am deutlichsten in seinem unvollendeten, von einem authentischen Mordfall angeregten Sozialdrama *Woyzeck* (1836–37; Erstdruck 1879) zu Tage. Er richtet darin in bisher ungekannter Schärfe den Blick auf die

---

33 Georg Büchner, *Werke und Briefe*, nach der historisch-kritischen Ausgabe von Werner R. Lehmann, München/Wien 1980, S. 272 f.

Lebenswirklichkeit der Zeit und lässt die dem vierten Stand entstammende Titelfigur einen milieugerechten Sozio- bzw. Dialekt sprechen. Das Stück ist auch formal revolutionär: Die fragmentarisch überlieferten Fassungen ergeben eine nur lose verknüpfte Szenenfolge ohne Akteinteilung.

An der Schwelle zum Realismus steht auch FRIEDRICH HEBBEL, der aber sowohl ästhetisch wie politisch eine konservative Linie verfolgte. Seine Dramentheorie knüpft an HEGEL an, der das Drama als »höchste Stufe der Poesie und der Kunst überhaupt« und das Tragische als unüberbrückbaren Konflikt zwischen Individuum und Gesellschaft, Freiheit und Gesetz beschrieben hatte.[34] HEBBEL weitete diese Vorstellung zu einem »Pantragismus« aus, dem zufolge alles irdische Geschehen und Handeln einem tragischen Weltgesetz unterliegt.[35] In seinen Tragödien griff er wie GRILLPARZER mit Vorliebe biblische, mythologische und historische Stoffe auf (u. a. *Judith*, 1840; *Agnes Bernauer*, 1852) und versuchte mit *Maria Magdalene* (UA[36] 1846) eine Wiederbelebung des bürgerlichen Trauerspiels.

Im Realismus führte die dramatische Gattung zwar ein Schattendasein, doch leistete die Epoche einen wichtigen Beitrag zur Dramentheorie. GUSTAV FREYTAG, Autor unterhaltsamer Konversationsstücke wie *Die Journalisten* (1854), hatte praktische Theatererfahrungen gesammelt, bevor er 1863 eine Abhandlung über *Die Technik des Dramas* vorlegte. Seine Empfehlungen zur Abfassung bühnenwirksamer Stücke orientieren sich an der klassizistischen Tradition. Er begreift das Drama als Darstellung antagonistischer Gegensätze, von »Kampf und Gegen-

---

34 Georg Wilhelm Friedrich Hegel, *Werke*, Bd. 15: *Vorlesungen über die Ästhetik III*, Frankfurt a. M. 1986, S. 474–574, hier S. 474 (→ III.1).

35 Vgl. dazu HEBBELS programmatische Schrift *Mein Wort über das Drama!* (1844); Auszüge abgedruckt in: *Theorie des Dramas* (s. Anm. 22) S. 58–62.

36 Abkürzung für »Uraufführung«.

kampf, Steigen und Sinken, Binden und Lösen«.[37] FREY-
TAGS Strukturmuster eines pyramidalen Spannungsbogens
von Exposition, Peripetie und Katastrophe (→ Diagramm
S. 179) wird von den Naturalisten abgelehnt, da es nicht
dem Leben entspreche: »Ein Drama, das nicht vom ersten
bis zum letzten Wort Exposition ist, besitzt nicht die letzte Lebendigkeit«,[38] behauptet GERHART HAUPTMANN und
postuliert die Beschränkung auf einen Realitätsausschnitt
sowie die Abkehr von einer teleologischen (zielgerichte-
ten) Dramenhandlung. In seinen ersten Stücken, die ihn
trotz oder gerade wegen obrigkeitsstaatlicher Übergriffe
zum erfolgreichsten Bühnenautor der Zeit machten, bricht
er teilweise mit gattungstypologischen Konventionen,
ohne jedoch die dramatische Formensprache zu revolutio-
nieren. Unter dem Einfluss der Dramen HENRIK IBSENS
(*Nora oder Ein Puppenheim*, 1879 u. a.), die bürgerliche
Lebenslügen, Generationen- und Emanzipationskonflikte
durchleuchten, entwickelt HAUPTMANN in der Nachfolge
von LENZ und BÜCHNER das Genre des sozialen Dramas
weiter und greift brisante Themen des Kaiserreichs wie
Verelendung, Ausbeutung, Alkoholismus und die ›Frau-
enfrage‹ auf. Neben (Klein-)Bürgern lässt er Proletarier
auftreten und veranschaulicht an ihnen – gemäß der naturalistischen Programmatik – ihre Determination durch
Herkunft, Zeitumstände und Milieu. So zeigt er in seinem
»sozialen Drama« *Vor Sonnenaufgang* (1889) Arbeiter in
den schlesischen Kohlenrevieren, während er im Schauspiel *Die Weber* (1892) eine gegen die Folgen der Techni-
sierung revoltierende Berufsgruppe zum kollektiven Helden macht.

Vom naturalistischen Milieudrama setzen sich um 1900
Autoren konkurrierender literarischer Strömungen be-

---

37 Gustav Freytag, *Die Technik des Dramas*, reprogr. Nachdr. der 13. Aufl.
   Leipzig 1922, Darmstadt 1969, S. 93.
38 Gerhart Hauptmann, *Sämtliche Werke*, hrsg. von Hans-Egon Hass, Bd. 6:
   Erzählungen, theoretische Prosa, Frankfurt a. M. / Berlin 1963, S. 1037.

wusst ab. Während sich ARTHUR SCHNITZLER in seinen Einaktern (*Anatol*, 1893; *Liebelei*, 1895 u. a.) immer weiter auf das Terrain der Sexualität vorwagt – die erotische Szenenfolge *Reigen* wird 1900 in Wien verboten, und die Uraufführung sorgt noch 1920 in Berlin für einen Skandal –, attackiert FRANK WEDEKIND in satirischen Stücken (*Frühlings Erwachen*, 1891, UA 1906; *Lulu*-Tragödie, 1895, UA 1902) die von Doppelmoral korrumpierte wilhelminische Gesellschaft. Klassisch-romantische Traditionen pflegten dagegen HUGO VON HOFMANNSTHAL (*Elektra*, 1904 u. a.), PAUL ERNST (*Brunhild*, 1909) u. a., deren Vorliebe antiken und mythologischen Bühnenstoffen galt.

Gleichzeitig entstanden Vorformen des Avantgarde-Theaters, das radikal mit dem – von den Naturalisten perfektionierten – Illusionstheater bricht und mit anti-mimetischen Ausdrucksmitteln experimentiert. Eine junge Autorengeneration reagiert auf die gesellschaftlichen Modernisierungsprozesse und krisenhaften Subjekterfahrungen mit provokanten Inszenierungen, die sie als Kampfansagen an die bourgeoise Ästhetik verstanden wissen wollen. So leistet ALFRED DÖBLIN mit seiner Groteske *Lydia und Mäxchen. Tiefe Verbeugung in einem Akt* (1905) einen frühen Beitrag zum absurden Theater[39], indem er Requisiten als Akteure auftreten und gegen den Dichter und Regisseur rebellieren lässt. In der Folgezeit werden von Grenzgängern zwischen bildender Kunst und Literatur wie WASSILY KANDINSKY (*Der gelbe Klang*, 1912) und KURT SCHWITTERS (»Merzbühne«, 1919) multimediale Bühnenkompositionen entworfen, die die romantische

---

39 Eine breitere Produktion und Rezeption erlebte das ›Theater des Absurden‹, das auf eine logische Handlungsverknüpfung verzichtet und damit die Sinnentleerung der modernen Welt veranschaulicht, erst nach 1945. Als dessen Geburtsstunde gilt jedoch bereits das Jahr 1896, in dem ALFRED JARRY den *Ubu*-Zyklus (*König Ubu*) verfasste. Vgl. Axel Schalk, *Das moderne Drama*, Stuttgart 2004 (Reclams Universal-Bibliothek, 17648), S. 126–140.

Idee des ›Gesamtkunstwerks‹ wiederbeleben und auf eine Intensivierung des künstlerischen Ausdrucks zielen.

Die kulturrevolutionäre Bewegung des Expressionismus bringt neben dramatischen Grotesken und satirischen Komödien (z. B. CARL STERNHEIMS »bürgerliches Lustspiel« *Die Hose*, 1911) auch pathetische Tragödien in Versform (z. B. REINHARD GOERING, *Seeschlacht*, 1917) hervor. Zum dominanten Typus entwickelt sich aber das Stationendrama – inspiriert von AUGUST STRINDBERGS Stücken *Nach Damaskus* (1898–1904) und *Ein Traumspiel* (1901). In einer lockeren Folge von Szenen, die nicht mehr durch die Einheit von Zeit, Ort und Handlung koordiniert sind, werden vorzugsweise Vater-Sohn-Konflikte (z. B. WALTER HASENCLEVER, *Der Sohn*, 1914) und Wandlungsprozesse anonymer, stark typisierter Figuren (z. B. REINHARD SORGE, *Der Bettler*, 1912; GEORG KAISER, *Von morgens bis mitternachts*, 1916) abgehandelt. Das Kriegserlebnis führt zu einer thematischen Verschiebung ins Politische, insbesondere bei ERNST TOLLER (*Die Wandlung*, 1919; *Hinkemann*, 1923). Trotz ihrer offenen, episodischen Handlungsstruktur zeigen viele Dramen des Expressionismus noch die konventionelle Segmentierung in Akte, so etwa *Die Wupper* (1909; UA 1919) von ELSE LASKER-SCHÜLER. Dagegen neigen Autoren wie OSKAR KOKOSCHKA zur extremen Verdichtung und bevorzugen die freiere Form des Einakters (*Mörder Hoffnung der Frauen*, 1909).

BERTOLT BRECHTs frühe, 1918/19 entstandene Stücke *Baal* und *Trommeln in der Nacht* sind noch dem expressionistischen Stationendrama verpflichtet. Im Austausch mit dem experimentierfreudigen Regisseur ERWIN PISCATOR, der im Berlin der 1920er Jahre politische Revuen inszeniert und für sein operativ-agitatorisches Theater neben Musik auch moderne Medien einsetzt,[40] konzipiert er

---

40 Vgl. PISCATORS Essay »Bühne der Gegenwart und Zukunft« (1928) in den *Texten zur Theorie des Theaters*, hrsg. und komm. von Klaus Lazarowicz

eine neue Dramenästhetik, die die Gattungsgrenzen über-
windet und epische Mittel einbezieht, um komplexe gesellschaftliche Strukturen transparent zu machen. Das epische Theater richtet sich gegen das bürgerliche Illusionstheater und ersetzt die Suggestion durch Argumentation:

> »Es arbeitet Szenen heraus, in denen Menschen sich so
> verhalten, daß die sozialen Gesetze, unter denen sie ste-
> hen, sichtbar werden. [...] Das menschliche Verhalten
> wird als veränderlich gezeigt, der Mensch als abhängig
> von gewissen ökonomisch-politischen Verhältnissen
> und zugleich als fähig, sie zu verändern.«[41]

Das wichtigste Mittel des BRECHTschen Lehrtheaters ist
der illusions(zer)störende, Distanz schaffende Verfremdungseffekt (V-Effekt). Die Handlung wird nicht mehr
durch die Bühne ›verkörpert‹, sondern erzählt und kommentiert. Die pädagogisch-ideologische Funktionalisie-
rung des Stückes geschieht durch eingeblendete Inhaltsan-
gaben oder Absichtserklärungen, Songs, Zwischensprüche,
Kommentare, Lehren auf Plakaten oder Spruchbändern sowie durch eine sichtbare Bühnentechnik. Um den Spielcharakter offenzulegen und eine Identifikation des Zuschauers
mit den Figuren zu vermeiden, sollen die Schauspieler de-
monstrierend statt psychologisierend agieren und zeitweise
aus ihrer Rolle heraustreten. Die einzelnen Szenen werden
nicht stringent verknüpft, sondern in lockerer Montage an-
einandergereiht. Der Schluss des Stückes bleibt im dialek-
tischen Sinne offen, damit das Publikum die gestellten Fra-

---

und Christopher Balme, Stuttgart 1991 (Reclams Universal-Bibliothek,
8736), S. 625–632.

41 »Über die Verwendung von Musik für ein episches Theater« (1935), in:
Bertolt Brecht, *Über experimentelles Theater*, hrsg. von Werner Hecht,
Frankfurt a. M. 1977, S. 68–77, hier S. 70. Eine schematische Gegenüberstellung der dramatischen und epischen Form des Theaters enthält der Essay »Vergnügungstheater oder Lehrtheater?« (ebd., S. 78–88).

gen selbst beantworten und aus den aufgedeckten Miss-
ständen bzw. Widersprüchen die Konsequenzen ziehen
kann.

In der dramatischen Praxis machte BRECHT Anleihen
beim Kabarett und Volkstheater; er erneuerte die Tradition der Moritat und arbeitete mit avantgardistischen Kom-
ponisten wie KURT WEILL und HANNS EISLER zusammen.
Besondere Popularität erreichten nicht zuletzt dank der
mitreißenden Musik seine ›epischen Opern‹ (*Die Dreigroschenoper*, 1928; *Aufstieg und Fall der Stadt Mahagonny*,
1928/29). Dagegen blieben seine als Vehikel der marxis-
tisch-leninistischen Weltanschauung benutzten Lehrstü-
cke (z. B. *Die Maßnahme*, 1930) umstritten. Die im Exil
verfassten Dramen (*Mutter Courage und ihre Kinder*,
1939, UA 1941, u. a.) traten in der Nachkriegszeit weltweit einen beispiellosen Siegeszug an.

Während sich Autoren wie MAX FRISCH von BRECHTS
Dramenmodell distanzierten – sein parabolisches Schauspiel *Biedermann und die Brandstifter* (1958) nannte er
»Ein Lehrstück ohne Lehre« –, folgte die DDR-Dramatik
lange Zeit diesem Vorbild. Die Emanzipation vom ›Über-
vater‹ BRECHT, der am (Ost-)Berliner Ensemble einen eigenen Inszenierungsstil kultivierte, gelang neben VOLKER
BRAUN, PETER HACKS u. a. besonders HEINER MÜLLER.[42]
Nach der Absetzung seiner kritischen Zeitstücke *Die Um-
siedlerin* (1956/61) und *Der Bau* (1964) wandte er sich
Klassiker-Bearbeitungen zu (z. B. *Hamletmaschine*, 1977),
in denen er sich subversiv mit dem Stalinismus auseinan-
dersetzte. MÜLLERS späte Stücke, die »kaum mehr mit der
Gattungsbezeichnung Drama«, eher als »fragmentarisierte
Bildfolge[n]« oder polyphone Montagen zu charakterisie-
ren sind,[43] wurden zumeist im Westen uraufgeführt.

---

42 1977 forderte MÜLLER, »daß wir uns vom LEHRSTÜCK bis zum nächs-
   ten Erdbeben verabschieden müssen« (zit. nach: Schalk – s. Anm. 39 –,
   S. 206).
43 Schalk (s. Anm. 39) S. 205.

In der Bundesrepublik gewann seit den 1960er Jahren
das politisch engagierte Theater zunehmend an Boden.
PETER WEISS begründete seinen Ruhm als Bühnenautor
1964 mit dem avantgardistischen Revolutionsdrama *Die
Verfolgung und Ermordung Jean Paul Marats [...]*, das an
die Tradition des epischen Theaters anknüpft, aber in seiner radikalen Körperlichkeit auch dem »Theater der
Grausamkeit« von ANTONIN ARTAUD verpflichtet ist.[44]
Mit dem Drama *Die Ermittlung* (1965), das sich auf den
Frankfurter Auschwitz-Prozess bezieht und größtenteils
aus dokumentarischen Texten besteht, leistete WEISS einen
der bedeutendsten literarischen Beiträge zur Aufarbeitung
des Holocaust. Er montiert in diesem »Oratorium in 11
Gesängen« die in den Prozessakten protokollierten Aussagen der Angeklagten und Überlebenden zu einem stilisier-
ten Wechselgesang von Tätern und Opfern. WEISS beschreibt seine Methode so:

> »Das dokumentarische Theater enthält sich jeder Erfin-
> dung, es übernimmt authentisches Material und gibt
> dies, im Inhalt unverändert, in der Form bearbeitet, von
> der Bühne aus wieder. [...] Diese kritische Auswahl,
> und das Prinzip, nach dem die Ausschnitte der Realität
> montiert werden, ergeben die Qualität der dokumenta-
> rischen Dramatik.«[45]

Dem Dokumentartheater, das in literarischen Prozess-Re-
konstruktionen der Neuen Sachlichkeit Vorläufer hat, ist
auch HEINAR KIPPHARDTS tribunalartiges Stück *In der
Sache J. Robert Oppenheimer* (1964) zuzurechnen. Er
stützt sich darin zwar weitgehend auf authentisches Quel-
lenmaterial, nimmt aber einschneidende Textoperationen

---

44 Vgl. ebd., S. 75 f.
45 Peter Weiss, »Das Material und die Modelle. Notizen zum dokumentarischen Theater« (1968), zit. nach: *Theorie des Dramas* (s. Anm. 22)
  S. 110–120, hier S. 112.

wie das Einfügen fiktionaler Redetexte vor. Eine Mischung aus fiktionalen und faktualen Elementen kennzeichnet ebenfalls ROLF HOCHHUTHS seinerzeit vieldiskutiertes »christliches Trauerspiel« *Der Stellvertreter* (1963) über die Mitschuld von Papst Pius XII. an den Verbrechen des Dritten Reichs.

Eine Renaissance erlebte wenig später das realistisch kritische Volksstück, wie es in der Weimarer Republik u. a. MARIELUISE FLEISSER (*Fegefeuer in Ingolstadt*, 1926; *Pioniere in Ingolstadt*, 1928/68), CARL ZUCKMAYER (z. B. *Der Hauptmann von Köpenick*, 1931) und ÖDÖN VON HORVÁTH (z. B. *Geschichten aus dem Wienerwald*, 1931) entwickelt hatten. Die skandalträchtigen frühen Stücke der FLEISSER wurden (in überarbeiteter Form) auf westdeutschen Bühnen erfolgreich aufgeführt. Ihr dramatischer Stil beeinflusste u. a. MARTIN SPERR (*Jagdszenen aus Niederbayern*, 1966), RAINER WERNER FASSBINDER (z. B. *Katzelmacher*, 1969) und FRANZ XAVER KROETZ (z. B. *Wildwechsel*, 1973), die für ihre aus dem Unterschichten- oder Randgruppenmilieu stammenden Figuren eine aufs Äußerste reduzierte, dialektgefärbte (Kunst-)Sprache erfanden.

Eine andere Richtung des politischen Theaters vertritt FRIEDRICH DÜRRENMATT, dessen satirisch-groteske Dramen die Grenzen zwischen Tragödie und Komödie bewusst verwischen.[46] Das Stück *Der Besuch der alten Dame* (1956) bezeichnete er als »tragische Komödie«, *Die Physiker* (1962) als »Komödie«. Aus seiner Sicht ist nach den Katastrophen des 20. Jahrhunderts zwar »das Tragische immer noch möglich«, nicht aber »die reine Tragödie«:

> »Uns kommt nur noch die Komödie bei. Unsere Welt hat ebenso zur Groteske geführt wie zur Atombombe [...]. Doch das Groteske ist nur ein sinnlicher Aus-

---

46 Schon HAUPTMANN bezeichnete sein Drama *Die Ratten* (1911) im Untertitel als »Berliner Tragikomödie«.

druck, ein sinnliches Paradox, die Gestalt nämlich einer Ungestalt, das Gesicht einer gesichtslosen Welt [...].«[47]

Als Tragikomödien lassen sich auch die handlungsarmen, absurd-nihilistischen Dramen von THOMAS BERNHARD kennzeichnen. Er lässt darin gescheiterte Künstlerexistenzen und neurotische ›Geistesmenschen‹ ihre Obsessionen in schier endlosen, von zwanghaften Wiederholungen geprägten monologischen Tiraden ausleben (z. B. *Der Ignorant und der Wahnsinnige*, 1972). Obwohl der BERNHARD-typische Übertreibungsgestus auch die Art betrifft, wie er die österreichische Verdrängung der NS-Geschichte und die Kontinuität des Austrofaschismus anprangert (*Heldenplatz*, 1988), avanciert er zu einem der meistgespielten Dramatiker der Gegenwart.

Zur Lebendigkeit des zeitgenössischen österreichischen Theaters hat auch PETER HANDKE beigetragen, dessen sprach- und gesellschaftskritische »Sprechstücke« sich explizit gegen das »Volks-, Zeit- und Dokumentarstück« richten.[48] Im provokativen Erstling *Publikumsbeschimpfung* (1966) ist der »einhämmernde Sprachrhythmus dem des Rock 'n' Roll entlehnt«.[49] Das auf Handlung verzichtende Stück stellt die Theater-Konventionen insofern auf den Kopf, als der Zuschauer mit sich selbst konfrontiert und attackiert wird. Die folgenden Dramen HANDKES sind zwar weniger aggressiv im Ton, aber weiterhin erfindungsreich. Krasse Verletzungen von Gattungsnormen beabsichtigen auch ERNST JANDL mit seiner »Sprechoper« *Aus der Fremde* (1979) und ELFRIEDE JELINEK mit ihren aus unterschiedlichstem Sprachmaterial montierten »Textflächen« (z. B. *Wolken. Heim.*, UA 1988), deren ›Übersetzung‹ auf die

47 Friedrich Dürrenmatt, »Theaterprobleme« (1955), zit. nach: *Theorie des Dramas* (s. Anm. 22) S. 102–110, hier S. 108.
48 Ralf Schnell, *Geschichte der deutschsprachigen Literatur seit 1945*, Stuttgart/Weimar 1993, S. 332.
49 Schalk (s. Anm. 39) S. 194.

Bühne der Phantasie des Regisseurs anheimgestellt ist. Im
modernen und postmodernen Experimentaltheater, das sich
gegenwärtig meist als Regietheater (s. S. 149) präsentiert, ist
die traditionsreiche Gattung des Dramas zum Spielball der
Demontagen und zum Laboratorium geworden.

4.2   Strukturelemente des Dramas

4.2.1   Szenisch-dramatische Kommunikationsformen

Szenisch-dramatische Texte bestehen in der Regel überwiegend aus Figurenrede, d. h. aus Dialogen (Wechselre-
den: Zwiegespräche/Duologe oder Mehrgespräche/Poly-
loge) und Monologen (Einzelreden). Die Figurenrede ist
»im Drama der grundlegende Darstellungsmodus«,[50] wobei mit »Figur« auch ein Kollektiv (etwa ein Chor) gemeint sein kann. PETER SZONDI bezeichnet den Dialog als
»Träger des Dramas« und begreift ihn als Ausdruck einer
»zwischenmenschlichen Dialektik, die im Dialog Sprache
wird«. Er folgert daraus: »Von der Möglichkeit des Dialogs hängt die Möglichkeit des Dramas ab.«[51] Die bewusste Verweigerung dialogischer zugunsten monologischer
Formen vor allem in Dramentexten des 20. Jahrhunderts
kann daher als Krisensymptom bzw. Reflex auf Kommu-
nikationsstörungen des modernen Individuums gelesen
werden. Beim Monolog, der sich an keinen Mitspieler
mehr richtet, wird das Publikum zum einzigen Adressaten. Der größte Teil der Dramenliteratur zeigt jedoch bis
heute eine Mischung aus dialogischen und monologischen
Redeformen. Je nach Funktion lassen sich drei Typen des
Monologs unterscheiden:

50   Pfister (s. Anm. 2) S. 24.
51   Peter Szondi, *Theorie des modernen Dramas (1880–1950)*, Frankfurt a. M.
     [12]1977 (edition suhrkamp, 27), S. 19.

– Der dramatische Monolog bietet den Figuren »Gelegen-
  heit, ihr Innenleben zum Ausdruck zu bringen«.
– Der epische Monolog kann »die Abwesenheit eines ›Erzählers‹ aufwiegen«; er teilt dem Zuschauer Vorgänge
  mit, die auf der Bühne nicht darstellbar sind.
– Der Übergangsmonolog dient der Verknüpfung einzelner Szenen bzw. Auftritte.[52]

Monologe können auf der Bühne in An- oder Abwesenheit von Mitspielern vorgetragen werden. Beim Beiseitesprechen (ital. *a parte*) artikulieren sich Figuren – scheinbar unbemerkt von den anderen Akteuren – nur für das
Publikum hörbar. Vielfach richten sie dabei ihre Worte
unmittelbar an die Zuschauer (lat. *ad spectatores*).[53] Dieses
illusionsdurchbrechende Heraustreten aus der Bühnensi-
tuation erzeugt oft eine komische Wirkung und findet
sich daher vorzugsweise in Komödien, in denen Figuren
das Publikum in ihre Pläne einweihen und es gewissermaßen zu ihrem Komplizen machen. Die direkte Ansprache
der Zuschauer begegnet in anderer Funktion bereits in der
attischen Tragödie: In der Parabase (*parábasis* ›Abschwei-
fung‹) tritt der Chor aus seiner Rolle und wendet sich in
eigener Sache bzw. der des Dichters an das Auditorium.
Im epischen Theater (s. S. 167 f.) drängt sich ein Erzähler,
Sänger oder Spielleiter zwischen Bühne und Publikum,
um das Geschehen kritisch zu kommentieren. Im Drama
kommunizieren also nicht nur die Figuren in verschiedenen Konstellationen[54] untereinander, sondern diese können sich darüber hinaus innerhalb oder außerhalb ihrer

52 Asmuth (s. Anm. 9) S. 82.
53 Vgl. Pfisters Differenzierung zwischen dem monologischen und dialogischen Beiseitesprechen sowie dem *ad spectatores* (Pfister – s. Anm. 2 –,
   S. 192–195).
54 Pfister unterscheidet zwischen Figurenkonstellation (= dynamische Inter-
   aktionsstruktur) und Konfiguration (= Teilmenge des Personals), deren
   Wechsel auch den Wechsel von Auftritten und Szenen signalisiert (ebd.,
   S. 232 ff.).

Rolle (fiktionsintern und -extern) dem Publikum mitteilen. Ferner kann der Autor innerhalb eines Dramas mit dem Publikum kommunizieren; BERNHARD ASMUTH zufolge bleibt diese Möglichkeit, »streng genommen, auf die Spruchbänder des epischen Theaters beschränkt«.[55]

Die Unterschiedlichkeit dramatischer Kommunikationsformen betrifft auch die Länge und Dynamik der Redebeiträge. Schon das antike Drama kennt beide Extreme: sowohl ausgedehnte Monologe als auch die Stichomythie (Zeilenrede), bei der sich die Dialogpartner in Rede und Antwort so rasch abwechseln, dass Vers auf Vers bzw. Zeile auf Zeile folgt. Dieses z. B. bei heftigen Streitgesprächen genutzte Stilmittel setzt GOETHE in *Torquato Tasso* effektvoll ein (2. Aufzug, 3. Auftritt):

> TASSO. Bist du ein Edelmann wie ich, so zeig es.
> ANTONIO. Ich bin es wohl, doch weiß ich wo ich bin.
> TASSO. Komm mit herab, wo unsre Waffen gelten.
> ANTONIO. Wie du nicht fordern solltest, folg ich nicht.
> TASSO. Der Feigheit ist solch Hindernis willkommen.
> ANTONIO. Der Feige droht nur, wo er sicher ist.

Wird die Stichomythie auf den Einzelvers angewendet, entsteht die Antilabe. Diese Verteilung eines Sprechverses auf mehrere Personen findet sich etwa in KLEISTs Schauspiel *Prinz Friedrich von Homburg* (3. Akt, 4. Auftritt):

> DIE HOFDAME.
> ·Prinz Homburg, gnädge Frau, ist vor der Türe!
> Kaum weiß ich wahrlich, ob ich recht gesehn?
> KURFÜRSTIN *(betroffen)*.
> O Gott!
> NATALIE. Er selbst?
> KURFÜRSTIN.   Hat er denn nicht Arrest?

---

55 Asmuth (s. Anm. 9) S. 58.

Das typographisch abgehobene, die Gefühlsregung der Kurfürstin beschreibende Adjektiv »betroffen« signalisiert, dass ein Dramentext nicht allein aus der Figurenrede besteht. Auch bei der ›Normalform‹ des Dramas, dem Sprechdrama, ist zwischen Haupttext (Figurentext) und Nebentext (Autortext) zu unterscheiden.[56] Nebentexte sind die beschreibenden Texte, die auf der Bühne nicht gesprochen werden und im Druck z. B. in Kursivschrift erscheinen. Dazu zählen Titel und Untertitel des Stückes, Personenverzeichnis (*dramatis personae*), die Markierung der Akte und Szenen sowie gegebenenfalls noch Vorwort, Widmung, Motto o. Ä., vor allem aber die Bühnen- und Regieanweisungen. Der Nebentext gibt Hinweise darauf, wie sich der Autor des Stückes dessen Realisierung im Theater wünscht bzw. der Leser sich die Szenerie vorstellen soll. Manche Dramatiker schreiben präzise vor, mit welcher Gestik und Mimik die Schauspieler agieren sollen, wie das Bühnenbild auszusehen hat, welche Requisiten, Kostüme, Geräusch- und Lichteffekte eingesetzt werden sollen. Die quantitativen und qualitativen Relationen zwischen Haupt- und Nebentexten sind historisch variabel.[57] Zwar ist bereits bei LESSING die Tendenz zur Ausdehnung der Regieanweisungen zu erkennen, epische Qualität gewinnen diese jedoch erst im späten 19. Jahrhundert, vor allem in Stücken von HAUPTMANN, SCHNITZLER u. a. So stellte WEDEKIND jedem Akt seines Dramas *Der Marquis von Keith* (1900) detaillierte Beschreibungen der Hauptfiguren und ihres Ambientes voran:

ERSTER AUFZUG
Ein Arbeitszimmer, dessen Wände mit Bildern behängt sind. In der Hinterwand befindet sich rechts[1] die Tür

---

56 Diese Unterscheidung stammt von ROMAN INGARDEN (*Das literarische Kunstwerk*, Tübingen [2]1960); siehe *Texte zur Theorie des Theaters*, (s. Anm. 40) S. 380–386.
57 Vgl. Pfister (s. Anm. 2) S. 35–40 und 107–109.

zum Vorplatz und links die Tür zu einem Wartezim-
mer. In der rechten Seitenwand vorn führt eine Tür ins
Wohnzimmer. An der linken Seitenwand vorn steht der
Schreibtisch, auf dem aufgerollte Pläne liegen [...].
Der Marquis von Keith sitzt am Schreibtisch, in einen
der Pläne vertieft. Er ist ein Mann von ca. 27 Jahren:
mittelgroß, schlank und knochig; er hätte eine muster-
hafte Figur, wenn er nicht auf dem linken Beine hinkte.
[...][58]

1 Rechts und links immer vom Schauspieler aus.

Kehrt ein Dramenautor das hierarchische Verhältnis zwischen Haupt- und Nebentext um, entsteht im Extremfall
ein stummes, pantomimisches Stück. HANDKES Schauspiel
Die Stunde da wir nichts voneinander wußten (1992) z. B.
besteht einzig und allein aus choreographischen Anweisungen für anonyme Protagonisten; der Text beginnt so:

>Die Bühne ist ein freier Platz im hellen Licht.
Es beginnt damit, daß einer schnell über ihn wegläuft.
Dann aus der anderen Richtung noch einer, ebenso.
Dann kreuzen zwei einander, ebenso, ein jeder in kur-
zem, gleichbleibendem Abstand gefolgt von einem drit-
ten und vierten, in der Diagonale.<[59]

Episch-narrative Elemente können auch in den Haupttext
integriert werden. Die Statik des antiken und klassizistischen Einort-Dramas machte es erforderlich, den Figuren
Berichte oder Erzählungen über Handlungen an anderen
Orten in den Mund zu legen. Die Exposition (lat. *exposi-
tio* ›Darlegung, Erklärung‹) der Vorgeschichte erfolgte
meist durch Berichte; in Szene gesetzt wurde nur die

58 Frank Wedekind, *Der Marquis von Keith*, Stuttgart 1964 (Reclams Universal-Bibliothek, 8901), S. 5.
59 Peter Handke, *Die Stunde da wir nichts voneinander wußten. Ein Schauspiel*, Frankfurt a. M. 1992, S. 7.

Schlussphase des Geschehens. Man kann demnach mehrere Arten der Darstellung von Handlung im Drama unterscheiden:

– die gezeigte Handlung: Inszenierung auf offener Bühne
– die verdeckte Handlung: hinter der Szene hörbare Realisierung
– die berichtete Handlung:
  a) Teichoskopie (›Mauerschau‹): Augenzeugenbericht über gleichzeitiges Geschehen
  b) Botenbericht über inzwischen Geschehenes.[60]

4.2.2 Aufbau und Gliederung des Dramas

Wie bereits beschrieben, bilden Dramen schon seit der Antike keine monolithischen Blöcke, sondern sie gliedern sich in bestimmte Einheiten. Bauelemente der antiken Tragödie waren neben den lyrischen Chorliedern die gesprochene und gespielte Szene, das Epeisodion – bestehend aus Monologen und Dialogen. Dieser Teil gewann in der attischen Tragödie mit dem Zurückdrängen des Chores zunehmend an Gewicht. Bei AISCHYLOS traten drei, bei SOPHOKLES und EURIPIDES vier bis fünf Epeisodien zwischen die Exposition, die in die Handlung einführte, und die Exodos (den Abgesang) des Chores.[61] So näherte sich das griechische Drama schrittweise einem Strukturmuster an, das sich in der weiteren Entwicklung verfestigte und in Poetiken als Regelwerk formuliert wurde. In der römischen Antike schreibt HORAZ das Fünf-Akt-Schema verbindlich vor: »Ein Stück bleibe nicht unter dem fünften

---

60 Eine Ironisierung des Botenberichts findet sich in BRECHTs *Dreigroschenoper* (»Drittes Dreigroschen-Finale«: »Auftauchen des reitenden Boten«).
61 Eine Einteilung in Akte und Szenen findet sich bei ARISTOTELES nicht; er unterscheidet nur zwischen Prolog, Epeisodion, Exodos und Chorpartien (s. S. 153).

Akt [lat. *actus*] noch gehe darüber«.[62] Dieses Bauprinzip
behauptete über Jahrhunderte seine kanonische Geltung,
vor allem im deutschen und französischen Sprachraum.
Wie die *tragédie classique* der Franzosen besteht auch das
regelkonforme deutsche Barockdrama aus fünf Akten
(bzw. »Abhandlungen«). Diesem Schema entspricht ein
Großteil der klassizistisch orientierten deutschen Dramatik vom 17. bis 19. Jahrhundert.[63]

Im 18. Jahrhundert werden die Begriffe »Akt« (als der
größten, einen Handlungsabschnitt umfassenden Gliederungseinheit) und »Szene« (als untergeordneter Einheit)
zu »Aufzug« und »Auftritt« eingedeutscht. »Szene« und
»Auftritt« werden aber nicht immer synonym verwendet,
denn als Szene wird vielfach auch die mittlere, mehrere
Auftritte verknüpfende Gliederungseinheit bezeichnet, die
durch den Abgang aller Figuren und/oder die Unterbrechung der raumzeitlichen Kontinuität auf der Bühne markiert wird. Bis heute schließt sich bei vielen Inszenierungen am Ende eines Aktes der Vorhang, und es wird eine
Pause eingelegt.

Wie bereits beschrieben, sind seit dem 18. Jahrhundert
poetologische Vorgaben allmählich außer Kraft gesetzt,
Strukturen gelockert und neue Bauformen erprobt worden. Ungeachtet aller Modernisierungstendenzen fixierte
GUSTAV FREYTAG 1863 das klassische Dramenmodell:

> »Durch die beiden Hälften der Handlung, welche in ei-
> nem Punkt zusammenschließen, erhält das Drama –
> wenn man die Anordnung durch Linien verbildlicht –
> einen pyramidalen Bau. Es steigt von der Einleitung mit
> dem Zutritt des erregenden Moments bis zu dem Hö-

---

62 Quintus Horatius Flaccus, *Ars Poetica / Die Dichtkunst*, lat./dt., übers.
   und mit einem Nachw. hrsg. von Eckart Schäfer, bibl. erg. Ausg. Stuttgart
   1997 (Reclams Universal-Bibliothek, 9421), S. 17.
63 Dagegen dominiert in der italienischen, spanischen und portugiesischen
   Dramatik der Dreiakter. Vgl. dazu Asmuth (s. Anm. 9) S. 130.

henpunkt [sic], und fällt von da bis zur Katastrophe. Zwischen diesen drei Teilen liegen die Teile der Steigerung und des Falles. [...]

Diese Teile des Dramas, a) Einleitung, b) Steigerung, c) Höhenpunkt, d) Fall oder Umkehr, e) Katastrophe, haben jeder Besonderes in Zweck und Baurichtung. Zwischen ihnen stehen drei wichtige szenische Wirkungen [...]. Von diesen drei dramatischen Momenten steht eines, welches den Beginn der bewegten Handlung bezeichnet, zwischen Einleitung und Steigerung, das zweite, Beginn der Gegenwirkung, zwischen Höhenpunkt und Umkehr, das dritte, welches vor Eintritt der Katastrophe noch einmal zu steigern hat, zwischen Umkehr und Katastrophe. Sie heißen hier: das erregende Moment, das tragische Moment, das Moment der letzten Spannung.«[64]

Er illustriert die Dramenstruktur bzw. Akt-Einteilung mit einer Skizze in Pyramidenform:

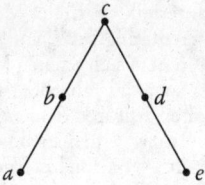

Die formale und inhaltliche Gliederung eines Dramas verknüpfend, unterscheidet FREYTAG zwischen dem

1. Akt: Einleitung – Exposition (bzw. Protasis – griech. *prótasis* ›Einleitung‹), »Beginn der Gegenwirkung« – »das erregende Moment«

64 Freytag (s. Anm. 37) S. 102.

2. Akt: Steigerung – Epitasis (*epítasis* ›Verwicklung‹)
3. Akt: Höhepunkt – »das tragische Moment«; fallende
   Handlung
4. Akt: Umkehr – Peripetie (*peripéteia* ›Umschwung‹) –
   »das Moment der letzten Spannung«[65]
5. Akt: Katastrophe (*katastrophé* ›Ausgang, Ende, Unter-
   gang, Verderben‹) bzw. Lösung (bei Komödien).

Bereits die Naturalisten ignorierten Freytags Vorgaben
und verstießen provokativ gegen dieses Schema: Während
Arno Holz und Johannes Schlaf in *Die Familie Selicke*
(1890) eine statische Milieuschilderung lieferten, verzichtete Hauptmann in seiner »Diebskomödie« *Der Biberpelz*
(1893) auf den fünften Akt und enthielt dem Publikum die
Bestrafung der Protagonistin und damit die ausgleichende
Gerechtigkeit vor. Nachfolgende Autorengenerationen
gingen noch einen Schritt weiter: Sie segmentierten ihre
Stücke statt in Akte und Szenen auch in Stationen (Toller, *Die Wandlung*, 1919) oder Bilder (Frisch, *Andorra.
Stück in zwölf Bildern*, 1961). Vereinzelt verzichteten sie
sogar auf jegliche Unterteilung. In der Moderne haben sich
neue, kürzere Formen durchgesetzt, vor allem der Einakter
(z. B. Schnitzler), in dem sich Szenen locker aneinander-
reihen und mitunter sogar austauschbar sind.
  Gelegentlich schalten Autoren dem expositorischen ersten Akt ein Vorspiel bzw. einen Prolog vor, in dem das
Publikum meist direkt – von spielinternen oder -externen
Figuren[66] – angesprochen wird; seltener lassen sie das Drama mit einem Epilog ausklingen oder fügen noch ein Zwischenspiel (Intermezzo) ein. Eine mehrfache Rahmung

---

65 Die Verzögerung im Entwicklungsgang der Handlung, die sogar die
    Hoffnung auf die Abwendung der Katastrophe wecken kann, wird auch
    als retardierendes Moment bezeichnet.
66 Diese Trennung nimmt Pfister vor, der grundsätzlich zwischen in-
    neren und äußeren Kommunikationssystem bzw. zwischen innerer und
    äußerer Spielebene unterscheidet (s. Anm. 2, S. 109 ff.).

weist GOETHES *Faust* auf: »Der Tragödie erster Teil« beginnt mit einer »Zueignung«, es folgen ein »Vorspiel auf dem Theater« und ein allegorischer »Prolog im Himmel«; erst danach öffnet sich die innere Spielebene, und Faust erscheint auf der Bühne. Im Prolog zu BRECHTs (auf Hitler gemünztes) »Parabelstück« *Der aufhaltsame Aufstieg des Arturo Ui* (1941) tritt »der Ansager« vor den Vorhang:

> »Verehrtes Publikum, wir bringen heute –
> Ruhe dort hinten, Leute!
> Und nehmen Sie den Hut ab, junge Frau! –
> Die große historische Gangsterschau!«[67]

Im Epilog zu *Der gute Mensch von Sezuan* (1940) entschuldigt sich »ein Spieler« für das bittere Ende des Stückes:

> »Wir stehen selbst enttäuscht und sehn betroffen
> Den Vorhang zu und alle Fragen offen. [...]
> Verehrtes Publikum, los, such dir selbst den Schluß!
> Es muß ein guter da sein, muß, muß, muß!«[68]

4.2.3 Dramentypen

4.2.3.1 Genrebezeichnungen

Seit jeher nehmen Dramatiker selbst (in Form von Untertiteln) Gattungsbestimmungen vor und setzen vielfach die Anzahl der Akte hinzu. Sie bezeichnen ihre Werke – aufgrund des Stoffs, Personals und Ausgangs sowie der Stil- und Tonlage – als Tragödie (Trauerspiel), Komödie (Lustspiel, Scherzspiel, Posse, Farce, Tragikomödie usw.) oder

---

67 Bertolt Brecht, *Die Stücke in einem Band*, Frankfurt a. M. 1978, S. 687.
68 Ebd., S. 641.

neutral als Schauspiel[69], Drama oder Stück (BOTHO STRAUSS, *Trilogie des Wiedersehens. Theaterstück*, 1977). Unter den genre- und inhaltsbezogenen Zusätzen findet sich neben dem bürgerlichen Trauerspiel (SCHILLER, *Kabale und Liebe*) auch das »republikanische« (SCHILLER, *Die Verschwörung des Fiesko zu Genua*, 1783) oder »romantische Trauerspiel« (SCHILLER, *Die Jungfrau von Orleans*, 1801), das historische, politische oder soziale Drama (KLEIST, *Das Käthchen von Heilbronn oder Die Feuerprobe. Ein großes historisches Ritterschauspiel*, 1810; TOLLER, *Masse Mensch. Ein Stück aus der sozialen Revolution des 20. Jahrhunderts*, 1921), das Volksstück (FLEISSER, *Der starke Stamm. Volksstück in vier Akten*, 1950/72), das Parabel- oder Lehrstück (BRECHT, *Die Ausnahme und die Regel*, 1930), das geistliche, Passions- oder Mysterienspiel (HOFMANNSTHAL, *Jedermann. Das Spiel vom Sterben des reichen Mannes*, 1911), Märchen- oder Zauberspiel (RAIMUND, *Der Verschwender. Original-Zaubermärchen*; 1834). Seltener tauchen adressaten- oder protagonistenbezogene Untertitel auf wie bei GOETHE (*Stella. Ein Schauspiel für Liebende*, 1776) oder MARTIN WALSER (*Die Zimmerschlacht. Übungsstück für ein Ehepaar*, 1967). Eine eigene Traditionslinie bildet das Künstlerdrama.[70] Bei extrem reduzierter Personenzahl wird diese zum terminologischen Kriterium, so beim Monodrama und Duodrama (Ein- bzw. Zweipersonenstück).[71]

---

69 Vgl. Anm. 25.

70 Diese reicht von CHRISTIAN WEISSE (*Die Poeten nach der Mode*, 1757) über GOETHE (*Torquato Tasso*, 1790) bis BERNHARD (s. S. 171); vgl. Uwe Japp, *Das deutsche Künstlerdrama. Von der Aufklärung bis zur Gegenwart*, Berlin / New York 2004.

71 Das Monodrama begegnet vereinzelt bereits im 18. Jahrhundert (GOETHE, *Proserpina*, 1776/77), in der Moderne auch in Verbindung mit neuen Medien (ARNOLT BRONNEN, *Ostpolzug*, 1926). Ein jüngeres Beispiel ist *Ein Gespräch im Hause Stein über den abwesenden Herrn von Goethe* (1976) von PETER HACKS. HOFMANNSTHALS Stück *Der Tor und der Tod* (1899) ist dagegen ein Duodrama.

Manche Genrebezeichnungen lassen die Überschreitung von Gattungsgrenzen erkennen, z. B. durch Einbeziehung musikalischer Mittel im Singspiel (WIELAND, *Alkeste*, 1773). Durch gleichzeitige oder abwechselnde Verwendung einer Sprechstimme und Musik in einer szenischen Darbietung entsteht das Melodram(a); diese seit der Antike bekannte Form findet sich vor allem im Musiktheater, etwa in LUDWIG VAN BEETHOVENS Oper *Fidelio* (1805). Manche Schriftsteller haben auch Opernlibretti verfasst, so HOFMANNSTHAL, dessen »Komödie für Musik« *Der Rosenkavalier* (1911) von RICHARD STRAUSS vertont wurde, neben anderen Textvorlagen. Weitere Mischformen wie »epische Oper« (BRECHT) und »Oratorium« (WEISS) wurden bereits erwähnt. Der Tendenz zur individuellen Kennzeichnung und ironisch-kritischen Bezugnahme auf Gattungstraditionen in der Moderne ist beispielsweise der Untertitel »Versuch eines Requiems« verpflichtet, den MAX FRISCH seinem Stück *Nun singen sie wieder* (1945) gegeben hat.[72]

4.2.3.2 Vers- und Prosadramen

Das antike und klassizistische Drama war traditionell Versdrama. Altgriechische Tragödien- und Komödiendichter verwendeten durchweg den jambischen Trimeter (sechs Hebungen, die mit je einer einsilbigen Senkung alternieren). Dieses reimlose antike Versmaß griff GOETHE im zweiten Teil des *Faust* auf, und zwar in einem Monolog der Helena (3. Akt; V. 8488 f.):

»Bewundert viel und viel gescholten, Helena,
Vom Strande komm' ich, wo wir erst gelandet sind
[...].«

72 Zur Sonderform des Hörspiels vgl. III.5.

In Frankreich und Deutschland dominiert im Drama des
17. und frühen 18. Jahrhunderts der sechshebige, aus 12
oder 13 Silben bestehende, durch eine Zäsur in der Vers-
mitte gekennzeichnete Alexandriner. In barocken Tragödien findet sich häufig der heroische Alexandriner, bei
dem sich männliche und weibliche Paarreime abwechseln,
so im Trauerspiel *Catharina von Georgien oder Bewehre-*
te Beständigkeit (1651) von ANDREAS GRYPHIUS:

> CHACH. Hir finden wir die Sonn' es mag der Himmel
> prangen
> Mit seiner Flammen Glantz! wie! mit bethränten
> Wangen?
> Welch trüber Nebel deckt diß libliche Gesicht?
> Was dreu't der Seufftzer Wind? es müsse dises Licht
> Princessin jhr vnd vns so angenehm erscheinen /
> […].[73]

LESSING wählte für sein letztes Stück *Nathan der Weise.*
Ein dramatisches Gedicht in fünf Aufzügen (1779) den –
von SHAKESPEARE verwendeten – Blankvers (ungereimter
jambischer Fünftakter). Darin erzählt Nathan seinem Dialogpartner Saladin die »Ringparabel« (3. Aufzug, 7. Auftritt; V. 1911–14):

> »Vor grauen Jahren lebt' ein Mann in Osten,
> Der einen Ring von unschätzbarem Wert
> Aus lieber Hand besaß. Der Stein war ein
> Opal, der hundert schöne Farben spielte, / […].«

Der Blankvers entwickelte sich zum beherrschenden Metrum des deutschen Versdramas bis weit ins 19. Jahrhundert
hinein. Gelegentlich verwendeten Dramatiker des Sturm

73 Andreas Gryphius, *Catharina von Georgien. Trauerspiel*, hrsg. von Alois
M. Haas, Stuttgart 1975 [u. ö.] (Reclams Universal-Bibliothek, 9751),
1. Akt (»Die Erste Abhandelung«), V. 727–731.

und Drang und der Weimarer Klassik auch den vierhebigen
Knittelvers mit freier Senkungsfüllung; dieses Versmaß fin-
det sich in SCHILLERS *Wallenstein* oder GOETHES *Faust*. Der
Anfang von Fausts Eingangsmonolog lautet (V. 354–357):

> »Habe nun, ach! Philosophie,
> Juristerei und Medizin,
> Und leider auch Theologie
> Durchaus studiert, mit heißem Bemühn.«

Seit Ende des 19. Jahrhunderts werden Versdramen immer
seltener. Von den Neoklassikern u. a. abgesehen, gestalten
moderne Dramatiker ihre Stücke allenfalls in freien Rhythmen (z. B. WEISS) oder rhythmisierter Prosa (BERNHARD
u. a.). Daneben finden sich Einblendungen versifizierter Passagen (Chorpartien, Liedeinlagen usw. z. B. bei BRECHT)
oder spezielle Mischformen zwischen Prosa und Vers (z. B.
GÜNTER GRASS, *Die Plebejer proben den Aufstand*, 1966).
   Das Prosadrama hatte sich seit dem 17. Jahrhundert
schrittweise zur Alternative entwickelt, bis es das Versdrama schließlich in den Hintergrund drängte. LESSING konnte, als er seine Lustspiele (u. a. *Minna von Barnhelm*, 1767)
in Prosa verfasste, an spätbarocke Komödien anknüpfen
und sich an französische und englische Vorbilder anlehnen
(MOLIÈRE, *Don Juan*, 1665; GEORGE LILLO, *The London
Merchant*, 1731). Die Figuren seiner bürgerlichen Trauerspiele ließ er Prosa sprechen, um durch eine ›natürliche‹
Ausdrucksweise dem Publikum die Identifikation mit den
dargestellten Konflikten zu erleichtern. Im Sturm und
Drang bevorzugten fast alle Dramatiker (GOETHE, SCHIL-
LER, LENZ, WAGNER u. a.) die Prosaform. Eine neuartige
gestisch-expressive, realitätsnahe Sprache entwickelte im
19. Jahrhundert BÜCHNER, auf den sich die Naturalisten
auch formal berufen konnten. In der *Woyzeck*-Nachfolge
artikulieren sich die Figuren im naturalistischen Milieudrama in kurzen, vielfach sogar abgehackten, brüchigen oder

fehlerhaften Sätzen und benutzen Alltagsvokabular. Gleichzeitig gewinnen körpersprachliche Ausdrucksformen gegenüber der verbalen Kommunikation deutlich an Gewicht. Nach MANFRED PFISTER »dominiert häufig im naturalistischen Drama und im modernen absurden Theater das mimisch-gestische Element, da die Konzeption der dramatischen Figuren als Individuen reduzierten Bewußtseins zu einer Reduktion der sprachlichen Ausdrucksmittel zugunsten stummen Spiels führt.«[74] Der Formen- und Stilpluralismus der modernen Dramatik zeigt beide Extreme: wort- und sprachgewaltige, vereinzelt noch versifizierte Dramen ebenso wie ›spracharme‹ gestisch-pantomimische Stücke.

4.3.2.3   Das geschlossene und offene Drama

VOLKER KLOTZ hat in seinem 1960 erschienenen Buch *Geschlossene und offene Form im Drama* eine bis heute gebräuchliche Typologisierung der Dramenliteratur vorgenommen. Seine Gegenüberstellung beruht auf einer von HEINRICH WÖLFFLIN (*Kunstgeschichtliche Grundbegriffe*, 1915) entwickelten Terminologie, die zwischen dem geschlossenen und offenen Kunstwerk unterscheidet. Diese Begrifflichkeit überträgt KLOTZ auf Bauformen des Dramas.[75] Wenngleich sein bipolares Modell, das er zwar historisch-empirisch entwickelt und begründet, aber letztendlich als ein überhistorisches Nebeneinander zweier Idealtypen bzw. gegenläufiger Stiltendenzen hinstellt, durchaus problematisch ist,[76] schärft es den Blick für grundlegende strukturelle Differenzen. Bei der Anwendung der Terminologie sollte stets bedacht werden, dass es

74 Pfister (s. Anm. 2) S. 40.
75 Volker Klotz, *Geschlossene und offene Form im Drama*, München [7]1975, Vorwort, S. 14.
76 Vgl. die kritischen Einwände von Pfister (s. Anm. 2, S. 319 ff.) und Asmuth (s. Anm. 9, S. 48 f.).

sich um eine Konstruktion von heuristischem Wert handelt und die Dramengeschichte vielerlei Mischtypen zeigt.

Anhand antiker Dramentexte und klassizistischer Werke von RACINE, GOETHE und SCHILLER beschreibt KLOTZ das Strukturschema des geschlossenen (tektonischen) Dramas aristotelischer Prägung. Die wichtigsten Elemente sind die drei Einheiten von Handlung, Zeit und Ort, ferner die Ständeklausel, die Beschränkung auf eine kleine Anzahl von Figuren[77] und die Personenkette (frz. *liaison des scènes*); diese meint die Verknüpfung benachbarter Auftritte durch mindestens eine auf der Bühne verbleibende Figur.

Die Strukturmerkmale des offenen Dramas lassen sich größtenteils ex negativo gewinnen, da sie in scharfem Kontrast zu denen des geschlossenen Dramas stehen. Das atektonische Drama folgt nicht mehr den poetologischen Vorgaben des ARISTOTELES bzw. seiner Deuter, sondern orientiert sich an den Dramen SHAKESPEARES. Als Prototypen des offenen Dramas wählt KLOTZ Stücke von LENZ, GRABBE, BÜCHNER, WEDEKIND und BRECHT.

Die von KLOTZ den beiden Dramentypen zugeordneten Eigenschaften lassen sich tabellarisch so veranschaulichen:

Geschlossenes Drama	Offenes Drama
»Ausschnitt als Ganzes«	»Das Ganze als Ausschnitt«
Handlung	*Handlung*
eindeutige Haupthandlung; hierarchische Ordnung	Vielheit und Dispersion (Streuung) der Handlung
einsträngig	mehrsträngig (Polymythie)
in sich geschlossen	offen bzw. unabgeschlossen
zwingende Abfolge der Szenen, kausale Verknüpfung	lockere oder fehlende Verknüpfung der Szenen

---

77 HORAZ hatte die Dreipersonenregel formuliert, nach der nicht mehr als drei Figuren gleichzeitig auftreten dürfen: »Kein Gott mische sich ein, wenn keine Verwicklung eintrat, die solchen Erretters wert ist, noch versuche die vierte Person, gleichfalls zu sprechen« (s. Anm. 62, S. 17).

| teleologisch (zielgerichtet); gesteuerte Finalität: Spannung dem Ende entgegen | relative Autonomie der Szenen; Einsatz und Ende unvermittelt; afinale Kreisbewegung |

Zeit | *Zeit*

Einheit der Zeit	keine Zeitbegrenzung
keine Zeitsprünge	Zeitsprünge
reine Sukzession, Linearität	Diskontinuität
Zeit als Handlungsrahmen	Zeit als Wirkungsmacht

Raum | *Raum*

Einheit des Ortes, keine Ortswechsel	Vielheit der Orte, keine räumlichen Begrenzungen
verdeckte Handlung durch Botenbericht, Mauerschau u. Ä.	offene Handlung durch Schauplatzwechsel
Ort als unbewegter Rahmen des Geschehens	Ort als handlungsbestimmende, dynamische Größe

Figuren | *Figuren*

geringe Zahl; Vermeidung von Massenszenen	unbegrenzte Zahl; viele Neben- und Randfiguren
Ständeklausel	Standeszugehörigkeit irrelevant
Personenkette	keine Szenenverkettung
antagonistische Figuren-konstellation mit gleich-rangigen Gegenspielern	zentrales Ich ohne gleichrangige Gegenspieler
autonome, intellektgeleitete Charaktere mit hohem Bewusstseinsgrad	durch Herkunft, Milieu usw. determinierte, gefühls- und triebgesteuerte Figuren

Komposition | *Komposition*

Unversetzbarkeit der Teile, hierarchische Ordnung	Verselbständigung der Teile, Addition autonomer Szenen
Einteilung in Akte	szenische Einzelsplitter
strikt funktionale Gliederung; geometrischer Aufbau: bilaterale Symmetrie und ausgewogene Proportionen	disparate Teile ergeben das Ganze; dominante Struktur-prinzipien: Wiederholung, Variation und Kontrastierung

Vorgeschichte in der Exposition (1. Akt)	Verzicht auf Exposition, Einsatz in medias res
Sprache	*Sprache*
einheitlicher Stil	Stilpluralismus; Redevielfalt
Versform	Prosaform
an den Regeln der Rhetorik ausgerichteter Sprachstil	Orientierung an der Umgangssprache
hypotaktischer Satzbau	parataktischer Satzbau
reduzierte Gebärdensprache; extreme Mittelbarkeit als Stilmerkmal	Betonung des Gestisch-Mimischen und Physischen; Direktheit im Ausdruck

4.3.2.4 Das analytische und synthetische Drama

Eine andere Form der Typologisierung von Dramen geht von der Handlungsstruktur aus. Den Kern eines Dramas bildet in der Regel ein Konflikt (lat. *conflictus* ›Zusammenstoß, Kampf‹), der durch gegenläufige Interessen oder Wertvorstellungen entsteht und zu zwischenmenschlichen Auseinandersetzungen führt. Während der Konflikt in der Tragödie unausweichlich auf die Katastrophe zusteuert und für die Hauptfigur oft sogar tödlich endet, wird er in der Komödie nach Überwindung von allerlei Hindernissen (Missverständnissen, Verwechslungen, Intrigen usw.) einer Lösung zugeführt, sodass das zeitweilig gestörte Gleichgewicht wiederhergestellt wird. Wenn dramatische Konflikte aus dem »Zusammenstoß widersprüchlicher gesellschaftlicher Kräfte (so Hof und Bürgertum in Lessings *Emilia Galotti*)« oder »aus dem Kampf zweier Parteien um die politische Macht oder um die Gunst bzw. Liebe einer dritten Person« resultieren, so handelt es sich um einen äußeren Konflikt. Entsteht der Konflikt »durch den Widerstreit entgegengesetzter Forderungen undAnsprü-

che – auch moralischer Natur – in den Figuren selbst«,
lässt sich von einem inneren Konflikt sprechen.[78]

Grundsätzlich kann zwischen dem analytischen und
dem synthetischen Drama unterschieden werden, je nach-
dem, ob der Konflikt bereits vor Beginn der Spielhandlung liegt oder sich erst in deren Verlauf entwickelt. Das
analytische Drama wird auch als Enthüllungsdrama bezeichnet, da sein »Handlungsziel [...] die restlose und sukzessive Aufdeckung der Vergangenheit ist,[79] also die Be-
seitigung von Informationsdefiziten seitens der Figuren
und gleichzeitig des Publikums. Eine solche Enthüllung
der Vorgeschichte vollzieht sich etwa in SOPHOKLES' Tragödie *König Ödipus*: Darin tritt der Umschlag von Unkenntnis in Erkenntnis (Anagnorisis, s. S. 151 f.) und damit vom Glück ins Unglück durch die Enthüllung einer
zeitlich zurückliegenden, unwissentlich begangenen
Schuld (Tötung des Vaters, Heirat der Mutter) ein. Das
analytische Verfahren des ›fortschreitenden Rückschrei-
tens‹ zeigt sich besonders deutlich in Stücken, die ein
Strafdelikt im Rahmen einer Gerichtsverhandlung aufar-
beiten und durch Verhöre über die Täterschaft aufklären.
In KLEISTS Komödie *Der zerbrochne Krug* wird der Dorf-
richter Adam am Ende selbst überführt, während PETER
WEISS in der *Ermittlung* die NS-Verbrechen in Form eines oratorischen Tribunals rekonstruiert.

Synthetische Dramen sind dagegen weit weniger von
der Vorgeschichte bestimmt. Sie beziehen ihre Spannung
aus der Zuspitzung eines Konflikts, in den die Figuren mit
Beginn der Spielhandlung geraten – etwa durch die Konfrontation mit Repräsentanten konkurrierender politischer Mächte oder moralischer Normen. Dieser Typus
wird auch Zieldrama (bzw. Konflikt- oder Entfaltungs-
drama) genannt. In der Tragödie *Antigone* des SOPHOKLES

---

78 Geiger/Haarmann (s. Anm. 12) S. 60 f.
79 Ebd., S. 63.

z. B. gerät die Titelheldin in einen für sie tödlich endenden Konflikt mit der von Kreon verkörperten Staatsmacht, der sie sich nicht beugen kann und will.

Ebenso wie die beiden Typen des offenen und geschlossenen Dramas treten auch analytische und synthetische Dramentechnik nur selten unvermischt auf, und so lassen sich zahlreiche Kombinationen von Enthüllungs- und Zielhandlung finden, z. B. in SCHILLERS *Maria Stuart* (1801) oder ZUCKMAYERS *Des Teufels General* (1946). Hier verbinden sich Konflikte, deren Wurzeln in der Vergangenheit liegen, mit neuen, die sich während der Bühnenhandlung entfalten.

Literaturhinweise

Quellentexte

Aristoteles: Poetik. Griechisch/Deutsch. Übers. und hrsg. von Manfred Fuhrmann. Stuttgart 1994. (Reclams Universal-Bibliothek. 7828.)

Freytag, Gustav: Die Technik des Dramas. Im Anhang: Wilhelm Dilthey: Die Technik des Dramas. Unveränd. reprogr. Nachdr. der 13. Aufl. Leipzig 1922. Darmstadt 1969.

Horaz: Ars Poetica. Die Dichtkunst. Lateinisch/Deutsch. Übers. und mit einem Nachwort hrsg. von Eckart Schäfer. Stuttgart 1997. (Reclams Universal-Bibliothek. 9421.)

Texte zur Theorie des Theaters. Hrsg. und kommentiert von Klaus Lazarowicz und Christopher Balme. Stuttgart 1991. (Reclams Universal-Bibliothek. 8736.)

Theorie des Dramas. Arbeitstexte für den Unterricht. Hrsg. von Ulrich Staehle. Stuttgart 1973. (Reclams Universal-Bibliothek. 9503.)

Sekundärliteratur

Asmuth, Bernhard: Einführung in die Dramenanalyse. 6., aktual. Aufl. Stuttgart/Weimar 2004. (Sammlung Metzler. 188.)

Elm, Theo: Das soziale Drama. Von Lenz bis Kroetz. Stuttgart 2004. (Reclams Universal-Bibliothek. 17645.)

Geiger, Heinz / Haarmann, Harald: Aspekte des Dramas. Opladen 1978 [u. ö.].

Graff, Bernd: Grundlagen szenischer Texte. In: Grundzüge der Literaturwissenschaft. Hrsg. von Heinz Ludwig Arnold und Heinrich Detering. München [5]2002. S. 308–322.

Klotz, Volker: Geschlossene und offene Form im Drama. München [7]1975.

Pfister, Manfred: Das Drama. Theorie und Analyse. München [11]2001. (UTB 580.)

Schalk, Axel: Das moderne Drama. Stuttgart 2004. (Reclams Universal-Bibliothek. 17648.)

Szondi, Peter: Theorie des modernen Dramas (1880–1950). Frankfurt a. M. [12]1977. (edition suhrkamp. 27.)

Rochow, Christian: Das bürgerliche Trauerspiel. Stuttgart 1999. (Reclams Universal-Bibliothek. 17617.)

5 Hörspiel

Von Christine Hummel

5.1 Zur Geschichte des Hörspiels

Das Hörspiel ist an das Medium Rundfunk gebunden und auf das Akustische begrenzt: Alles eigentlich Sichtbare muss beschrieben und dem Zuhörer der Hörspielübertragung vermittelt werden. Dem Hörspielautor stehen dafür Figurendialog oder -monolog, eingeblendeter Erzählertext und Geräusche zur Verfügung. Die Definition von ARMIN PAUL FRANK fasst die wesentlichen Merkmale des Hörspiels zusammen; die Beschränkung auf den Rundfunk ist angesichts der inzwischen erreichten Medienvielfalt auf akustische Medien generell (Kassette, Schallplatte, CD, Downloads aus dem Internet) zu erweitern:

> »Das Produktive an einem Hörspiel liegt in dem Zusammenwirken der geistigen Konzeption des Autors, der darstellerischen Leistung vor den Mikrophonen und der technischen Umwandlung durch den [...] Hörfunk zur Erzeugung dieser akustischen Wirklichkeit als Grundlage für die mitvollziehende Phantasie des Hörers.«[1]

Die Erfindung des Rundfunks wird nahezu unmittelbar gefolgt von der des Hörspiels. Als weltweit erstes Original-Hörspiel gilt das am 15. Januar 1924 gesendete Stück des walisischen Autors RICHARD HUGHES, *A Comedy of Danger* (dt. u. d. T. *Gefahr*, 1925). Das erste deutsche Hörspiel – *Zauberei auf dem Sender* – wurde am 24. Oktober 1924 aufgeführt und live übertragen; Verfasser und Produzent war der künstlerische Leiter des Senders Frankfurt, HANS FLESCH. In der Frühphase des Hörspiels überwiegen Adaptionen von Dramen; typisch für diese Zeit sind aber auch Stü-

---

1 Armin Paul Frank, *Das Hörspiel*, Heidelberg 1963, S. 93.

cke, in denen Katastrophen (z. B. Zugunglücke, Schiffsun-
tergänge, Bergwerkseinstürze) oder Expeditionen akustisch
aufbereitet wurden. In der zweiten Phase (1926–28) werden
die medialen und technischen Möglichkeiten der neuen Gattung erprobt. Die Jahre 1929 bis 1932 bilden einen ersten Höhepunkt der Hörspielgeschichte, mit Werken von Bertolt
Brecht, Johannes R. Becher und Alfred Döblin als
Wegbereitern. Aus dieser Zeit stammen die ersten programmatischen Äußerungen zum Hörspiel, z. B. von Brecht, der
das Hörspiel politisch wirksam machen möchte. In seinen
Erläuterungen zu *Der Ozeanflug. Radiolehrstück für Knaben und Mädchen*[2] betont er die gesellschaftliche und didaktische Funktion des Hörspiels; die Aufführung von *Der
Ozeanflug* mit Musik von Kurt Weill und Paul Hindemith beim Baden-Badener Musikfestival 1929 habe demonstriert, so Brecht, dass das Hörspiel den Rundfunk nicht allein beliefere, sondern ihn durch die Wiedereinsetzung des
aktivierten Zuhörers als Produzent verändern könne.

1931 verfasst Hermann Pongs eine erste umfangreiche,
methodisch fundierte Theorie des Hörspiels. Zur gleichen
Zeit entstehen neben den ambitionierten Hörspielen links-
bürgerlicher oder sozialistischer Autoren Werke mit völ-
kisch-nationaler Tendenz, etwa von Arnolt Bronnen
und Hanns Johst. Nach der Gleichschaltung von Presse
und Rundfunk 1933 werden vorwiegend Hörspiele, die
das »Gemeinschaftserlebnis« stärken sollen, gesendet. Die
Breitenwirkung des Rundfunks bezeugt eindrucksvoll die
Ausstrahlung von Orson Welles' *War of the Worlds*
(1938): Die naturgetreue Darstellung einer Invasion aus
dem Weltall löste unter der amerikanischen Zuhörer-
schaft, die vielfach annahm, es werde ein authentisches
Geschehen live übertragen, eine Massenpanik aus.

---

2 Der ursprüngliche Titel des 1930 in *Versuche* gedruckten Hörspiels lautete
Der Flug der Lindberghs; auf Wunsch Brechts wurde er 1950 geändert.

Wie in der Literatur wurde auch im Hörspiel nach 1945 das Heimkehrerthema variiert, u. a. in WOLFGANG BORCHERTS *Draußen vor der Tür*, das am 13. Februar 1947 vom NWDR und mehrmals von anderen Sendern ausgestrahlt wird. Als Geburtsstunde des ›eigentlichen‹ deutschen Hörspiels wird GÜNTER EICHS *Träume* (1951) nach seiner Uraufführung bezeichnet.[3] EICH erhält dafür den erstmals verliehenen Preis der Kriegsblinden – den renommiertesten Hörspielpreis. Mit seinen Hörspielen, darunter *Tiger Jussuf*, *Blick auf Venedig* und *Die Mädchen aus Viterbo*, gilt EICH als wichtigster Vertreter des Hörspiels der 1950er Jahre. Während EICH mit kompositorischen Mitteln experimentiert, indem er z. B. Gedichte in seine Hörspiele montiert oder Szenen reigenförmig aneinanderfügt, folgt FRED VON HOERSCHELMANNS *Das Schiff Esperanza* (1953), eines der meistgesendeten Hörspiele, den Prinzipien des klassischen geschlossenen Dramas mit fünfgliedrigem Aufbau.

Das Hörspiel hat in der Nachkriegszeit als Arbeitsfeld und Einkommensquelle eine große Bedeutung für die Autoren der jungen Generation, u. a. für ALFRED ANDERSCH, WOLFGANG HILDESHEIMER, ILSE AICHINGER, GÜNTER EICH, MARIE LUISE KASCHNITZ, INGEBORG BACHMANN und HEINRICH BÖLL.[4] In der DDR knüpft das Hörspiel an die Tradition des sozialen Hörspiels der Weimarer Republik an; es ist – wie die Literatur generell – den literaturpolitischen Vorgaben der ersten Bitterfelder Konferenz (1959) verpflichtet und soll den Aufbau des Sozialismus unterstützen.

Seit dem Sendestart am 1. November 1954 entwickelt sich das Fernsehen sukzessive zum Leitmedium. Weitere technische Entwicklungen beeinflussen die Entwicklung des Hörspiels, wie z. B. die Einführung der Stereophonie.

---

3 Vgl. Stefan Bodo Würffel, *Das deutsche Hörspiel*, Stuttgart 1978, S. 81.
4 Einige der wichtigsten Hörspiele sind versammelt im Fischer-Taschenbuch *Hörspiele*, hrsg. von Ernst Schnabel, Frankfurt 1961.

1961 plädiert FRIEDRICH KNILLI für Forminnovationen des Hörspiels und fordert das antiillusionistische, mit konkreten Schallvorgängen spielende »Totalhörspiel«.[5] Die Gegenposition dazu vertritt der einflussreiche NWDR-Hörspiel-Chef HANS SCHWITZKE, der den klassischen Hörspieltyp der 1950er Jahre förderte.[6] Er betont noch 1963 programmatisch den Zusammenhang von technischen Gegebenheiten der Monophonie und der Wesensart des Hörspiels: Das »Hörspiel gibt es vermutlich überhaupt nur durch die Unvollkommenheit und Eindimensionalität seines akustischen Raums«.[7]

Wie schon FRIEDRICH KNILLI 1961 fordert der WDR-Redakteur KLAUS SCHÖNING Ende der 1960er Jahre ein ›Neues Hörspiel‹. Er veröffentlicht einen gleichnamigen Sammelband samt Tondokumenten mit bahnbrechenden Beiträgen, u. a. von ERNST JANDL und FRIEDERIKE MAYRÖCKER (*Fünf Mann Menschen*), FRANZ MON (*das gras wies wächst*), JÜRGEN BECKER (*Häuser* – eine Montage von Geräuschen aus einem Haus), WOLF WONDRATSCHEK (*Paul oder die Zerstörung eines Hörbeispiels*), PETER HANDKE (›*Hörspiel*‹) – die beiden Letzten setzen sich mit den Bedingungen und den Möglichkeiten der Gattung auseinander. Das Neue Hörspiel, so SCHÖNING in seinem programmatischen Vorwort, will den Zuhörer aktivieren, ihn anregen, Mitautor, Mitspieler und Mitsprecher zu sein. Die Stereophonie schaffe Distanz zwischen Hörer und Apparat, »macht ihn zum ›Zuschauer‹, verlegt den Innenraum in den Raum, der zwischen den beiden Schallquellen entsteht und auf dem akustisch aufgezeichnete Informationen wiedergegeben werden«.[8] SCHÖNING untermauert seine Innovati-

---

5 Friedrich Knilli, *Das Hörspiel. Mittel und Möglichkeiten eines totalen Schallspiels*, Stuttgart 1961, S. 8.
6 Heinz Schwitzke ist auch der Herausgeber von *Reclams Hörspielführer*, Stuttgart 1969.
7 Zit. nach: Klaus Schöning, *Neues Hörspiel*, Frankfurt a. M. 1969, S. 9.
8 Schöning (ebd.) S. 9.

onsforderung mit einem Plädoyer gegen Illusionismus bzw. Irrationalismus und für mehr Rationalismus.[9]

Ein weiterer wichtiger Faktor für die Erneuerung des Hörspiels in den 1960er Jahren ist der Einfluss der französischen Hörspiel-Entwicklung, die sich am experimentellen *nouveau roman* orientierte (wichtige Vertreter sind MICHEL BUTOR, CLAUDE SIMON, NATHALIE SARRAUTE und SAMUEL BECKETT). Das Neue Hörspiel gab sich anti-irrationalistisch, sprachkritisch (u. a. durch Verwendung von Werbe-, Comic- oder Alltagssprache) und doch spielerisch.[10] An die Stelle der ›weichen‹ Blende treten nun der harte Schnitt und die Collage, sodass der Werkcharakter des literarischen Produkts sichtbar bleibt – ähnlich wie in der konkreten Poesie (→ II.2). Weitere Vertreter des Neuen Hörspiels sind neben den schon genannten ROLF DIETER BRINKMANN, HELGA M. NOVAK, PAUL PÖRTNER und PETER O. CHOTJEWITZ. Der Germanist JOHANN M. KAMPS fasst die technischen, formalen und inhaltlichen Neuerungen zusammen:

»Das Stereostück, das ausschnitthaft auf den Hörer zukommt, ihn mit akustischen Abläufen konfrontiert, die zugleich räumlich und zeitlich gegliedert sind, galt als distanzierend und bewußtmachend gegenüber dem Monostück, dessen Wirkungsweise als einschmeichelnd und betäubend beschrieben wurde. Der fließende Rhythmus der Blende verlor seinen Zauber, stattdessen arbeitete man jetzt bevorzugt mit dem Schnitt, bei dem verschiedene Schallräume möglichst hart aufeinanderprallen.«[11]

9 Vgl. Schöning (ebd.) S. 13.
10 Schöning (ebd.) S. 15.
11 Johann M. Kamps, »Aspekte des Hörspiels«, in: *Tendenzen der deutschen Gegenwartsliteratur*, hrsg. von Thomas Koebner, 2. neuverf. Aufl. Stuttgart 1984, S. 350–381, hier S. 375 f.

Die Appelle der Intellektuellen im Zuge der 68er-Bewegung, die deutsche Vergangenheit wissenschaftlich und gesellschaftlich aufzuarbeiten bzw. die bundesrepublikanische Gegenwart gesellschaftskritisch zu analysieren, schlägt sich thematisch und inhaltlich im Hörspielschaffen LUDWIG HARIGS nieder: Er kombiniert in *Ein Blumenstück* (1968) autobiographische Notate des KZ-Kommandanten Rudolf Höß mit Texten aus *Des Knaben Wunderhorn* und Märchenfragmenten; in *Staatsbegräbnis* (1969) montiert er auf desavouierende Weise Tondokumente vom Staatsbegräbnis für Konrad Adenauer.

Seit 1977 gibt es – neben dem Hörspielpreis der Kriegsblinden – noch ein weiteres nationales Förderinstrument des Hörspiels: die Auszeichnung des »Hörspiels des Monats«. Erstaunlich populär sind gegenwärtig die sogenannten Hörbücher – von Schauspielern gelesene Texte auf CD, teilweise kombiniert mit Musik –, die aber keinen Status als eigenes Medium beanspruchen können.

5.2   Technische Möglichkeiten des Hörspiels

Mit der technischen Entwicklung der akustischen Medien verändern und erweitern sich folgerichtig auch die Gestaltungsmöglichkeiten des Hörspiels. Zwei Formvarianten sind grundsätzlich zu unterscheiden: auf der einen Seite das erzählende Hörspiel, das versucht, eine Geschichte mit Unterstützung von akustischen Gestaltungsmitteln mitzuteilen, und auf der anderen Seite das experimentelle Hörspiel, das mit den intermedialen Verbindungen von Film, Musik, Sprache und bildender Kunst spielt (z. B. WALTER RUTTMANN, *Weekend*, 1930; FRANZ MON, *das gras wies wächst*, 1969; F. M. EINHEIT, von der Berliner Rockband ›Einstürzende Neubauten‹, und ANDREAS AMMER: *Crashing Aeroplanes*, 2001).

Unterformen des Hörspiels sind das Singspiel (mit flie-
ßender Grenze zum Lied), die lyrisch-musikalische Funkballade, die Funkerzählung und der Hörbericht. Letzterer,
auch Feature genannt, ist nicht fiktionalen, sondern faktualen bzw. dokumentarischen Inhalts und präsentiert –
so wie der Essay (→ II.6.4) im Print-Medium – die subjektive Darstellung objektiver Themen (z. B. die Radio-Es-
says von ARNO SCHMIDT, *Nachrichten von Büchern und
Menschen*, Süddeutscher Rundfunk 1955–57).

Damit der Zuhörer der Handlung folgen kann, hat das
Hörspiel meist kurze Szenen, pointierte Dialoge und eine
anekdotische oder episodische Struktur. Von den Hand-
lungsorten (Innen- und Außenräumen) wie auch von den
Bewegungen im Raum wird beim Zuhörer durch die
akustische Gestaltung eine Imagination erzeugt.
    Die Figurengestaltung ist mehr noch als im Drama
oder im Film von Sprache und Stimme (Modulation und
Intonation) abhängig. Das Hörspiel hat eine von der
Chronologie unabhängige Zeitstruktur: Wie der Film –
und anders als das Drama – kann das Hörspiel beliebig
vor- und rückgreifen oder Simultaneität erzeugen durch
die Kombination mehrerer Tonebenen. Neben Sprache
und Sprachfetzen können Hörspielautor und Dramaturg
mechanisch oder elektronisch generierte Geräusche und
Musik einsetzen und durch Blende, Schnitt oder Montage
zu einer Gesamtkomposition verbinden. Durch akustische Überblendungen lassen sich unterschiedliche Tonse-
quenzen in kaum spürbarem Übergang miteinander verbinden.
    NWDR-Hörspiel-Chef HANS SCHWITZKE unterschei-
det in seiner »Poetik der Blende« vier Varianten: die
Schauplatzblende, den Sprung auf der Zeitachse (z. B. in
Form von Rückblende, Zeitsprung, auch Zeitdehnung
und Raffung), die Realitätsblende (Übergang von einer
Wirklichkeit zur anderen) und die Stilblende (Wechsel

der Stilebenen).[12] Die Stereophonie ermöglicht neue Möglichkeiten, den akustischen Raum zu gestalten wie Montage, Schnitt, Überlappung.

Literaturhinweise

Ladler, Karl: Hörspielforschung. Schnittpunkt zwischen Literatur, Medien und Ästhetik. Wiesbaden 2001.
Schwitzke, Heinz (Hrsg.): Reclams Hörspielführer. Stuttgart 1969.
Würffel, Stefan Bodo: Das deutsche Hörspiel. Stuttgart 1978. (Sammlung Metzler. 172.)

---

12 Zit. nach: *Geschichte der deutschen Literatur von 1945 bis zur Gegenwart*, hrsg. von Wilfried Barner, 2. aktual. und erw. Aufl. München 2006, S. 246. Die Kapitel über das Hörspiel der Nachkriegszeit von Thomas Koebner finden sich auf den Seiten 244–259, 452–462 und 664–670, hier S. 246.

6   Faktuale Literatur

Von Christine Hummel

Fiktionalität und Poetizität sind zwei Kennzeichen von Literatur. Bei der sogenannten faktualen Literatur[1] (von lat. *factum* ›Tatsache‹) ist die Bedingung der Fiktionalität *nicht* erfüllt, denn ihr ist ein nachweisbarer Realitätsbezug inhärent und ihr Verfasser will faktengetreu etwas über diese Realität aussagen. Faktuale Texte referieren nicht auf eine vom Autor erfundene fiktionale Welt, sondern auf die empirische Wirklichkeit. Nun ist in fiktionaler Literatur stets Realität enthalten, z. B. im historischen Roman die geschichtlichen Bezüge, beim Dokumentartheater oder bei der politischen Lyrik gibt es ebenfalls klar identifizierbare historische und gesellschaftliche Hintergründe. Überdies lässt sich (in der Nachfolge PLATONs) mit Recht fragen, ob nicht alles Geschriebene ohnehin ›erlogen‹ sei, da es einerseits lediglich auf ein von Menschen erdachtes Zeichensystem rekurriert und andererseits durch die Subjektivität des Verfassers geprägt ist. Daran lassen sich weitere Zweifel anschließen, was denn genau ›Realität‹ meint oder ist und ob und wie sie ist und für wen –; doch diese Fragen gehören in die Bereiche Phänomenologie und Sprachphilosophie. An dieser Stelle soll ›real‹ genannt werden, was empirisch vorhanden bzw. logisch verifizierbar ist.

MATÍAS MARTÍNEZ und MICHAEL SCHEFFEL definieren – in Anlehnung an die Narratologie des französischen Strukturalisten GÉRARD GENETTE (→ IV.5) – faktuale Literatur in Abgrenzung zur fiktionalen Literatur:

»Faktuale Texte sind Teil einer realen Kommunikation, in der das reale Schreiben eines realen Autors einen

---

1 Nichtfiktionale Kunstprosa und Prosakunst ohne Erzählen, literarische Gebrauchsformen, nichtkunstmäßige Prosa, Nonfiction und Gebrauchsliteratur sind einige weitere gebräuchliche Bezeichnungen.

Text produziert, der aus Sätzen besteht, die von einem
realen Leser gelesen und als tatsächliche Behauptungen
des Autors verstanden werden. Fiktionale Texte sind
ebenfalls Teil einer realen Kommunikationssituation, in
der ein realer Autor Sätze produziert, die von einem
realen Leser gelesen werden. Fiktionale Texte sind jedoch komplexer als faktuale, weil sie außer der realen
noch einer zweiten, imaginären Kommunikationssituation angehören. Die fiktionale Erzählung richtet sich
sowohl im imaginären als auch im realen Kontext an einen Leser und stellt daher eine ›kommunizierte Kommunikation‹ dar [...].«[2]

Zur faktualen Literatur zählen Aphorismus, Autobiographie, Biographie, Brief, Essay, Reiseliteratur und Tagebuch. Allen diesen Formen ist Poetizität, das heißt
ästhetische Kodierung und bewusste sprachliche Strukturierung eigen. Ausgeschlossen werden in den folgenden
Erläuterungen per definitionem diejenigen Texte, die intentional bestimmten wissenschaftlichen, informativen
oder weltanschaulichen Zwecken dienen, wie z. B. die
Predigt dem religiösen, Bericht und Reportage dem jour-
nalistischen und die Gebrauchsanweisung einem technischen Zweck.

6.1 Aphorismus

Ein Aphorismus (von griech. *aphorízein* ›abgrenzen‹) ist
ein (isolierbarer) einzelner (möglicherweise elliptischer)
Prosasatz, der einen einzelnen bestimmten Gedanken
prägnant formuliert.[3] Vom mündlich tradierten Sprich-

---

2 Matías Martínez / Michael Scheffel, *Einführung in die Erzähltheorie*, München 1999, S. 17.
3 Harald Fricke definiert: »Ein Aphorismus ist ein kotextuell [»Kotext«
  meint hier: Textumgebung, C. H.] isoliertes Element in einer Kette von

wort unterscheidet sich der Aphorismus durch individuelle Autorschaft und intellektuellen Witz bzw. Originalität, wie die folgenden Beispiele zeigen:

»Damals als die Seele noch unsterblich war.« (GEORG CHRISTOPH LICHTENBERG)[4]
»Warum sind nicht mehr Leute aus Trotz gut?« (ELIAS CANETTI)
»Das Ganze ist das Unwahre.« (THEODOR W. ADORNO, mit Bezug auf Hegels Satz »Das Wahre ist das Ganze«)
»Verslust, das treueste Echo aller Verluste ...« (DURS GRÜNBEIN)[5]

Der Aphorismus bedient sich rhetorischer Stilmittel wie Antithese, Paradox, Emphase oder Hyperbel (→ II.3) und zielt auf die überraschende Einsicht bzw. Erkenntnis des Rezipienten. Seine Wurzeln liegen in der Antike (HIPPOKRATES, MARC AUREL). Die französischen Autoren des 17. und 18. Jahrhunderts, wie beispielsweise BLAISE PASCAL (*Pensées*) und MICHEL DE MONTAIGNE, experimentierten mit der aphoristischen Form. Erster deutschsprachiger Vertreter ist GEORG CHRISTOPH LICHTENBERG, der zahlreiche Aphorismen in seinen seit 1764 geführten *Sudelbüchern* niederschrieb; weitere prominente Vertreter sind u. a. GOETHE (*Maximen und Reflexionen*), JEAN PAUL, FRIEDRICH SCHLEGEL, HEINRICH HEINE und LUDWIG BÖRNE, MARIE VON EBNER-ESCHENBACH, die Philosophen FRIEDRICH NIETZSCHE und ARTHUR SCHOPENHAUER, ferner KARL KRAUS, ALFRED KERR und ELIAS CA-

schriftlichen Sachprosatexten, das in einem verweisungsfähigen Einzelsatz bzw. in konziser Weise formuliert oder auch sprachlich bzw. sachlich pointiert ist« (H. Fricke, *Aphorismus*, Stuttgart 1984, S. 17 f.).

4 Die ersten drei Beispiele sind entnommen aus: Stephan Fedler, *Der Aphorismus. Begriffsspiel zwischen Philosophie und Poesie*, Stuttgart 1992, S. 54 f., 111 und 59.

5 Durs Grünbein, *Das erste Jahr. Berliner Aufzeichnungen*, Frankfurt a. M. 2001, S. 72.

NETTI. Die Tradition des Aphorismus wurde in der Nachkriegszeit fortgeführt unter anderem von BOTHO STRAUSS, PETER HANDKE und PETER RÜHMKORF.

Literaturhinweise

Fedler, Stephan: Der Aphorismus. Begriffsspiel zwischen Philosophie und Poesie. Stuttgart 1992.
Fricke, Harald: Aphorismus. Stuttgart 1984. (Sammlung Metzler. 208.)

6.2 Autobiographie / Biographie

In seiner umfangreichen Dokumentation der Frühzeit der Autobiographik definiert GEORG MISCH (1907) die Autobiographie als lediglich bestimmbar »durch die Erläuterung dessen, was der Ausdruck besagt: die Beschreibung (›graphia‹) des Lebens (›bios‹) eines Einzelnen durch diesen selbst (›auto‹)«.[6] In der Autobiographie (auch: Selbstbiographie) schreibt ein authentisches Ich über sich selbst und sein Leben. Erzähltes und erzählendes Ich, erinnerndes und erinnertes Ich sind identisch. In der Biographie hingegen schildert ein außenstehender Autor ein authentisches Leben. Im Unterschied zur Biographie erfasst die Autobiographie unmittelbar die innere Entwicklung des Verfassers, wobei der Schreibprozess sowohl von Selbstzensur als auch von Selbststilisierung beeinflusst sein kann. Die Frage nach der Faktentreue stellt sich deshalb bei der Autobiographie noch mehr als bei der Biographie.[7]

---

6 Michaela Holdenried, *Autobiographie*, Stuttgart 2000 (Reclams Universal-Bibliothek, 17624), S. 21.
7 Zur Biographie vgl. *Grundlagen der Biographik. Theorie und Praxis biographischen Schreibens*, hrsg. von Christian Klein, Stuttgart/Weimar 2002

PHILIPPE LEJEUNE leitet in seiner 1975 erschienenen
Studie *Der autobiographische Pakt* die notwendige Voraussetzung dafür her, dass der Leser eine Autobiographie
als solche identifiziert: Das ›Ich‹ in mündlicher Rede refe-
riere stets auf den Sprecher, das ›Ich‹ im geschriebenen
Text jedoch nicht unbedingt auf den Autor, z. B. im Ich-
Roman (→ III.3.3).[8] Eine eindeutige Markierung sei nur
über den Eigennamen möglich – durch diesen werden
Person und Rede verknüpft. In einem weiteren Argumen-
tationsschritt erfasst LEJEUNE die Autobiographie durch
das Kriterium des Eigennamens: »Der autobiographische
Pakt ist die Behauptung dieser Identität im Text, die letztlich auf den Namen des Autors auf dem Umschlag verweist.«[9] Daraus ergeben sich zwei Möglichkeiten, den autobiographischen Pakt zu schließen: implizit durch den
Titel oder explizit, indem der Ich-Erzähler den Namen
annimmt, der auf dem Umschlag steht (z. B. GOETHE in
Dichtung und Wahrheit).[10]

Als Wurzel autobiographischen Schreibens gelten die
frühmittelalterlichen *Confessiones* des AUGUSTINUS (um
400). Die Aufzeichnungen von Mystikerinnen zählen in
gewisser Hinsicht zu Teilen zur frühen autobiographischen Literatur im deutschsprachigen Raum, so wie die
Heiligenviten und -legenden des Mittelalters Vorläufer der
Biographie sind. Weitere Vorformen sind Chroniken, Reiseberichte von Forschern, Pilgern und Künstlern und
nicht zuletzt die pietistischen Tagebücher (→ III.6.6). Einen ersten Höhepunkt erreicht die Gattung Autobiogra-

(mit umfangreicher Bibliographie zum Thema). Eine Hybridform zwischen Biographie und Roman ist die Romanbiographie, wie zum Beispiel
Peter Härtlings *Hölderlin* (1976), *Schubert. Zwölf Moments musicaux und
ein Roman* (1992) oder *Schumanns Schatten* (1996).

8 Philippe Lejeune, *Der autobiographische Pakt*, Frankfurt a. M. 1994, S. 16–19.
9 Ebd., S. 27.
10 Der Romanpakt liegt in der Namensverschiedenheit von Autor und/oder
   Figur und/oder der expliziten Untertitelung ›Roman‹.

phie in GOETHES *Aus meinem Leben. Dichtung und
Wahrheit* (1811–14, 1833), in denen Schreibprozess und
Möglichkeiten biographischen und selbstbiographischen
Schreibens reflektiert werden. Für Autoren des 19. und
20. Jahrhunderts hatte dieser aufgrund seiner selbstrefe-
rentiellen Einschübe aus heutiger Perspektive ›moderne‹
Text normativen Charakter (HEBBEL, GRILLPARZER, CA-
ROSSA). JEAN PAUL wird hingegen durch GOETHES Selbst-
biographie zu seiner selbstironisch-parodistischen *Selbst-
erlebensbeschreibung* (1826) provoziert.

Viele Autobiographien schildern einen Lebensabschnitt,
wie JUSTINUS KERNER, *Das Bilderbuch aus meiner Kna-
benzeit* (1849), THEODOR FONTANE, *Meine Kinderjahre*
(1894), MARIE VON EBNER-ESCHENBACH, *Meine Kinderjahre* (1906) oder GERHART HAUPTMANN, *Das Abenteuer
meiner Jugend* (1937). ELIAS CANETTIS *Die gerettete Zunge. Geschichte einer Jugend* (1977), der erste Band seiner
dreibändigen Autobiographie, wurde als Sensation ge-
feiert. Es folgten *Die Fackel im Ohr. Lebensgeschichte 1921–1931* und *Das Augenspiel. Lebensgeschichte
1931–1937*. Seine Jugenderinnerungen verarbeitet autobio-
graphisch THOMAS BERNHARD in den fünf Bänden *Die
Ursache. Eine Andeutung* (1975), *Der Keller. Eine Entzie-
hung* (1976), *Der Atem. Eine Entscheidung* (1978), *Die
Kälte. Eine Isolation* (1981) und *Ein Kind* (1982).

In den Autobiographien seit Beginn des 20. Jahrhunderts ist eine wachsende Tendenz zur Problematisierung
der Gattung (etwa durch die Verschleierung der Grenzen
von Fiktivem und Faktischem) und eine Neigung zur Autoreflexivität, d. h. zur Thematisierung des Erinnerungs-
und des Schreibprozesses erkennbar, wie in CHRISTA
WOLFS *Kindheitsmuster* (1976). Außerdem fließt zunehmend Epochengeschichte in die Autobiographien mit ein,
wie in HEINRICH MANNS *Ein Zeitalter wird besichtigt*
(1945); das Thema Exil steht im Mittelpunkt von KLAUS
MANNS *Wendepunkt* (1952) wie auch in ALFRED Döblins

Schicksalsreise. Bericht und Bekenntnis (1949); ihr Überleben im Dritten Reich schildert RUTH KLÜGERS 1992 erschienener Band *Weiter leben. Eine Jugend.* In den 1960er Jahren greift die autobiographische Prosa den Diskurs über den Generationenkonflikt auf, wie die im Untertitel gattungspoetisch fiktionalen Textsorten zugeordneten Werke von PETER WEISS, *Abschied von den Eltern. Erzählung* (1961) und *Fluchtpunkt. Roman* (1962) und PETER HANDKE, *Wunschloses Unglück* (1972), das er nach dem Freitod der Mutter veröffentlichte. Die Umbrüche der 68er Bewegung und der 1970er Jahre spiegeln sich in KARIN STRUCKS Emanzipationsgeschichte *Klassenliebe* (1973) und BERNWARD VESPERS postum publiziertem Buch *Die Reise. Romanessay* (1977), in dem er seine Kindheit als Sohn des Nazidichters Will Vesper, seine Beziehung zu der späteren Terroristin Gudrun Ensslin und seine Drogenabhängigkeit auf drastische Weise schildert.

Mitbedingt durch die fortschreitende Medialisierung des Alltags und das damit einhergehende Interesse am Leben prominenter Zeitgenossen, ist eine deutliche Zunahme von biographischer und autobiographischer Literatur zu verzeichnen, zum einen von Prominenten aus Film, Fernsehen und Sport, aber auch von Politikern, Wissenschaftlern und Künstlern und somit auch – was an dieser Stelle interessiert – von Autoren.

Literaturhinweise

Lejeune, Philippe: Der autobiographische Pakt. Übers. von Wolfram Bayer und Dieter Hornig. (Frz. Orig.-Ausg. 1975.) Frankfurt a. M. 1994. (edition suhrkamp. 1896.)

Holdenried, Michaela: Autobiographie. Stuttgart: 2000. (Reclams Universal-Bibliothek. 17624.)

Wagner-Egelhaaf, Martina: Autobiographie. Stuttgart/Weimar 2000. (Sammlung Metzler. 323.)

6.3 Brief

Ein Brief ist eine authentische schriftliche Mitteilung über
bestimmte Sachverhalte eines Absenders an einen (oder
mehrere) Adressaten. Das Abfassen von Briefen wurde bis
ins Mittelalter nach rhetorischen Regeln (→ II.3) gelehrt;
dabei galt folgendes Dispositionsschema: Anrede (*saluta-
tio*), Einleitung (*exordium* bzw. *captatio benevolentiae*),
Darlegung des Sachverhalts (*narratio*), Begründung des
Anliegens (*petitio*), Schluss (*conclusio*). Dieses Muster
liegt bis heute zugrunde; überdies sind Briefe in der Regel
datiert und haben tendenziell dialogischen Charakter: Sie
wenden sich an ein Gegenüber mit der Absicht zu informieren bzw. etwas darzustellen, mit einem Appell oder einer Bitte. Briefe können privat sein und sich vertraulich an
den Adressaten wenden, oder aber sie sind öffentlich, z. B.
der Offene Brief, der in einem Massenmedium publiziert
wird. Überliefert und gedruckt werden und wurden priva-
te Briefe (die es im deutschsprachigen Raum erst seit dem
Spätmittelalter gibt) von bedeutenden historischen Personen. Diese authentischen Dokumente haben einen hohen
informativen Wert als historische und autobiographische
Quellen.

Eine Sonderform ist die Epistel (lat. *epistula* ›Brief‹,
griech. *epistolé* ›Sendung‹); es handelt sich dabei um einen
längeren kunstvollen Brief, der sich an mehrere Adressaten richtet bzw. öffentlich ist, wie etwa die Apostelbriefe
des Neuen Testaments. In der Antike unterschied sich die
Epistel vom Brief durch die Versform. Sie behandelte
Themen von allgemeinem Interesse, z. B. Horaz' *Epistola
ad Pisones* (*Brief an die Pisonen*, auch *Ars poetica* → II.2).
Luthers Sendschreiben stehen in der Tradition der Epistel. In Humanismus und Aufklärung gewannen gelehrte
Briefwechsel an Bedeutung; sie wurden meist in lateini-
scher Sprache geführt (Erasmus von Rotterdam, Leibniz).
In der antiken Tradition der Epistel steht auch Friedrich

SCHILLERS Schrift *Über die ästhetische Erziehung des Menschen in einer Reihe von Briefen*, die er in den Jahren 1793 und 1795 an seinen Gönner, den Prinzen von Augustenburg, adressierte und in der von ihm herausgegebenen Zeitschrift *Die Horen* veröffentlichte.

Eine der ersten Briefschreiberinnen in deutscher Sprache, deren Briefe veröffentlicht wurden, ist Ende des 17. Jahrhunderts Elisabeth Charlotte Herzogin von Orléans (LIESELOTTE VON DER PFALZ), von der rund 4000 Briefe in deutscher und französischer Sprache erhalten sind, in denen sie den Alltag am französischen Hof in teilweise drastischer Sprache schildert. Zur Zeit der Empfindsamkeit dient der Brief zusehends dem Austausch gleich fühlender Seelen (KLOPSTOCK) und religiöser Inhalte (Pietismus: LAVATER, JUNG-STILLING). Die Briefe der LUISE ADELGUNDE GOTTSCHED wirken durch ihre Klarheit und Deutlichkeit stilbildend für weibliche Korrespondenz.

Im Zeitalter der Aufklärung suchen die Schreibenden in Briefwechseln ihrer Originalität Ausdruck zu geben und erörtern ausführlich die politischen, gesellschaftlichen und ästhetischen Umwälzungen ihrer Zeit (WINCKELMANN, LICHTENBERG, LESSING). Etwa gleichzeitig etabliert sich im deutschsprachigen Raum der von englischen Vorbildern (RICHARDSON: *Pamela*, 1740, und *Clarissa*, 1747/48) inspirierte Briefroman. Erste Vertreterin ist SOPHIE VON LA ROCHE mit der *Geschichte des Fräuleins von Sternheim* (1771), ihr folgt ein begeisterter GOETHE mit seinem *Werther* (1774). Die formale Struktur des Briefwechsels wird in dieser Untergattung des Romans übernommen (→ III.3.2). Einen besonderen Stellenwert hat die Briefliteratur in der Romantik für Autoren wie die Brüder SCHLEGEL, CLEMENS BRENTANO und – als Erprobungs- und Entfaltungsraum in besonderem Maße – für schreibende Frauen:

»War der Brief seit altersher ein Mittel der Kommunikation und der Selbstdarstellung, der Mitteilung von

Fakten, des Dialogs mit anderen Menschen und ein Bild
der eigenen Seele (*epistola imago animi*), so wurde er
im 18. Jahrhundert zunehmend wichtig als Ausdruck
weiblichen Lebens und Erlebens.«[11]

Wie Barbara Becker-Cantarino ausführt, wurden im
romantischen Salon Briefpassagen vorgelesen und derart
einem größeren Adressatenkreis zugänglich gemacht.
Schreibenden Frauen im deutschsprachigen Raum ermöglicht der Brief einen weiteren Zugang in den männlich
dominierten Literaturbetrieb, wie das Beispiel Bettine
von Arnim zeigt, die ihre Korrespondenzen mit Goethe (*Goethes Briefwechsel mit einem Kinde*, 1835), mit
Karoline von Günderrode (1840) und weitere veröffentlichte.

Die meisten Schriftstellerinnen und Schriftsteller sind
passionierte Briefschreiber. Seit dem 18. Jahrhundert werden Korrespondenzen von kanonisierten Autoren und
Autorinnen überliefert und archiviert; Briefwechsel aus
dem 20. Jahrhundert sind bislang nur teilweise zugänglich,
da aus Gründen des Personenschutzes oftmals erst Jahrzehnte später mit ihrer wissenschaftlichen Aufarbeitung
begonnen werden kann.

Briefwechsel von Autoren geben unmittelbar Einblick
in Leben und Schaffen und sind für die literaturwissenschaftliche Arbeit von unschätzbarem Wert. Bei Briefeditionen ist allerdings der »Puls des Briefes im Rhythmus
eines Lebens« durch die »Interpretation überlagert«.[12] Außerdem werden »weitere Intervalle [...] nur noch abstrakt

---

11 Barbara Becker-Cantarino, »Leben als Text – Briefe als Ausdrucks- und
Verständigungsmittel in der Briefkultur und Literatur des 18. Jahrhunderts«, in: *Frauen Literatur Geschichte. Schreibende Frauen vom Mittelalter bis zur Gegenwart*, hrsg. von Hiltrud Gnüg und Renate Möhrmann,
Frankfurt a. M. 2003, S. 129–146, hier S. 129.

12 *Deutsche Briefe 1750–1950*, hrsg. von Gert Mattenklott, Hannelore
Schlaffer und Heinz Schlaffer, Frankfurt a. M. 1988, S. 8.

am Datum gemessen, nicht aber als inzwischen erfahrene Lebenszeit«. Das »offene Gespräch« zweier Briefpartner ist – wenn nur eine Seite der Korrespondenz veröffentlicht wird – durch einen »kontinuierlichen Monolog ersetzt«.[13] Bei der Lektüre von Korrespondenzen ist deshalb zu beachten, dass Briefeditionen durch ihre Bearbeitung ein sinnhaft-teleologischer Charakter zukommt, der den Briefen bei ihrer Entstehung nicht gegeben war.

Literaturhinweise

Deutsche Briefe 1750–1950. Hrsg. von Gert Mattenklott, Hannelore Schlaffer und Heinz Schlaffer. Frankfurt a. M. 1988.
Nickisch, Reinhard M. G.: Der Brief. Stuttgart 1991. (Sammlung Metzler. 260.)

6.4 Essay

Aus erkennbar subjektiver Perspektive behandelt der Essay (frz. *essai* ›Versuch‹; engl. *essay*) geistreich und pointiert ein Thema meist mit aktuellem Zeitbezug. Begründer und Namengeber ist MICHEL DE MONTAIGNE mit seinen *Essais* (1580), Vorformen finden sich in der Antike, u. a. bei PLATON, PLUTARCH, SENECA und MARC AUREL. Die deutsche Entwicklung seit dem 18. Jahrhundert ist eher an der englischen Richtung (Beiträge für moralische Wochenschriften) orientiert: LICHTENBERG, GEORG FORSTER und KARL PHILLIP MORITZ sind wichtige Vertreter; in der Romantik tragen u. a. FRIEDRICH SCHLEGEL und ALEXANDER VON HUMBOLDT zur Etablierung des Essays bei, doch erst 1859 wird der Begriff im deutschsprachigen Raum

13 Ebd.

durch Hermann Grimm in Umlauf gebracht.[14] Der Essay
ist hier weit weniger populär als in angelsächsischen oder
französischsprachigen Kulturen und stand oft »im Ver-
dacht, oberflächlich, leichtfertig, nicht tiefschürfend zu
sein, kurzum eine ›Frivolität‹, die deutschem Geist nicht
ansteht, sondern eben nur den ohnehin laxen Franzosen
bzw. den Engländern«.[15] Von literaturwissenschaftlichem
Interesse sind Essays von Schriftstellern, die Themen aus
den Bereichen Literatur und Poetik oder gesellschaftliche
bzw. politische Zeitfragen behandeln.

An der Grenze zum Essay bewegen sich z. B. Schil-
lers *Briefe über die ästhetische Erziehung des Menschen*
(→ II.2 und III.6.3) oder Lessings *Literaturbriefe* und sein
Laokoon-Aufsatz (→ II.2). Viele theoretische ästhetische
Schriften sind in essayistischer Form abgefasst, z. B. von
Friedrich Nietzsche, der zugleich ein großer Kritiker
des Essays als Instrument zur Verbreitung bürgerlichen
Behagens war, außerdem von Theodor W. Adorno
(u. a. in *Noten zur Literatur* 1958 und 1965) und Max
Bense (vier Essays in *Plakatwelt*, 1952).

Um die Jahrhundertwende und bis weit in die Zeit der
Weimarer Republik avanciert der Essay durch die hoch
entwickelte Zeitschriftenkultur zu einer Modegattung; er
bietet den Autoren Möglichkeiten zur Literaturkritik
(Bertolt Brecht, Alfred Döblin, Thomas Mann) und
zu politischer Parteinahme (Karl Kraus, Kurt Tuchol-
sky). In den Romanen Hermann Brochs (im dritten Teil
der *Schlafwandler*-Trilogie, 1931–32), Robert Musils
(*Der Mann ohne Eigenschaften*, 1930/32, unvollendet)
und Thomas Manns (*Der Zauberberg*, 1925, und *Doktor
Faustus*, 1947) finden sich essayistische Exkurse über zeitgenössische Themen der Philosophie, der Physik, der Mu-

---

14 Heinz Schlaffer, »Essay«, in: *Reallexikon der deutschen Literaturwissenschaft*, hrsg. von Klaus Weimar, Bd. 1, Berlin 1997, S. 522–525, hier S. 523.
15 Wolfgang Müller-Funk, *Erfahrung und Experiment. Studien zur Theorie
   und Geschichte des Essayismus*, Berlin 1995, S. 10.

sik und Musikwissenschaft, die die Fiktionalität der Texte
aufbrechen.

Wichtige Schriftsteller-Essayisten der Nachkriegszeit
sind HANS MAGNUS ENZENSBERGER (u. a. gesammelt in
Mittelmaß und Wahn, 1988) und PETER RÜHMKORF
(→ III.2.1). Die Essays von GÜNTER GRASS, CHRISTA
WOLF, HEINRICH BÖLL, PETER HANDKE und BOTHO
STRAUSS sind – oft unter ›Schriften‹ oder einem ähnlichen
Titel – in Einzel- oder Werkausgaben gut zugänglich.

Literaturhinweise

Haas, Gerhard: Essay. Stuttgart 1969.
Müller-Funk, Wolfgang: Erfahrung und Experiment. Studien zur
    Theorie und Geschichte des Essayismus. Berlin 1995.

6.5 Reiseliteratur

Die Gattungsbezeichnung ›Reiseliteratur‹ umfasst ein
höchst heterogenes Textkorpus und bezieht sich auf den
Stoff; sie stellt also keinen formalen, sondern einen inhaltlichen Aspekt in den Vordergrund. Intentional nichtpoeti-
sche Formen sind Reiseführer, Chronik, Logbuch, Reisebericht. Reiseberichte sind von realen Personen verfasst
und beruhen auf authentischen Ereignissen; sie beschreiben einen Teil des Lebens und gehören somit zur autobiographischen Prosa. Der Reisebericht gibt einerseits Aufschluss über die Erlebnisse eines authentischen Ich in der
Fremde, und fungiert andererseits für den Leser als Mitt-
ler zwischen fremder und vertrauter Welt.

Am Anfang des Erzählens steht ein Epos über eine Reise, HOMERS *Odyssee* (um 700 v. Chr.), gefolgt von zahlreichen Reise- und Erlebnisberichten und -geschichten der

griechischen und römischen Antike. Eine deutschsprachige Tradition lässt sich zurückverfolgen bis in die mittelalterlichen Spielmannsdichtungen.

Mit Blick auf die Sujets lassen sich folgende Genres von Reiseliteratur differenzieren: Pilgerberichte (im 15. Jh.), Kolonial- und Aussiedlergeschichten, Schilderungen von Entdeckungs- und Forschungsreisen, Kriegserinnerungen, Weltumseglungen, Reisen durch fremde Länder oder Landschaften und Berichte über Bildungs- und Kunstreisen (allein zur Stadt Rom von GOETHE, MARIE LUISE KASCHNITZ, INGEBORG BACHMANN und ROLF DIETER BRINKMANN). Reiseliteratur kann in unterschiedlichen Formen verfasst sein: als Bericht, wie FONTANES *Wanderungen durch die Mark Brandenburg* (1861), oder Erzählung (HEINRICH BÖLL, *Irisches Tagebuch*, 1957), in essayistischer Schreibweise (ALFRED ANDERSCH, *Hohe Breitengrade*, 1969) oder als Tagebuch wie die diversen Reisetagebücher der SOPHIE VON LA ROCHE oder GOETHES *Italienische Reise* (1816/17). Ferner kann Reiseliteratur die Form einer Briefsammlung (z. B. IDA GRÄFIN HAHN-HAHN, *Orientalische Briefe*, 1844) oder eines Gedichtzyklus haben (z. B. HEINRICH HEINE, *Reisebilder*, 1826–31; FRANZ FÜHMANN, *Die Fahrt nach Stalingrad. Poem*, 1953).

Dem Fiktionalitätsgrad entsprechend lassen sich von diesen vorwiegend authentischen, faktualen Texten die mehr fiktionalen Genres unterscheiden: dies sind Utopien (THOMAS MORUS) und imaginäre Reisen und Robinsonaden (GRIMMELSHAUSEN, JOHANN GOTTFRIED SCHNABEL, *Insel Felsenburg*, 1731–43), aber auch Reiseromane, die historisch verbriefte Ereignisse ins Zentrum stellen. Zu ihnen zählt CHRISTOPH RANSMAYRS Roman *Die Schrecken des Eises und der Finsternis* (1984), der den authentischen Bericht über die österreichisch-ungarische Nordpolexpedition aus dem Jahr 1873 aufgreift und mit einer fiktiven, in der Erzählgegenwart angesiedelten Geschichte verknüpft. Auch STEN NADOLNYS *Die Entdeckung der Lang-*

samkeit (1983) rekurriert auf eine historische Entdecker-
reise und erzählt von der Suche des englischen Seefahrers
John Franklin nach der Nordwest-Passage.

Literaturhinweise

Bergmann, Klaus / Ockenfuß, Solveig (Hrsg.): Neue Horizonte.
  Eine Reise durch das Reisen. Reinbek 1984.
Brenner, Peter J.: Der Reisebericht in der deutschen Literatur. Ein
  Forschungsüberblick als Vorstudie zu einer Gattungsgeschichte.
  Tübingen 1990.
  (Von Peter J. Brenner ist auch der aufschlussreiche Artikel »Rei-
  sebericht« in Band 14 des von Walther Killy herausgegebenen
  Literaturlexikons.)

6.6   Tagebuch

Schreiber und Leser des Tagebuchs (lat. *diarium*) sind identisch: Weitgehend ungefiltert teilt ein authentisches Ich
seine Erfahrungen, Reflexionen, Gefühle, Träume und Er-
wartungen mit. Die Eintragungen sind meist chronologisch
geordnet und dienen der Selbsterkundung, der Dokumentation des eigenen Lebens und der Erinnerung. Kriegs-
oder Reisetagebücher behandeln nur bestimmte Zeitab-
schnitte. Ähnlich wie der Brief bezeugt auch das Tagebuch
unmittelbar das Leben und Schaffen einer Person und ist
somit für die biographische Recherche im Rahmen einer
literaturwissenschaftlichen Arbeit eine wichtige Quelle.

GUSTAV RENÉ HOCKE unterscheidet in seiner umfassenden Studie *Das europäische Tagebuch* (1963) grundsätzlich
drei Arten: (1) das echte Tagebuch, das ohne Veröffentli-
chungsabsicht entsteht, (2) das literarische Pseudo-Tage-
buch, bei dem die mögliche Veröffentlichung mit bedacht
wird (und somit sowohl Selbstzensur als auch Selbststili-

sierung die Schilderung verzerren können) und (3) das fingierte Tagebuch, dem keine authentische Erfahrung zugrunde liegt.[16] Den Tagebüchern von FRANZ KAFKA[17], ROBERT MUSIL, JOCHEN KLEPPER und ANDRÉ GIDE beispielsweise schreibt HOCKE »echt diaristischen« und zugleich literarischen Charakter zu.

Vorläufer des Tagebuchs sind Chroniken und Haushaltsbücher, in denen das Leben im familiären und privaten Umfeld festgehalten wurde. Erst im Pietismus und dem in seiner Folge aufkommenden Subjektbegriff bildete sich eine Tagebuchkultur aus (LAVATER); ihr Ziel war die Selbsterforschung. In der Epoche der Empfindsamkeit dienten Tagebücher der Erkundung und Fixierung persönlicher Befindlichkeiten. Tagebücher vermitteln seitdem Innenansichten nicht nur der Persönlichkeit, sondern auch der familiären und gesellschaftlichen Bezüge (z.B. von RAHEL VARNHAGEN). Eine Ausnahme unter den Diaristen ist der Dramatiker FRIEDRICH HEBBEL, der mit Blick auf späteren Ruhm und eine Veröffentlichung ab seinem 22. Lebensjahr ein Tagebuch führte.[18] Viele Schriftsteller dachten schon zu Lebzeiten an die spätere Publikation ihrer Diarien (z. B. THOMAS MANN) oder haben sie sogar selbst angeregt, wie MAX FRISCH: Seine frühen Notate (*Tagebuch 1946–1949*; *Tagebuch mit Marion* im Jahre 1947) hat er in zeitlicher Nähe publiziert ebenso wie PETER RÜHMKORF seine Tagebuchbände *Tabu I. Tagebücher 1989–1991* (1995) und *Tabu II. Tagebücher 1971–72* (2004). MARIE LUISE KASCHNITZ hat zahlreiche Tagebücher für den Druck freigegeben, LUISE RINSER, beginnend 1946 mit ihrem *Gefängnistagebuch*, ebenso. Einige Tagebücher geben unverstellt Einblick in das Leben von Menschen unter extremen Zuständen wie politischem Terror oder Krieg (z. B. das Tagebuch der ANNE

---

16 Gustav René Hocke, *Das europäische Tagebuch*, Wiesbaden 1963, S. 11.
17 Bei Kafka beispielsweise sind die Übergänge von diaristischen Notaten zu fiktionalen Texten bzw. Entwürfen fließend.
18 Hocke (Anm. 16) S. 76.

FRANK, die Tagebücher des Romanisten VIKTOR KLEMPE-
RER). GÜNTER GRASS hat seine Notizen vom Bundestags-
wahlkampf 1969 überarbeitet und unter dem Titel *Aus dem
Tagebuch einer Schnecke* (1972) veröffentlicht.

Strukturelemente von Tagebüchern finden auch in der
Prosaliteratur Verwendung; Beispiele dafür gibt es in
GOETHES *Wahlverwandtschaften* (1809, Ottilies Tage-
buch) und *Wilhelm Meisters Lehrjahren* (1795/96), RILKES
Aufzeichnungen des Malte Laurids Brigge (1910), HER-
MANN HESSES *Steppenwolf* (1927) und MAX FRISCHS *Stiller*
(1954), in das das (auch separat veröffentlichte) fingierte
Tagebuch des Anatol Stiller eingelegt ist (→ III.3.2).

Das Tagebuch gewinnt immer mehr Popularität bei jün-
geren Autoren der Gegenwartsliteratur, wie das groß angelegte Tagebuchprojekt von HELMUT KRAUSSER beispielhaft
zeigt. 1992 hatte er begonnen, einen Monat Tagebuch zu
schreiben; seitdem führte er jedes Jahr einen Monat Tagebuch, sodass in dreizehn Jahren zwölf Monatstagebücher
(Mai 1992, Juni 1993, Juli 1994 usw.) entstanden, die kurz
nach Abschluss jeweils erschienen. Der Lyriker DURS
GRÜNBEIN hat mit seinen *Berliner Aufzeichnungen. Das
erste Jahr* Erlebnisse und Reflexionen des Jahres 2000 festgehalten und ein Jahr später veröffentlicht. Anders verhält
es sich mit dem Werk von WALTER KEMPOWSKI: Er nähert
sich mit seiner aus authentischen Dokumenten zusammen-
gestellten kollektiven Tagebuch-Chronik der historischen
Realität. Sein Großprojekt *Echolot. Ein kollektives Tagebuch* hat er 2005 mit *Abgesang '45*, einer 500-seitigen mi-
nutiösen Rekonstruktion des Alltags 1945, abgeschlossen.

Literaturhinweise

Dusini, Arno: Tagebuch. Möglichkeiten einer Gattung. München 2005.
Görner, Rüdiger: Das Tagebuch. München/Zürich 1986.
Hocke, Gustav René: Das europäische Tagebuch. Wiesbaden 1963.

IV Literaturwissenschaftliche Methoden und Theorien

Von Sabina Becker

1 Einleitung: Was sind Methoden?

Wie Gattungspoetik, Stil- bzw. Verslehre und Rhetorik-analyse gehören Methoden und Theorien zum analytischen Instrumentarium der Literaturwissenschaft; vielfach wird die Literaturtheorie inzwischen gar als ein eigenständiger Bereich derselben behandelt. Literaturtheorien sind das Ergebnis der Tatsache, dass es unterschiedliche methodische Zugänge zu literarischen Texten gibt. Aus einem spezifischen Erkenntnisinteresse des Fragenden heraus werden unterschiedliche Aspekte des Textes fokussiert. Erkenntnisinteresse und -ziel bestimmen demnach die jeweilige Fragestellung gegenüber einem literarischen Text, präzisieren demnach die Zielrichtung der an Literatur gerichteten Fragen; sie legen fest, nach was und wie danach gefragt wird. Neben der Analyse der Machart, Form und Struktur eines literarischen Textes stehen Fragen nach dem Warum und dem Was, die weit über die Bezugnahme auf Inhalt, Themen und Motive hinausgehen können. Zudem haben literaturtheoretische Ansätze auch mit dem jeweiligen Literaturverständnis zu tun, mit der Frage also, was Literatur überhaupt ist, was man von ihr erwartet und welche Stellung und Funktion man ihr zuschreibt oder zuzuschreiben bereit ist.

Eine methodisch fundierte Analyse von Literatur hilft einerseits, einen nur subjektiven Umgang mit Letzterer zu überwinden; sie ermöglicht so andererseits einen wissenschaftlicheren Zugang zu Literatur. Darüber hinaus vermag eine theoretisch reflektierte Analyse literarischer Texte die Befunde über die subjektiv motivierte Wahrnehmung hinaus zu objektivieren im Hinblick auf Erkenntniswerte von allgemeinem, auch gesellschaftlichem Belang. Eine methodologisch reflektierte Literaturanalyse ermöglicht es, die thematischen und ästhetischen Dimensionen von Literatur freizulegen (Gruppe 1: Hermeneutik, Strukturalismus, Werkimmanenz, Poststrukturalismus, Dekonstruktion, Intertextualität), aber auch ihre gesellschaftliche Relevanz zu bestätigen (Gruppe 2: Sozial- und kulturgeschichtliche, kulturwissenschaftliche Ansätze, New Historicism, Feministische Literaturtheorie, Gender Studies, Mentalitätsgeschichte, Diskursanalyse, kultursoziologische und mentalitätsgeschichtliche Ansätze) und ihre humanwissenschaftliche Bedeutung (Gruppe 3: Hermeneutik, Literaturpsychologie, psychoanalytische Zugänge) zu benennen. Derartige Differenzen verdeutlichen, dass die einzelnen methodischen Ansätze sich im Hinblick auf ihre jeweilige Schwerpunktsetzung unterscheiden. So können der Text (Gruppe 1), der Kontext (Gruppe 2) oder Autor und Leser (Gruppe 3) im Zentrum stehen. Entscheidend für die analytische Verfahrensweise ist zudem die Bewertung von Literatur unter den Aspekten Heteronomie (Fremdbestimmung) und Autonomie (Selbstbestimmung; → II.2.) sowie ihre Bestimmung in Verbindung mit den Komponenten Autor, Text und Kontext. Die Beantwortung der Frage, ob man Literatur im Zuge der Analyse in einem Zusammenhang mit dem (gesellschaftlichen, historischen, sozialen und kulturellen) Kontext liest oder die Interpretation auf den Text konzentriert bleibt und diesen in einer als Sprach- und Strukturanalyse ausgerichteten Interpretation als ein hermetisches Gebilde betrachtet, autonom von außerliterarischen und außertextlichen Faktoren, ist eine grundsätzliche Festlegung.

In der literaturwissenschaftlichen Praxis und Forschungslandschaft dominieren zweifellos ein bewusst praktizierter Methodenpluralismus und ein »synthetisches

Interpretieren«[1], nicht zuletzt deshalb, weil für eine aus-
schließliche, apodiktische Festlegung auf eine Methode
wenig spricht. Die bewusste und vielfach auch sinnvolle
Verschränkung verschiedener methodischer Fragen, theo-
retischer Ansätze und Erkenntnisinteressen dürfte die literaturwissenschaftliche Forschung der letzten Jahre maßgeblich dominiert haben.

Literaturhinweise

Arnold, Heinz-Ludwig / Detering, Heinrich: Grundzüge der Lite-
    raturwissenschaft. München 1996. [Darin: »Verfahren der Text-
    analyse«.]
Baasner, Rainer / Zens, Maria: Methoden und Modelle der Litera-
    turwissenschaft. Eine Einführung. 2. überarb. und erw. Aufl.
    Berlin 2001.
Bogdal, Klaus-Michael (Hrsg.): Neue Literaturtheorien: Eine Ein-
    führung. Opladen ²1990.
Culler, Jonathan: Literaturtheorie. Eine kurze Einführung. Übers.
    von Andreas Mahler. Stuttgart 2003. (Reclams Universal-Biblio-
    thek). 18166.)
Eagleton, Terry: Einführung in die Literaturtheorie. Stuttgart
    ³1994.
Geisenhanslücke, Achim: Einführung in die Literaturtheorie. Von
    der Hermeneutik zur Medienwissenschaft. Darmstadt 2003.
Jahraus, Oliver: Literaturtheorie. Tübingen/Basel 2004.
Sexl, Martin (Hrsg.): Einführung in die Literaturtheorie. Wien 2004.

2   Hermeneutik

Der Begriff »Hermeneutik« (griech. *hermēneúein* ›ausdrü-
cken, aussagen, auslegen, interpretieren, übersetzen‹) geht
auf Hermes zurück und benennt die Kunst der adäquaten

---

1 Jost Hermand, *Synthetisches Interpretieren. Zur Methodik der Literaturwissenschaft*, München 1968.

Interpretation, die den vom Autor gemeinten Sinn erschließen soll. Die zentrale Frage der Hermeneutik ist
dementsprechend die nach dem Sinn von Texten, insbesondere nach dem Sinn eines literarischen Textes, der diesem in der Geschichte zukommt. Damit lässt sich die
Hermeneutik als die systematische Grundlage nahezu jeder Interpretation und jeden Textverstehens umschreiben,
sie benennt den Verstehens- und Auslegungsprozess, der
jeglichem methodischen Zugang und Umgang mit Literatur zugrunde gelegt sein muss.

Dieser Definition sind die Nachteile der Hermeneutik
implizit: Sie liegen zum einen in der Festlegung literarischer Texte auf Sinn und der wissenschaftlichen Arbeit
auf die Suche nach Sinn. Zwar ist die Hermeneutik als
Lehre des Verstehens das Produkt des Säkularisierungs-
prozesses des 18. Jahrhunderts und damit der Befreiung
der Literatur von ihrer theologischen Bestimmung und
Festlegung; dennoch handelt es sich zugleich um einen
von religiösen Intentionen gekennzeichneten Ansatz, der
die Ursprünge der Hermeneutik im christlichen Umfeld
nicht verleugnen kann. Zum anderen schließt der hermeneutische Umgang mit literarischen Texten die Möglichkeit der Benennung von Bedeutungsebenen jenseits des
vom Autor gemeinten Sinns weitgehend aus. Die Tatsache, dass Sinn und Bedeutung eines Textes im Akt des Lesens und im historischen Prozess unabhängig vom Autor
variieren, bleibt dadurch vielfach unberücksichtigt. Dennoch kann oder sollte die Hermeneutik, wie oben erwähnt, als die theoretische Basis jeglicher Interpretation
verstanden werden.

Ziel des Verstehens und der Textexegese – ursprünglich
von FRIEDRICH SCHLEIERMACHER in Anlehnung an die
Exegese der Bibel formuliert – ist der Nachweis einer
Einheit von Autor, Werk und Leser. Die Interpretation
setzt sich aus zwei Formen zusammen: der sprachbezo-
genen (= der grammatischen) und der personenbezogenen

(= der psychologischen) »Auslegung«.[2] Daran anschlie
ßend ist der Ansatz der Hermeneutik ein zweiteiliger.
Zum einen gilt es, dieses Eigenleben eines Textes zu verstehen. Zum anderen geht es darum, das vom Autor Gemeinte nachzuvollziehen und nachzuerleben. Innerhalb
der hermeneutischen Lehre vom Verstehen ist diesem
›Nacherleben‹ das Moment der Deutung immanent, wobei
Deutung als ein Mit-Konstruieren von Botschaften seitens
des Interpreten und Lesers verstanden wird. Es kommt so
zum wechselseitigen Zusammenspiel von Verstehen (des
Autors als Objekt) und dem Einbringen des eigenen Horizonts im ›hermeneutischen Zirkel‹ bzw. in einer Gesprächssituation, der die Kreisstruktur des Verstehens zugrunde liegt.

An die Beschreibung der Hermeneutik als Prozess des
objektiven Begreifens und des subjektiven Verstehens anschließend, benennt Schleiermacher wie erwähnt zwei Arten der Auslegung, die »grammatische« unterscheidet er
von der »psychologischen Auslegung«. Das Psychologische drückt das Denken des Individuums aus, das Grammatische wird als das »Denken aller Einzelnen«[3] verstanden. Ein umfassendes Verstehen bedeutet für Schleiermacher das »Ineinandersein dieser beiden Momente«. In der
Form der »psychologischen Auslegung«[4] soll und muss
sich der Interpret in den Autor ›hineinversetzen‹, er muss
sich in den »Geist« des Autors einfühlen und sich durch
ihn inspirieren lassen, um ihn »divinatorisch«[5] zu verstehen.

Der zweite Schritt des Verstehensprozesses ist sodann
die Interpretation, die über den Autor hinausgeht; sie zielt

---

2 Friedrich Daniel Ernst Schleiermacher, *Hermeneutik und Kritik. Mit einem
Anhang sprachphilosophischer Texte Schleiermachers*, hrsg. von Manfred
Frank, Frankfurt a. M. 1977, S. 167–238: »Die psychologische Auslegung«.
3 Ebd., S. 79.
4 Ebd., S. 167.
5 Ebd., S. 169.

darauf ab, den Text »besser zu verstehen« als sein »Verfasser«.[6] Der Leser erreicht dies vor allem durch die Form der »grammatischen Interpretation«[7], durch die Untersuchung der Sprachstrukturen (etwa das Verhältnis zwischen Wort und Satz, Satz und Absatz, Absatz und Textganzem) und ihrer Analyse in Bezug auf den historischen Kontext.

Die Hermeneutik wird durch WILHELM DILTHEY weiterentwickelt. Allerdings kürzte DILTHEY die Lehre vom Verstehen um das Moment der »grammatischen Auslegung«. Das hermeneutische Verstehen meint bei ihm ein »Nachfühlen fremder Seelenzustände«, ein »Nachverständnis des Singulären zur Objektivität«.[8] Damit stellt DILTHEY das Moment der »psychologischen Auslegung« ins Zentrum der Hermeneutik; das von SCHLEIERMACHER ebenfalls benannte grammatische Moment verliert zugunsten einer psychologischen Lehre des Nachfühlens an Gewicht.

Die Aufgabe des hermeneutischen Auslegungsprozesses und das Ziel des Verstehensprozesses sieht DILTHEY im Aufspüren der geistigen Größe des Autors: »Darin liegt nun die unermeßliche Bedeutung der Literatur für unser Verständnis des geistigen Lebens und der Geschichte, daß in der Sprache allein das menschliche Innere seinen vollständigen, erschöpfenden und objektiv verständlichen Ausdruck findet.«[9] Unter Hermeneutik begreift DILTHEY von daher eine psychologische Interpretation von Kunst als »Darstellung und Ausdruck des Lebens«[10] – eine Definition, die Kunst und Literatur auf ihre individualpsycho-

---

6 Ebd., S. 104.

7 Ebd., S. 101.

8 Wilhelm Dilthey, *Die Entstehung der Hermeneutik* [1900], in: W. Dilthey, *Gesammelte Schriften*, 5 Bde., Bd. 5, Stuttgart/Göttingen [4]1964, S. 317.

9 Ebd., S. 319.

10 Wilhelm Dilthey, *Das Erlebnis und die Dichtung. Lessing, Goethe, Novalis, Hölderlin* [1906], Göttingen 1957, S. 131 f.

logische Dimension reduziert. Die Vorstellung sozialer und gesellschaftlicher, gar gesellschaftspolitischer Aufgaben von Literatur ist in diesem Ansatz nicht vorgesehen. DILTHEY versteht den literarischen Text vornehmlich als »Ausdruck des Seelenlebens«[11] des Autors und geht daran anschließend von einer Deckungsgleichheit von Leben (des Autors) und Werk (des Autors) aus. Damit nimmt er eine Grundidee des gleichzeitig wirkenden Positivismus (→ IV.3) auf: »Aber das Werk eines großen Dichters oder Entdeckers, eines religiösen Genius oder eines echten Philosophen kann immer nur der wahre Ausdruck seines Seelenlebens sein.«[12] Eine solche Festlegung der interpretatorischen Aufgabe impliziert die Reduktion des hermeneutischen Verstehens auf die Dimension des Psychologischen, bedeutet also zugleich den Verzicht auf die von SCHLEIERMACHER vorgeschlagene »grammatische« Interpretation.

Der DILTHEYS hermeneutischem Verständnis implizite enge Zusammenhang von Werk und Seelenleben sowie das direkte Zusammendenken von Autor, Werk und Leser (Rezipient) brachte die Frage nach der Effektivität des hermeneutischen Ansatzes in der Nachfolge DILTHEYS für die literaturwissenschaftliche Analyse und nach der Plausibilität seiner Idee des nachfühlenden Aufspürens einer vermeintlichen Einheit von Leben und Werk auf. Denn indem DILTHEY den Schwerpunkt auf das subjektiv-psychologische Moment des ›Nachfühlens‹ legt, wird – neben der Ausgrenzung des Grammatischen – die Bedeutung des objektiven Gehalts eines literarischen Textes vernachlässigt.

Es war HANS-GEORG GADAMER, der, vor allem im Anschluss an die Philosophie MARTIN HEIDEGGERS, eine moderne Hermeneutik entwickelte.[13] In seinem 1960 erschie-

---

11 Ebd., S. 320.
12 Ebd.
13 Vgl. Hendrik Birus (Hrsg.), *Hermeneutische Positionen: Schleiermacher – Dilthey – Heidegger – Gadamer*, Göttingen 1982.

nenen Werk *Wahrheit und Methode* überträgt GADAMER
die von HEIDEGGER aufgeworfene Frage nach Wahrheit
im gesamten Dasein auf die nach der Kunst als eines privi-
legierten Ortes der Wahrheit und der Wahrheitsfindung.
Literarische Texte versteht er entsprechend als eine mögliche Form der »Welterfahrung«: »Verstehen und Auslegen
von Texten ist nicht nur ein Anliegen der Wissenschaft,
sondern gehört offenbar zur menschlichen Welterfahrung
insgesamt.«[14] Das Ziel der Hermeneutik ist es sodann, das
»wahre Wort«[15] der Dichtung nachzuvollziehen, eine vorwiegend philosophisch fundierte Vorgabe, durch die die
Hermeneutik als literaturtheoretischer Ansatz nach 1945
zunehmend in ihrer Bedeutung eingeschränkt wurde;
denn sie war zu fest in der philosophischen Tradition verankert, um gewinnbringend und produktiv in die literaturwissenschaftliche Analyse einbezogen und als ein eigener, vor allem eigenständiger literaturtheoretischer Ansatz
verstanden zu werden.

Es ist das Verdienst PETER SZONDIS, die literaturwissenschaftliche Relevanz der hermeneutischen Lehre, die Anwendbarkeit der bis dahin primär philosophisch begründe-
ten Hermeneutik auf die literaturwissenschaftliche Analyse
wieder stärker ins Bewusstsein gerückt zu haben. Im Hinblick auf eine spezifisch literarische Hermeneutik in Abgrenzung zur philosophischen Hermeneutik HEIDEGGERS
und GADAMERS, aber auch zu DILTHEYS Verständnis der
hermeneutischen Lehre als einer nachfühlenden Verschränkung von Leben und Werk des Autors konstatiert
SZONDI: »Literarische Hermeneutik ist die Lehre von der
Auslegung, interpretatio, literarischer Werke. [...] Daß es
eine *literarische* Hermeneutik heute dennoch kaum gibt,

---

14 Hans-Georg Gadamer, *Wahrheit und Methode. Grundzüge einer philoso-
    phischen Hermeneutik*, Tübingen ³1972, Einleitung, S. XXVII.
15 Hans-Georg Gadamer, *Wer bin ich und wer bist du?*, in: H.-G. Gadamer,
    Gesammelte Werke, Bd. 9: *Ästhetik und Poetik II. Hermeneutik im Voll-
    zug*, Tübingen 1993, S. 388.

hat seinen Grund vielmehr in der Beschaffenheit der Hermeneutik, die es heute gibt«[16] – gemeint ist im Jahr 1975 die Dominanz der philosophisch ausgerichteten Hermeneutik und das Fehlen einer spezifisch literarischen Hermeneutik. Durch die Verschränkung von literarischer Hermeneutik und Rezeptionsästhetik (→ V.9) sowie durch die verstärkte Rezeption der Hermeneutik in der Nachfolge SCHLEIERMACHERS, die für die literaturwissenschaftliche Analyse von grundsätzlichem Interesse sein muss, hat SZONDI sodann wesentliche Impulse für die Ausbildung einer spezifisch literarischen Hermeneutik in der Nachfolge SCHLEIERMACHERS gegeben.

Literaturhinweise

Frank, Manfred: Das individuelle Allgemeine. Textstrukturierung und -interpretation nach Schleiermacher. Frankfurt a. M. 1977.
Szondi, Peter: Einführung in die literarische Hermeneutik. (Studienausgabe der Vorlesungen. Bd. 5.) Hrsg. von Jean Bollack und Helm Stierlin. Frankfurt a. M. 1975.

3 Positivismus

Der literaturwissenschaftliche Positivismus ist das Produkt der Verwissenschaftlichung der Germanistik gegen Mitte des 19. Jahrhunderts. Entstanden seit den 1850er Jahren, erlebte er seine Blütezeit zwischen 1880 und 1910. Seine Etablierung ging mit dem Erstarken der Naturwissenschaften einher, die nicht ohne Einfluss auf die Literatur und Literaturwissenschaft blieben. Das positive Wis-

16 Peter Szondi, *Einführung in die literarische Hermeneutik (Studienausgabe der Vorlesungen,* Bd. 5), hrsg. von Jean Bollack und Helm Stierlin, Frankfurt a. M. 1975, S. 9.

sen, das nachweisbare, recherchierbare Fachwissen, erhält in Abgrenzung zum subjektiv-spekulativen Vorgehen der Diltheyschen Hermeneutik eine zentrale Rolle; literarische Werke werden vornehmlich als das Ergebnis der Lebensbedingungen von Autoren gewertet. Der Schwerpunkt der Analyse liegt dementsprechend nicht auf der wenig konkreten Interpretation und Auslegung von Texten, sondern auf dem Zusammentragen von Faktenwissen, von Daten, die die Biographien von Autoren sowie die Entstehung von Werken, aber auch die literarische Entwicklung insgesamt betreffen. Relevant ist dabei nur das, was empirisch nachweisbar oder das Resultat von Beobachtungen und Erfahrungen ist. In seinem Umfeld entstandene literarhistorische Arbeiten stützen sich von daher vornehmlich auf Materialien zur Lebensgeschichte der Autoren und auf entstehungsgeschichtliche Informationen die Werke betreffend.

Bei aller Einseitigkeit und zum Teil auch Perspektivlosigkeit des positivistischen Ansatzes, insbesondere im Hinblick auf den ihm immanenten Biographismus, darf nicht übersehen werden, dass die Literaturwissenschaft von den positivistischen Zugängen profitierte, insofern diese mit der Erarbeitung von Editionen und Werkbiographien noch immer konstitutive Arbeitsgebiete der Germanistik benannte.

Literaturhinweis

Positivismus im 19. Jahrhundert: Beiträge zu seiner geschichtlichen und systematischen Bedeutung. Hrsg. von Jürgen Blühdorn und Joachim Ritter. Frankfurt a. M. 1971.

4 Strukturalismus

Der Strukturalismus (lat. *structura* ›Bauweise‹) bricht mit der hermeneutischen Überzeugung, dass Literaturtheorie auf dem Verstehensprozess, auf dem semantischen Akt des Verstehens beruhen soll; dass also jeder methodisch-theoretische und wissenschaftliche Umgang mit Literatur an die Suche von Sinn gebunden sein muss. Das Erstarken der linguistischen Ansätze innerhalb der Literaturwissenschaft hat diese Selbstverständlichkeit allerdings relativiert, der *linguistic turn* (die ›linguistische Wende‹) hat einen kaum zu überschätzenden Einfluss auf die weitere Entwicklung der Literaturtheorie, aber auch der Literaturwissenschaft insgesamt ausgeübt.

Der Strukturalismus ist mithin ein antihermeneutischer Ansatz, er richtet sich gegen das hermeneutische Sinndenken. Primär kommt es ihm nicht auf die Bedeutung der Zeichen, sondern auf die Beziehung der Zeichen untereinander an: Was innerhalb der strukturalistischen Analyse interessiert, ist demzufolge nicht das Signifikat (das Bezeichnete, die Inhaltsseite des sprachlichen Zeichens), sondern der Signifikant (das Bezeichnende, die Ausdrucksseite des sprachlichen Zeichens). Insofern ist der Strukturalismus einer den Naturwissenschaften angenäherten Vorgehensweise und Zielsetzung verpflichtet.

Die Anfänge des Strukturalismus liegen im russischen Formalismus, der seit 1915 in Moskau und Petersburg entstand und auf der Vorarbeit FERDINAND DE SAUSSURES und den phänomenologischen Studien EDMUND HUSSERLS aufbaut. Entstehungshintergrund ist neben der antihermeneutischen Ausrichtung das Unbehagen an der positivistischen Methode; ihr gegenüber erhebt man den Vorwurf, sie schließe das eigentlich Literarische an Literatur aus, indem sie ignoriere, dass der Text als das Produkt der formalen Gestaltung und der Form zu verstehen ist. Aus dieser Einsicht folgert der Strukturalismus die These, dass weniger die außerliterarische Bedeutung und der außertextliche Verweischarakter von Wörtern (und damit auch von literarischen Texten) als ihre Rolle innerhalb des literarischen Textes zu analysieren seien; d. h. ihre Beziehung zu anderen Wörtern, ihre Stellung innerhalb des literarischen Werks, wobei dieses als ein autonomer Zeichenkomplex verstanden wird. Man geht vom sprachlichen Zeichen aus und beschreibt dessen Wert nicht mit Blick auf seinen außertextlichen und außersprachlichen Verweischarakter, seine Bedeutung wird also nicht darin gesehen, dass es sich auf etwas Wirkliches, Reales, auf Phänomene und Teile der Realität bezieht.

Die erste Programmschrift, das Gründungsmanifest des Strukturalismus, ist die 1928 in Prag veröffentlichte Untersuchung *Probleme der Literatur- und Sprachforschung* von ROMAN JACOBSON und JURIJ TYNJANOV. Ihr Ausgangspunkt ist die Differenzierung der Struktur des literarischen Werks und der nicht-literarischen Wirklichkeit; mit ihr ist zugleich das Verhältnis von Literatur und Realität angesprochen. Wirklichkeit verstehen die Autoren als Formen und Funktionalisierungen von Zeichen, wobei innerhalb des Systems Literatur die Verwendung des Zeichens eine völlig andere ist als die innerhalb des nicht-literarischen Systems. Denn das Zeichen übernimmt im literarischen Text eine ästhetische Funktion: es verweist auf sich selbst oder auf andere Zeichen des Systems Literatur, nicht jedoch des außerliterarischen Systems. Diese Überlegungen basieren auf FERDINAND DE SAUSSURES These, dass Sprache, weil sie a priori strukturiert und so unsere Wirklichkeitserfahrung lenkt, eine fundamentale Rolle spielt. Die moderne Linguistik geht im Anschluss an diese Erkenntnis von einer von Inhalten unabhängigen Formbeschaffenheit der Sprache aus. Von daher ist, so die Grundthese des Strukturalismus, die Rhetorik, d. h. die rhetorische Funktion von Sprache und Literatur, das eigentlich Literarische und nicht etwa die vermittelten Inhalte, sie

sind für ihn nur von sekundärer Bedeutung. Der Strukturalismus ist dementsprechend gegen die hermeneutischen
Bedeutungsmodelle gerichtet und gibt mit dieser Grundannahme zugleich die Basis für den Poststrukturalismus ab.

Der grundlegende Gedanke von Saussures Studie
Grundfragen der Allgemeinen Sprachwissenschaft ist die
Annahme, dass Sprache ein System von Zeichen ist. Dieses müsse, so Saussures Argumentation, synchronisch
untersucht werden, als ein vollständiges System von Zeichen also, unabhängig von seiner historischen Entwicklung. Die Beschreibung von Zeichen unter Verweis auf die
Verschiedenheit von anderen Bezeichnenden ist das zentrale Moment seiner Methode. Die Bedeutung ist dem
Zeichen nicht immanent, sondern sie ist funktional, d. h.,
sie ist das Resultat der Differenz zu anderen Zeichen.
Saussure konzentrierte sich in seinen Untersuchungen
folglich auf die *langue*; die *parole*, die aktuelle Rede von
Menschen, war für ihn nur von sekundärem Belang. Was
ihn interessierte, war vielmehr die objektive Struktur der
Zeichen, die *langue*, das der Sprache immanente Regelsystem. Auch befasste er sich nicht mit dem Bezeichneten,
dem realen Gegenstand bzw. den Inhalten, über die sich
Menschen verständigen; von dieser Dimension der
menschlichen Rede bzw. des menschlichen Sprechens ab-
strahierte er und klammerte damit die in und mit Sprache
transportierten Inhalte aus; demgegenüber untersuchte er
die Sprache als ein System von Zeichen. Diese Ausrichtung ist das Resultat der Überzeugung, dass Sprache zum
einen den Inhalten vorausgehe und Wirklichkeit nicht unabhängig von Sprache zu betrachten sei; und zum anderen
den individuellen Auffassungen und dem subjektiven Erkennen und damit auch dem Individuum vorgelagert sei –
dieses wird als ein Produkt von Sprache beschrieben. Die
empirische Realität sowie deren Wahrnehmung werden
daran anschließend nicht mehr als von der Sprache unabhängig existierende Größen gesehen. Vielmehr geht der

Strukturalismus davon aus, dass Realität erst durch Sprache konstituiert werde. Damit nimmt man zugleich eine Konstruiertheit menschlicher Wahrnehmung an: Die Sprache spiegelt Welt und Realität nicht einfach wider, sondern Realität existiert nur durch Sprache, Wirklichkeit wird als sprachliches Produkt beschrieben. Doch auch aufgrund der Tatsache, dass – wie SAUSSURE dargelegt hatte – die Beziehung zwischen einem Zeichen und seinem Referenten willkürlich ist (arbiträr), glaubt sich der Strukturalismus berechtigt, sich auf die Sprache als Zeichensystem zu beschränken. Er negiert die Annahme, dass Wirklichkeit und Wahrnehmung unmittelbar zusammenhängen, weist die Vorstellung zurück, die Welt existiere genau so, wie man sie wahrnimmt. Stattdessen sieht er die Wirklichkeit und unsere Wahrnehmung von Wirklichkeit als das Ergebnis einer Struktur.

Eine strukturalistische Analyse literarischer Texte konzentriert sich dementsprechend auf deren Beschreibung als ein Regelsystem von Zeichen, auf die den Texten zugrunde liegenden Gesetzmäßigkeiten. Man sieht den Text als eine strukturelle Einheit, das mit dem Zeichen Benannte ist hierbei sekundär; das Poetische eines Textes erkennt man sodann in erster Linie darin, dass Sprache in eine Beziehung zu sich selbst gesetzt wird. Weniger die kommunikativen als die materiellen Eigenschaften von Sprache sind entscheidend. Gedichte werden als ›funktionale‹ Strukturen analysiert, die Zeichen werden also innerhalb des Systems untersucht und nicht als Repräsentanten einer externen Realität, da, wie oben erwähnt, dem Strukturalismus zufolge die Beziehungen zwischen Zeichen und Bezeichnetem, zwischen Wort und Sachverhalt willkürliche Setzungen sind. Mit diesem Ansatz wird der Text aus seinem Kontext gelöst und zu einem autonomen und von daher auch autonom zu behandelnden Objekt erklärt. Die ästhetische Funktion wird als von Raum, Zeit und urteilenden Personen unabhängig gesehen. Damit reduzieren die formalistischen und strukturalistischen Ansätze Literatur auf ästhetische Gebilde ohne weiterführende inhaltliche Dimensionen und Perspektiven, die Frage nach der Sinnkonstitution innerhalb von Texten bleibt zweitrangig. Wichtiger ist die Frage nach der formalen Grundstruktur eines Textes.

SAUSSURE war nicht daran interessiert, was die Menschen sagen, sondern an der Struktur, die ihnen erlaubt, es zu sagen. Letztere wertete SAUSSURE als eine der theoretischen Untersuchung unzugängliche Äußerung des Subjekts, die *langue* indes beschrieb er als ein analysierbares Regelwerk, als einen Gesamtkomplex von Regeln und Strukturen. Die Tatsache, dass diese gesellschaftlich festgelegt und sozial normiert sind, d. h. der Zusammenhang von Sprache und sozialer Bestimmung und gesellschaftlichem Standort des Sprechenden, findet dabei keine Berücksichtigung. Diesen Ansatz hat die moderne Sprachwissenschaft revidiert; sie versteht die Sprache als einen Diskurs, als eine Kette von Äußerungen, an der das sprechende Subjekt, der Hörer, der Leser, die Gesellschaft, aber auch die in ihr geltenden sprachlichen und normativen Regeln beteiligt sind. Auch die Idee von Literatur als sozialer und gesellschaftlicher Praxis, von Literatur, die Auskunft gibt über gesellschaftliche Normen und kollektive Mentalitäten, findet innerhalb der strukturalistischen Zugänge keinen Platz; ebenso wenig werden produktions- und rezeptionsästhetische Fragen berücksichtigt. Mit eben dieser isolierenden Behandlung des literarischen Textes als ein geschlossenes sprachliches System sind die Gemeinsamkeiten des Strukturalismus mit der Werkimmanenz benannt.

Die Verdienste des Strukturalismus liegen in seinem Bemühen, die Aufmerksamkeit des Interpreten auf die Sprache gelenkt zu haben. Diese Interessenverschiebung bedeutete zugleich eine Entmystifizierung der Literatur (sowie der Literaturwissenschaft). Im Anschluss an den

Strukturalismus wurden literaturwissenschaftliche Analysen klarer und objektiver geführt und infolge der Grundannahme, das literarische Werk sei ein sprachliches Konstrukt, bestehend aus klassifizierbaren, analysierbaren Elementen, auch weniger subjektiv gehandhabt.

Als eine Weiterentwicklung des Strukturalismus ist die Narratologie anzusehen; sie lässt sich als eine Erweiterung der strukturalen Analyse auf die erzählende Literatur, auf den Akt des Erzählens verstehen. Sie richtet ihre Aufmerksamkeit auf die narrativen Strukturen eines literarischen Textes, d. h. auf den Vorgang des Erzählens statt auf das Erzählte bzw. auf die erzählte Geschichte und damit auf das Wie statt auf das Was. Darüber hinaus ist eines der Ziele des modernen Strukturalismus die Bedeutungseinschränkung des individuellen Subjekts zugunsten von Denkmustern und kollektiven Bewusstseinsstrukturen. Insbesondere ROLAND BARTHES unternahm den Versuch der Vermittlung zwischen dem Strukturalismus und den hermeneutisch-textimmanenten Verfahren.

Literaturhinweise

Fietz, Lothar: Strukturalismus. Eine Einführung. Tübingen 1998.
Schiwy, Günther: Der französische Strukturalismus. Mode – Methode – Ideologie. Mit einem Textanhang. Reinbek 1979.
Strukturalismus als interpretierendes Verfahren. Hrsg. von Helga Gallas. Darmstadt/Neuwied 1972.

5   Werkimmanente Interpretation

Im Mittelpunkt der Germanistik der 1950er und 1960er Jahre stand die werkimmanente Interpretation. Unter Ausblendung aller außertextlichen Entstehungs- und Rah-

menbedingungen der literarischen Produktion sowie des
gesellschaftlichen Praxisbezugs von Literatur begreift sie
den literarischen Text einseitig als ein autonomes, in sich
geschlossenes sprachliches und stilistisch stimmiges Gefü-
ge, als ein Wort- bzw. Sprachkunstwerk, autonom gegenüber dem gesellschaftlichen Kontext und gesamtkulturellen oder gar politischen Gegebenheiten und Funktionen.[17]
Daraus ergibt sich eine große interpretatorische Textnähe:
Poetische Texte sind, so das Credo der Werkimmanenz,
aus sich selbst heraus zu erfassen und zu erklären, um sie
als »sie selbst zu begreifen«[18], die Analyse habe sich dementsprechend primär um das Ästhetische zu kümmern:
»Dass wir begreifen, was [uns] ergreift«[19], lautet eine zentrale Maxime der werkimmanenten Textinterpretation, die
zugleich deren hermeneutische Position deutlich macht.

Zwar spielen auch Fragen nach dem ideen- und geistes-
geschichtlichen Hintergrund von Literatur eine Rolle; im
Zentrum aber steht die sprachliche und stilistische Dimension eines Textes. Außertextliche Komponenten, soziokulturelle, soziale, historische, politische, gesellschaftliche,
ökonomische oder biographische Einflüsse also, die Geschichtlichkeit von Texten ebenso wie ihre sozialgeschichtliche Relevanz, interessieren nur partiell. Gefragt
wird nicht nach den Entstehungsbedingungen eines
Werks, literarische Interdependenzen und Verbindungen
werden ausgeklammert. Stattdessen geht man von einer
künstlerischen Einmaligkeit aus, die über die Freilegung
der ›künstlerischen Machart‹, der sprachkünstlerischen
und stilistischen Eigenart eines Textes benannt werden
kann; dabei wird die Einfühlung des Interpreten in den
Text entscheidend. Eine literarhistorische Einordnung ei-

17 Vgl. Wolfgang Kaysers Studie *Das sprachliche Kunstwerk. Eine Einfüh-
    rung in die Literaturwissenschaft* [1948], Bern 1964, S. 5.
18 Emil Staiger, *Die Zeit als Einbildungskraft des Dichters. Untersuchungen
    zu Gedichten von Brentano, Goethe und Keller* [1939], Zürich 1953, S. 11.
19 Ebd., S. 126 f.

nes Textes und die kulturgeschichtliche Kontextualisie-
rung desselben gehen der eigentlichen Analyse allenfalls
voran. Auch ist die werkimmanente Interpretation weniger am Gehalt und Inhalt von Literatur als an Form und
›Gestalt‹ literarischer Texte interessiert; die sprachlichen
Eigenheiten, die Beziehung zwischen Sprache und Emp-
findung stehen dementsprechend im Mittelpunkt der analytischen Tätigkeit. Ausgangspunkt ist allenfalls die – auch
für andere interpretatorische und methodische Zugänge
geltende – Maxime der Einheit von Form und Inhalt.
Dementsprechend konzentriert die Werkimmanenz ihren
interpretatorischen Ansatz auf die Herausarbeitung und
Freilegung der syntaktischen und sprachlichen Machart
(= objektive Analyse), um sodann auf der Basis der Annahme einer engen Verbindung von Gestalt und Gehalt
die inhaltliche Aussage dieses ästhetischen Textgebildes
freizulegen (= subjektive Deutung). Ausgangspunkt (und
Ziel) einer werkimmanenten Analyse ist somit die Benennung der ästhetischen und poetologischen Textkompo-
nenten, die dem Werk ›immanent‹ sind und seine »künstlerische Form«, seinen Status als »Dichtwerk«[20] ausmachen, ist also die Deutung von Texten über sprachliche
und formale, kompositorische und strukturale Gesichts-
punkte (Aufbau, Struktur, Stil und Metrik, Rede- und
Ausdrucksformen, Tropen, Gattungsfragen). Die Beschreibung von Stoffen, Sujets und Quellen literarischer
Werke ist sekundär, gleichermaßen deren Verortung im
soziokulturellen Prozess und sozialhistorischen Entste-
hungskontext.[21]

Ihre Einseitigkeit ebenso wie ihr eng gefasster Literaturbegriff führten Ende der 1960er Jahre zum Bedeu-

---

20 Vgl. Oskar Walzel, *Die künstlerische Form des Dichtwerks*, in: *Die Werk-
interpretation*, hrsg. von Horst Enders, Darmstadt 1967, S. 1–33, hier S. 1.
21 Allerdings sollte dabei nicht übersehen werden, dass dieses Ziel in der Regel reine Theorie blieb, da auch eine werkimmanente Interpretation von
Texten ohne Rückgriff auf Hintergrundwissen letztlich gar nicht auskam.

tungsverlust der Werkimmanenz. Das Ende der Wirkungszeit der werkimmanenten Interpretation kam mit den politischen und gesellschaftlichen Unruhen und Umwälzungen im Anschluss an die Studentenrevolution der Jahre um 1968. Von hier aus nahm eine Politisierung der Literatur und der Literaturwissenschaft ihren Anfang, die eine Umorientierung des gesamten Fachs nach sich zog. Insbesondere EMIL STAIGERS Maxime, »zu begreifen, was mich ergreift«, d. h. seine Entscheidung, ein subjektives Empfinden als Basis der wissenschaftlichen Arbeit zu setzen, wurde als ein große Teile der Literatur ausschließender Ansatz überwunden. Denn dieser Subjektivismus, die Annahme, dass Literatur ›ergreifen‹ soll, grenzt deren Funktion und Bedeutung als Instrument gesellschaftspolitischer Aufklärung, die sie aber auch haben kann und seit der historischen Epoche der Aufklärung auch tatsächlich hatte, aus. Bezeichnenderweise ging mit der Überwindung der werkimmanenten Interpretation die Hinwendung zu jenen literarischen Epochen und Bewegungen einher, die von ihr stets vernachlässigt worden waren, zu den auf Funktionalität ausgerichteten literarischen Bewegungen insbesondere des Jungen Deutschland, des Vormärz sowie der Literatur der Weimarer Republik und des Exils; zu Strömungen also, die auf der Basis eines funktionalisierten Literaturbegriffs entstanden waren und einen subjektiven Dichtungsbegriff, den die Werkimmanenz normativ voraussetzt, gerade umgekehrt hinter sich lassen wollten.

Der werkimmanente Ansatz hatte deutlich gemacht: Indem der Interpret sich auf die innertextlichen Komponenten konzentriert, isoliert er das literarische Werk. Dieses wird nicht als das Produkt historischer oder gesellschaftlicher und schon gar nicht politischer Entwicklungen gesehen, der Text mithin auch nicht zu dem Kontext, in dem er entstanden ist, in Verbindung gesetzt. Diese Isolierung der Literatur von ihrem gesellschaftspolitischen und soziokulturellen Entstehungsumfeld wird der kritische An-

knüpfungspunkt der sozial- und kulturgeschichtlichen
Zugänge der 1970er und 1980er Jahre ebenso wie der kulturwissenschaftlichen Verfahren der 1990er Jahre sein.
Statt von einem autonomen Textgebilde gehen diese von
einer gesellschaftlichen und sozialen Energie eines Werks
aus, die es innerhalb der Analyse freizulegen gilt. War die
werkimmanente Interpretation bereits nach 1968 durch
die Sozialgeschichtsschreibung weitgehend relativiert, so
hat sie seit den frühen 1990er Jahren, in denen eine Neu-
orientierung der Literaturwissenschaften im Sinne der interdisziplinären Kulturwissenschaften einsetzte, vollends
an Bedeutung, aber auch an Legitimation verloren – nicht
zuletzt durch den steigenden Druck auf die Geisteswissenschaften insgesamt, von denen seit einigen Jahren ihre
Öffnung hin zu den Kultur- und Gesellschaftswissen-
schaften gefordert wird.

Literaturhinweis

Klaus L. Berghahn: »Wortkunst ohne Geschichte: Zur werkimma-
    nenten Methode der Germanistik nach 1945«. In: Monatshefte
    für deutschen Unterricht, deutsche Sprache und Literatur 71
    (1979) H. 4. S. 387 ff.

6   Sozialgeschichte der Literatur

Die sozialgeschichtlichen Ansätze entstanden zum einen
im Anschluss an die Studentenunruhen und gesellschaftspolitischen Umbrüche der Jahre um 1968, zum anderen in
Absetzung von der werkimmanenten Methode. In Verbindung mit der Forderung nach der Modernisierung der
Gesellschaft kam es Ende der 1960er Jahre zu einer Neu-
orientierung der Germanistik; mit ihr ging vor allem eine

stärkere Rückbindung der gesamten Disziplin wie der literaturwissenschaftlichen Analyse im Speziellen an gesellschaftliche Entwicklungen und Fragestellungen einher. Resultat dieses Umbruchs war nicht zuletzt ein noch heute wirksamer erweiterter Literaturbegriff, der vor allem die Gebrauchsliteratur bzw. Gebrauchstexte (Publizistik, Reportage, Unterhaltungs- und Kriminalliteratur, Brief, Essay; → III.6) als Untersuchungsgegenstände einschließt; darüber hinaus ein Umgang mit literarischen Texten, der weit über deren Beschreibung als formal und stilistisch kohärente Kunstwerke hinausgeht. Hierbei wird ein sozialhistorischer Begriff von Literatur entwickelt, der das werkimmanente Verständnis von Literatur als geschlossenes Gebilde und autonomes Sprachkunstwerk hinter sich lässt, indem er nach den gesellschaftlichen, gesellschaftspolitischen und soziokulturellen Bezügen literarischer Texte fragt, Literatur also im Hinblick auf ihr Wechselverhältnis zum gesellschaftlichen Prozess untersucht und die Beschreibung von Literatur im Kontext der Geschichte leistet; Literatur wird als das Produkt kultureller, sprachlicher, sozialer und gesellschaftlicher Zusammenhänge sowie politischer und ökonomischer Entwicklungen, als ein, wenn auch nicht gleichgewichtiger, Teil des sozialen Systems verstanden. Die Sozialgeschichte nimmt eine Wechselbeziehung zwischen literarischem Text und sozialem Kontext an. Man setzt voraus, dass soziokulturelle, aber auch soziopolitische Verhältnisse Einfluss genommen haben auf die Inhalte von Literatur ebenso wie auf die Ästhetik. Die gesellschaftliche Eingebundenheit derselben zieht eine soziale Dimension von Literatur nach sich. Im Anschluss an diese Erkenntnis versucht man, literaturgeschichtliche Entwicklungen nicht ausschließlich binnenliterarisch bzw. als einen nur ästhetischen Prozess zu erklären; vielmehr wird Literatur als ein Ergebnis menschlichen Handelns im Rahmen von Gesellschaft und Geschichte, werden literarische Werke in gesellschaftlichen und sozialen Handlungszusammenhängen wahrgenommen.

Aus diesen Grundannahmen resultiert eine Reihe von Konsequenzen, den Status von Literatur betreffend: Zum einen wird Literatur nicht als ein autonomes Gebilde, sondern zuallererst als Ausdruck der kulturellen und sozialen Verfasstheit einer Gesellschaft gewertet; statt über ein traditionelles hermeneutisches Einfühlen in das einzelne Werk den literarischen Text subjektiv zu verstehen oder ihn formal nach seinen Baugesetzen zu analysieren, wird dieser im gesellschaftlichen und sozialen Kontext interpretiert. Der literaturwissenschaftlichen Analyse kommt sodann die Aufgabe zu, die Funktionen von Literatur innerhalb ihres gesellschaftlichen und historischen Entstehungsumfelds freizulegen. Diese Maxime ist das Resultat der Überzeugung, dass der Literatur eine Referenz auf die außertextliche Wirklichkeit und gesellschaftliche Realität implizit ist: Zum einen in Bezug auf die Thematik (Stoffe, Motive, Sujets, Figuren), zum anderen im Hinblick auf ihre formale und stilistische Gestalt (Genre, Erzähltechnik, ästhetische Verfahrensweisen). Eine sozialgeschichtliche Literaturwissenschaft geht also davon aus, dass der literarische Text soziale und gesellschaftliche Wirklichkeit reflektiert, entweder auf der thematisch-inhaltlichen oder auf der formal-stilistischen Ebene: Nicht nur der Inhalt, sondern auch die literarische Form spiegelt gesellschaftliche Prozesse wider. Man nimmt eine Sozialgeschichte der Literatur, aber auch des Textes an. Dementsprechend wird sowohl nach dem Milieu, nach der Herkunft und Sozialisation der Autoren, aber auch nach den in einer Gesellschaft gegebenen Instanzen der Vermittlung von Literatur und nach der literarischen Kommunikation insgesamt (Literaturbetrieb und -vertrieb, Lesersozialisation, Verhältnis zwischen Autor und Leser, Buchmarkt, Verlagswesen, Zeitschriften, Lesegesellschaften, Leihbüchereien und Bibliotheken) gefragt. Fragen der Produktion, Rezeption und Distribution sowie der Repräsentation und Institutionalisierung finden mithin Berücksichtigung. Zu dieser Sozialgeschichte des Textes tritt eine »Sozialgeschichte im Text«.[22] Die gesellschaftliche Erfahrung des Autors geht, so die Grundannahme, in einen literarischen Text ein: mit dieser Vorstellung ist die Idee vom autonom schöpfenden und individuell schaffenden Autorsubjekt in Frage gestellt. Man fokussiert stattdessen außerliterarische Faktoren und Ursachen für die Veränderung ästhetischer Schreibweisen und literarischer Formen und versucht diese über die Integration von politischen, kulturellen und soziohistorischen Informationen freizulegen. Literatur und Ästhetik sind dementsprechend im Kontext ihrer gesellschaftlichen Entstehungszusammenhänge zu beschreiben; sowohl der literarisch-ästhetische Wandel als auch die Geschichte der Literatur werden unter Einbeziehung des sozialgeschichtlichen Kontextes verfolgt.

Literaturhinweis

Nach der Sozialgeschichte. Konzepte für eine Literaturwissenschaft zwischen historischer Anthropologie, Kulturgeschichte und Medientheorie. Hrsg. von Martin Huber und Gerhard Lauer. Tübingen 2000.

7   Systemtheorie/Literatursoziologie

Die in den 1980er Jahren entstandene Systemtheorie entwickelte die den sozialgeschichtlichen Zugängen immanente soziologische Dimension weiter. Systemtheoretische Mo-

---

22 Jörg Schönert, »The Social History of German Literature. On the Present State of Distress in the Social History of German Literature«, in: *Poetics* 14 (1985) S. 303–319.

delle konzentrieren sich auf die Erfassung des Verhältnisses von Literatur und Gesellschaft und beschreiben Literatur als ein Handlungs- und Sozialsystem, womit sie allerdings die zentrale Frage der Sozialgeschichte nach der Funktion von Literatur im historischen Prozess zurückdrängen. Ausgehend von der Annahme übergeordneter Strukturen und Regelmechanismen, verlagert die Systemtheorie demgegenüber das Interesse auf die Ausdifferenzierung von Kunst als eines spezifisch geregelten Bereichs und auf die Analyse literarischer Texte im Rahmen des Systems Kunst. Kunst ist, so die Ausgangsthese der Systemtheorie im Anschluss an den Soziologen NIKLAS LUHMANN, ein autopoietisches Teilsystem der modernen Gesellschaft (der griechische Begriff der *autopoíēsis* bezeichnet einen Prozess der Selbsterschaffung und Selbsterneuerung eines Systems), von anderen Systemen – Religion, Recht, Erziehung –, etwa durch die Ausbildung eigener Institutionen, Funktionsweisen und Regeln, ›ausdifferenzierter‹ Bereich. Literarische Texte werden sodann als eine Form kommunikativen Handelns verstanden.

Eine weitere Ausprägung der sozialgeschichtlichen Zugänge ist die Literatur- und Lesersoziologie. Bezieht eine sozialgeschichtlich ausgerichtete Literaturwissenschaft ohnehin die Entstehung, Distribution und Rezeption von Literatur ein, so fragt die Literatursoziologie nach der gesellschaftlichen Wirkung literarischer Texte: Fragen der Rezeption von Literatur im Anschluss an soziologische Ansätze stehen im Mittelpunkt, etwa nach der Soziologie von Lesergruppen und Rezipienten, nach den Institutionen (Schulen, Universitäten, Volkshochschulen, Arbeiterbildung, literarische Gesellschaften), nach der Literaturvermittlung und nach der Affinität von Literatur und der soziologischen Zugehörigkeit ihrer Leser. An diese Ausrichtung der Sozialgeschichte als Lesersoziologie knüpft zum einen die mentalitäts- und kulturgeschichtliche Theorie des literarischen Feldes des Soziologen PIERRE BOURDIEU (→ V.17), zum anderen die Wirkungs- und Rezeptionsforschung an. Insbesondere die von der Sozialgeschichte aufgeworfene Frage nach dem Verhältnis des literarischen Textes zu übergreifenden sozialen Prozessen findet in ihr eine Fortsetzung.

Literaturhinweise

Dörner, Andreas / Vogt, Ludgera: Literatursoziologie. Literatur, Gesellschaft, Politische Kultur. Opladen 1994.
Literaturwissenschaft und Systemtheorie. Positionen, Kontroversen, Perspektiven. Hrsg. von Siegfried J. Schmidt. Opladen 1993.

8 Rezeptionsästhetik

Auch die Rezeptionsästhetik wird letztlich aus den Ansätzen und Fragestellungen der sozialgeschichtlichen Methode heraus entwickelt. Zwar ist ihre Grundlage die Hermeneutik: Ihre wichtigen Vertreter, die Begründer der ›Konstanzer Schule‹, vor allem ROMAN INGARDEN, HANS ROBERT JAUSS und WOLFGANG ISER, knüpfen in wesentlichen Punkten an GADAMERS Verstehenslehre an. Allerdings ist die Rezeptionsästhetik weniger an Autor und Text als am Leser interessiert. In *Wahrheit und Methode* hatte GADAMER dieses Interesse jedoch insofern vorbereitet, als er nach dem Zusammenhang von Verstehen und Lesen fragte. Die ›Konstanzer Schule‹ geht weit über diesen Ansatz hinaus, wenn sie als ihr Hauptanliegen formuliert, das Werk »aus seiner Wirkung und Rezeption, die Geschichte einer Kunst als Prozeß der Kommunikation zwischen Autor und Publikum, Vergangenheit und Gegenwart zu begreifen«.[23] Ausgangspunkt ist dabei die

---

23 Hans Robert Jauß, *Ästhetische Erfahrung und literarische Hermeneutik*, Frankfurt a. M. 1991, S. 20.

Vorstellung, dass der literarische Text ebenso wie seine
ästhetischen und inhaltlichen Potentiale im historischen
Prozess seine Wirkung entfalten und Ersterer sich vornehmlich im Rezeptionsprozess als ein literarisches Werk
konstituiert, seine Eigentümlichkeit also im »Prozess der
Erfahrung«[24] des Lesers zum Tragen komme. Das Werk
entfalte, so der Ansatz von JAUSS, erst in der »fortschreitenden Aisthesis« [Wahrnehmung] seine eigentliche Be-
deutungsfülle und Polyvalenz (Mehrdeutigkeit). Nur im
»Akt des verstehenden Lesens« könne das Werk »den
Horizont seiner Entstehung« überschreiten.[25] Der Sinn literarischer Werke konkretisiert sich in der Vorstellung
der Rezeptionsästhetik im Akt des Lesens.

Damit ist zugleich ein Wandel von der Beschreibung
der Werkästhetik hin zur Rezeptionsästhetik vorgenommen. Im Mittelpunkt des Interesses steht nicht mehr das
Werk selbst, sondern dessen Aufnahme beim Rezipienten,
die, in Analogie zu gesellschaftlichen Entwicklungspro-
zessen, einem historischen Wandel unterliegt. Rezeptionsästhetik darf von daher keinesfalls als eine Wirkungsgeschichte missverstanden werden, ungeachtet der Exponie-
rung wirkungsgeschichtlicher Fragestellungen innerhalb
der rezeptionsästhetischen Zugänge. Dies verdeutlicht
auch die von WOLFGANG ISER in seiner Untersuchung *Der
implizite Leser* entwickelte These, das Werk konstituiere
sich im Akt des Lesens, nur hier finde der Text seine »Er-
füllung«.[26] ISER redet dementsprechend vom »Aktcharakter des Lesens«[27]: »Da ein literarischer Text seine Wirkung
erst dann zu entfalten vermag, wenn er gelesen wird, fällt
eine Beschreibung dieser Wirkung weitgehend mit einer
Analyse des Lesevorgangs zusammen.«[28] Im Unterschied

24 Ebd., S. 85.
25 Ebd., S. 89.
26 Ebd., S. 63.
27 Wolfgang Iser, *Der implizite Leser*, München 1972, S. 9.
28 Wolfgang Iser, *Der Akt des Lesens*, München 1976, S. 7.

zu Jauss bindet Iser den wirkungsästhetischen Ansatz zurück an die spezifische Bauform des literarischen Textes, dessen Leerstellen den Leser zur Konsistenzbildung nötigen; der Schwerpunkt literaturwissenschaftlicher Analyse hat ihm zufolge auf der Interaktion zwischen Text und Leser zu liegen.

Eine extreme Ausprägung erfährt der rezeptionsästhetische Ansatz in den konstruktivistischen Arbeiten, vor allem von Siegfried J. Schmidt. In Anlehnung an naturwissenschaftliche Maximen weist die konstruktivistische Rezeptionsästhetik die These von der Verarbeitung von Realität und Erfahrung im literarischen Text zurück. Stattdessen beschreibt man den Akt des Lesens und die Rezeption von Literatur als einen Vorgang, der Realität erst schafft und Realitätserfahrung erst ermöglicht. Wirklichkeit werde, so die Annahme des Konstruktivismus, umfassend im Akt des Wahrnehmens und des Verstehens erzeugt und damit zum Teil auch der literarische Text. Diesem wird demzufolge nicht mehr – wie in der Hermeneutik – eine sinn- und bedeutungsstiftende Dimension zugesprochen; vielmehr ist der Leser – ähnlich wie bei Jauss – die eigentliche bedeutungsgebende und somit innerhalb der literaturwissenschaftlichen Analyse interessierende Instanz.

Führt dieser Ansatz in der konstruktivistischen Literaturwissenschaft zu einer einseitigen und unangemessenen Aufwertung der Leserinstanz und zu einer Nivellierung der Rolle des literarischen Textes, so haben die kulturgeschichtlichen und kulturwissenschaftlichen Methoden in Verbindung mit mentalitätsgeschichtlichen Fragestellungen diese Überlegungen produktiv und sinnvoll genutzt.

Literaturhinweise

Iser, Wolfgang: Der Akt des Lesens: Theorie ästhetischer Wirkung. München ³1990.
Warning, Rainer (Hrsg.): Rezeptionsästhetik. Theorie und Praxis. München ⁴1994.

9 Literaturpsychologie / Psychoanalytische Literaturwissenschaft

Im Mittelpunkt der an die Lehre SIGMUND FREUDS anschließenden psychologischen und psychoanalytischen Literaturwissenschaft stehen primär nicht ästhetische oder poetologische Fragen. Vielmehr exponiert sie in Analogie zum psychoanalytischen Denken die menschliche Psyche und dabei speziell das Element des Unbewussten, das zweifellos innerhalb des literarischen Produktions- und Rezeptionsprozesses eine wesentliche Rolle spielt. Im Hinblick auf die Fokussierung der Interpretation auf die Instanzen Autor, Figur und Leser stehen die literaturpsychologischen Zugänge sicherlich in der Tradition der Sozialgeschichte; durch ihre interdisziplinären und kontextbezogenen Ansätze antizipieren sie jedoch zugleich die Prämissen einer kulturwissenschaftlichen Literaturwissenschaft.

Eine literaturpsychologische Untersuchung ist auf die Erklärung der im Text auftauchenden komplexen Handlungen und Gefühlsäußerungen hin angelegt; ihr Ziel ist die Freilegung der dem Text bzw. der Handlungsweise der Figuren impliziten Wünsche und Vorstellungen. Der Figurenkonstruktion in literarischen Texten ist stets eine psychologische Dimension immanent, von daher werden auf Literatur tiefenpsychologische Theorien und psychoanalytische Vorgehensweisen angewendet: Handlungen und Gefühlsäußerungen des literarischen Personals, aber auch des Autors und des Lesers sind nachzuvollziehen.

Die literarischen Figuren ebenso wie die sich im Text in Zusammenhang mit den Figuren ergebenden psychischen Konstellationen werden einer Psychoanalyse unterzogen. Die psychoanalytische Methode versteht den literarischen Text selbst als das Resultat der Handlung, also der Gefühle und Erfahrungen seines Autors. Eine Textlektüre im Anschluss an FREUD wendet die Psychoanalyse dementsprechend auf literarische Texte an und fragt nach den unbewussten Gefühlen, Sehnsüchten und Trieben der Figuren und somit auch des Autors, nach dessen Verlangen und Begehren, aber auch nach Abwehrmechanismen und ihren Gründen; weiterhin nach dem Einfluss der frühen Kindheit sowie nach den unausgesprochenen und unbewussten Handlungsmotivationen und -motiven der Figuren. Darüber hinaus ist eine psychoanalytische Literaturwissenschaft auf die Herausarbeitung der psychologischen Funktion von Literatur gerichtet. Dieser Fragestellung ist die Gleichsetzung des literarischen Textes als Traum implizit, dessen Deutung Träume und Begehren von Autoren wie einer ganzen Gesellschaft offenlegen kann. Denn Literatur ist, so FREUDS Annahme, der »Wirklichkeit« entgegengesetzt, produziere also »Tagträume«[29], die als »Triebkräfte der Phantasien« Aufschluss geben über »unbefriedigte Wünsche«: »[...] jede einzelne Phantasie ist eine Wunscherfüllung, eine Korrektur der unbefriedigenden Wirklichkeit.«[30]

Die schriftliche Schaffensmotivation wird daran anschließend als »Ersatzhandlung« wahrgenommen, die Textproduktion mit dem Erzeugen von Träumen und Wahnvorstellungen analogisiert, in denen unbewusste Wünsche zum Ausdruck kommen. Ausgehend von der Behandlung literarischer Texte als »Tagträume« fragen li-

---

29 Sigmund Freud, *Der Dichter und das Phantasieren* [1908], in: S. Freud, *Gesammelte Werke*, hrsg. von Anna Freud [u. a.], London 1941 ff., hier Bd. 7, London 1947, S. 213–223, hier S. 215.
30 Ebd., S. 216.

teraturpsychologische Ansätze zudem nach in ihnen aufgehobenen Substrukturen und autobiographischen Aussagen, von denen Informationen über psychische Zustände und Erfahrungsmomente des Autors zu erwarten sind. Im Anschluss an die Erkenntnis, jeder literarische Text und jede literarische Aussage seien »von der Normalität abweichende Kreativität«[31], sind beide als Dokumente zur Analyse der Psyche des Autos zu werten.

Die Nachteile einer solchen (psychoanalytischen) Verfahrensweise liegen in ihrer Ausrichtung als Biographieforschung, und das heißt, in der Annahme einer Analogie zwischen Couch und Patient auf der einen und Couch und Text auf der anderen Seite; die Tatsache, dass jeder literarische Text primär als eine Krankengeschichte gelesen wird, ignoriert in vielen Fällen die Komplexität von Literatur. So bleiben sowohl formal-ästhetische Aspekte als auch sozial- und kulturgeschichtliche Dimensionen von Literatur weitgehend unberücksichtigt: »Literaturgeschichte wird aus dieser Perspektive als eine Abfolge von Analysebefunden« zusammengestellt und so zur »Personengeschichte«[32] reduziert. Die psychoanalytische Literaturwissenschaft versucht diesem Vorwurf mit dem Hinweis zu begegnen, dass über die Analyse des Textes nicht nur die Psyche des Autors zu erschließen, sondern zugleich dessen historische, soziokulturelle und sozialpsychologische Verortung wie die seiner Werke gleichermaßen zu leisten sei. Dies nicht zuletzt deshalb, weil in ihnen psychologische Erfahrungen verarbeitet werden, die repräsentativ und paradigmatisch sind für eine bestimmte Generation bzw. Zeit.

Auch FREUDS Behauptung, jeder literarische Text sei ein Ausdruck der Phantasie, die nach den Regeln des

---

31 Rainer Baasner / Maria Zens, *Methoden und Modelle der Literaturwissenschaft. Eine Einführung*, 2. überarb. und erw. Aufl. Berlin 2001, S. 145.
32 Ebd.

»Tagtraums« zu analysieren sei, d. h. die von ihm angenommene Analogie zwischen »Tagtraum« und Text, ist nicht ohne Kritik geblieben. Sie ziehe, so der Vorwurf, den Kompositionscharakter und den Schaffensprozess auf die unbewusste Ebene und werte den literarischen Text nahezu ausschließlich als das Resultat einer spontanen Phantasietätigkeit. Zwar kann Literatur Phantasie als eine ästhetische Kategorie zulassen, sie muss es jedoch nicht. Eine politisch-funktionale Literatur etwa oder die pädagogisch-didaktische Literatur der Aufklärung ebenso wie die Antikunstbewegungen der Moderne im 20. Jahrhundert exponieren primär nicht die Phantasie als ihre zentrale ästhetische Kategorie.

Neben der Frage nach der psychologischen Funktion literarischer Texte für den Autor konzentrieren sich psychologische Zugänge zur Literatur auf in ihr vorgeführte Personen und Handlungen. Durch diese Fokussierung auf die Handlungs- und Verhaltensweisen von Personen werden Erkenntnisse über den gesamten Text abgeleitet; ebenso über die in ihm nicht explizit erwähnten Wünsche und Motive der Figuren sowie der psychologischen Motivierung ihrer Handlungsweise, die zudem Rückschluss zulassen auf den gesamten Handlungsverlauf. FREUD selbst hat eine psychologische Analyse der Figur der Rebecca aus HENRIK IBSENS Drama *Rosmersholm* vorgelegt und damit entscheidende Fragestellungen und Merkmale einer psychoanalytischen Literaturwissenschaft benannt.[33] Figuren sind demzufolge »in all ihren seelischen Äußerungen und Tätigkeiten« zu beschreiben, so »als wären sie wirkliche Individuen und nicht Geschöpfe eines Dichters«.[34]

Über die auktoriale und inhaltlich-personelle Seite hin-

33 Sigmund Freud, *Einige Charakterstudien aus der psychoanalytischen Arbeit* [1915], in: Freud (s. Anm. 29) Bd. 10, S. 364–391, hier S. 380–389.
34 Sigmund Freud, *Der Wahn und die Träume in W. Jensens »Gradiva«* [1907], in: Freud (s. Anm. 29) Bd. 7, S. 31–139, hier S. 41.

aus bezieht die Literaturpsychologie die Rezipientenseite in ihre Analyse ein. Im Lese- und Rezeptionsakt werden Verhaltensweisen und Reaktionsformen aktiviert und freigesetzt, die nur partiell bewusst sind. Mittels in der Psyche und im Bewusstsein vorgeprägter Muster orientiert sich der Leser in einem Text, sie bestimmen seinen Lese- und Rezeptionsprozess wie den Verstehensakt. In ihm geht es auch um die Bestätigung der eigenen Identität und des eigenen psychischen Haushalts. Literatur erhält dementsprechend – indem es zu einer Identifikation zwischen Lesenden und Textelementen, insbesondere literarischen Figuren, kommt – Bedeutung als Rollenspiel und Projektionsfläche.

Literaturhinweise

Marx, Reiner / Wild, Reiner: Psychoanalyse und Literaturwissenschaft. Skizze einer komplizierten Beziehungsgeschichte. In: Zeitschrift für Literaturwissenschaft und Linguistik (1984) Nr. 53/54. S 166–193.

Matt, Peter von: Literaturwissenschaft und Psychoanalyse. Eine Einführung. Freiburg i. Br. 1972.

Schönau, Walter: Einführung in die psychoanalytische Literaturwissenschaft. Stuttgart [u. a.] 1991.

10   Feministische Literaturtheorie

Die feministische Literaturwissenschaft entwickelte sich in Zusammenhang mit den Studentenunruhen der 1968er Jahre und der in ihrem Umkreis entstandenen Frauenbewegung; sie war von daher zunächst politisch-ideologisch motiviert, etablierte sich aber in den 1970er und 1980er Jahren als eine feministische Literaturtheorie. Ausgangspunkt war die Annahme, dass der Literaturwissenschaft und der Literatur in Analogie zur gesamtgesellschaftlichen Situation die Dominanz des männlichen Blicks immanent ist.

Daran anschließend setzte die feministische Literaturwissenschaft bzw. -theorie zwei Akzente: Zum einen konzentrierte man sich auf die Erarbeitung eines ›Gegenkanons‹, strebte also eine Erweiterung des männlich dominierten literarischen Kanons an. Man verband damit die Beschreibung der Lebensbedingungen von Autorinnen im Speziellen und von Frauen im Allgemeinen über den literarischen Diskurs. Zum anderen rückte die Analyse von in Literatur entworfenen Weiblichkeitsbildern und von Repräsentationsformen des Weiblichen im Zusammenhang mit der Analyse von Machtstrukturen des Männlichen und patriarchalischen Machtverhältnissen in den Mittelpunkt.

Die feministische Literaturwissenschaft baute auf den Fragen der sozialgeschichtlichen Zugänge auf; im Hinblick auf einen erweiterten Textbegriff und einen ausgeweiteten Kanon darf die Sozialgeschichte als ihr wichtigster Impulsgeber und ihre programmatische Basis gelten. Dieser Zusammenhang wird vor allem im Hinblick auf die Frühphase der feministisch ausgerichteten Germanistik deutlich. Hier standen Frauen als Autorinnen bzw. Frauen in der Literatur im Zentrum, Akzentuierungen, die sodann die Rekonstruktion einer ›Frauenliteraturgeschichte‹ sowie die Frage nach einer spezifischen weiblichen Ästhetik, d. h. die Suche nach dezidiert weiblichen Schreibtraditionen gleichermaßen einschloss.

Ein wesentlicher Aufgabenbereich der feministischen Literaturwissenschaft war die systematische und historische Erforschung der von Frauen verfassten Literatur, war die Erschließung eines bis dahin vernachlässigten Textkorpus von Werken weiblicher Autoren.

Repräsentativ für Recherchearbeiten und Pionierleistungen der feministischen Forschung ist das von Gisela

BRINKER-GABLER herausgegebene Lexikon *Deutsche Dichterinnen vom 16. Jahrhundert bis zur Gegenwart* (1978), weiterhin die literaturgeschichtliche Studie *Deutsche Literatur von Frauen* (2 Bde., 1988) von GISELA BRINKER-GABLER sowie die von HILTRUD GNÜG und RENATE MÖHRMANN vorgelegte *Frauen Literatur Geschichte. Schreibende Frauen vom Mittelalter bis zur Gegenwart* (1999).[35]

Neben dieser systematischen Sichtung, Sammlung und Beschreibung der Literaturproduktion von Frauen leistete die feministische Literaturwissenschaft eine Analyse der von Frauen verfassten Literatur unter dem Aspekt des weiblichen Schreibens, das man sowohl über thematisch-inhaltliche als auch formal-stilistische Komponenten zu fassen suchte. Es ging um die Frage nach einer spezifisch weiblichen Ästhetik und nach der Kontinuität einer weiblichen Schreibtradition. In diesem Zusammenhang wurden die Rolle der Frau als Autorin, und das heißt soziokulturelle, gesellschaftspolitische und sozioökonomische Bedingungen der Etablierung von Frauen auf dem literarischen Markt, untersucht.

Einen weiteren wichtigen Aufgabenbereich fand die feministische Literaturwissenschaft in der Untersuchung von in Literatur entworfenen Frauenbildern und der in ihnen inszenierten Geschlechterdifferenz. Ausgangspunkt war die Annahme, dass in der Literaturwissenschaft ebenso wie in der Literatur, entsprechend der gesamtgesellschaftlichen Situation, der männliche Blick vorherrscht. Folglich formulierte die frühe feministische Literaturwissenschaft zwei zentrale Themen und Fragestellungen: die

---

35 Zu nennen wären weiterhin Lexika und Anthologien, so etwa: Petra Budke / Jutta Schulze, *Schriftstellerinnen in Berlin 1871–1945. Ein Lexikon zu Leben und Werk,* Berlin 1995; Renate Wall (Hrsg.), *Lexikon deutschsprachiger Schriftstellerinnen im Exil 1933–1945,* 2 Bde., Freiburg i. Br. 1995; *Metzler Autorinnen-Lexikon,* hrsg. von Ute Hechtfischer [u. a.], Stuttgart/ Weimar 1998.

Benennung von in (vornehmlich von Männern verfassten)
Literatur entworfenen Frauenbildern, mithin die Beschreibung der in literarischen Texten »imaginierte[n] Weiblichkeit« – so der Titel der bahnbrechenden Studie von SILVIA
BOVENSCHEN[36]. Der zentrale Gedanke liegt hier darin,
dass Frauen als Autorinnen innerhalb der Literatur- und
Kulturgeschichte und als aktiv Handelnde der Geschichte
überhaupt zwar kaum in Erscheinung treten, dass Frauen,
denen über Jahrhunderte der Zugang zum literarischen
Markt entweder nicht oder nur sehr schwer möglich war,
in diesem Bereich unter-, in Literatur und Kunst als Bild,
Motiv und Figur, als literarisches Sujet jedoch überreprä-
sentiert sind: Literarische Weiblichkeitsbilder und -ent-
würfe sind fester Bestandteil von Literatur. Die in ihr entworfenen Frauenbilder und (männlichen) Projektionen
bzw. Imaginationen aus einer dezidiert weiblichen Perspektive zu untersuchen und zu beschreiben war eine
längst überfällige Aufgabe der Literaturwissenschaft. Das
gilt gleichermaßen für die in und über Literatur zu fassen-
den gesellschaftlich und kulturell bedingten Geschlechter-
differenzen sowie für das literarischen Texten immanente,
auf der inhaltlichen wie der ästhetischen Ebene greifbare
geschlechtlich gebundene Verhalten und Handeln. Literatur wird hierbei auf die in ihr verborgenen ›Geschlechter-
Texte‹ hin gelesen, und die feministische Literaturtheorie
bahnt damit den Gender Studies den Weg.

Die Untersuchung literarischer Konstruktionen von
Weiblichkeit sowie literarischer Entwürfe imaginierter
Weiblichkeit nahm dabei unter Einbeziehung der Lebenswirklichkeit von Frauen in autor- und textzentrierten bzw.
textimmanenten Untersuchungen eine enge Verknüpfung
von Gesinnung, Ideologie des Verfassers und den entwor-

---

36 Silvia Bovenschen, *Imaginierte Weiblichkeit. Exemplarische Untersuchun-*
gen zu kulturgeschichtlichen und literarischen Präsentationsformen des
Weiblichen, Frankfurt a. M. 1979.

fenen Weiblichkeitsbildern an, erfolgte also auf der Basis einer ideologiekritischen Relektüre; fokussiert war diese auf die spezifische Darstellung von Frauen in literarischen Texten männlicher Autoren aus weiblicher Perspektive (›Frauenbildforschung‹); das Verhalten und die Einstellungen literarischer Figuren ebenso wie die dargestellte Handlung waren in diesem Zusammenhang von Interesse, da, so die Annahme, in Literatur entworfene Subjektkonzeptionen immer auch mit der Konstruktion der geschlechtlichen Identität verknüpft sind. Dies erforderte eine erhöhte Aufmerksamkeit sowohl gegenüber männerperspektivischen Lektüren und ästhetischen, aus der von Männern geschriebenen Literatur abgeleiteten Wertmaßstäben als auch gegenüber interpretativen Wertungen der Forschungsliteratur. Nicht nur Literatur, auch Sekundärliteratur kann auf einem männerperspektivischen Lesen basieren.[37] Dementsprechend strebte man die Revision literaturwissenschaftlicher Urteile und Wertungen sowie die Ergänzung männlicher Sehweisen durch eine dezidiert weibliche Perspektive an. Feministische Studien haben überzeugend dargelegt, dass die Modellierung weiblicher Figuren nach patriarchalisch-männlichen Normen funktioniert, literarische Texte mithin auch die damit festgeschriebenen gesellschaftlichen Rollenbilder bezeugen. Literarische Texte im Allgemeinen wie auch ihre inhaltliche, figürliche und formale Konzeption im Speziellen sind sozialen Normen und gesellschaftlichen Regeln unterworfene Konstruktionen. Dementsprechend konfrontiert eine feministische Literaturwissenschaft ganz bewusst die Werke männlicher Autoren mit weiblichen Interessen und Wertungen, um so die patriarchalischen Tendenzen der Weiblichkeitsentwürfe freizulegen, aber auch, um die patriarchalischen Machtverhältnisse einer Geschlechterordnung benennen zu können.

---

37 Vgl. hierzu Jutta Osinski, *Einführung in die feministische Literaturwissenschaft*, Berlin 1998, S. 9–16.

Literaturhinweise

Lindhoff, Lena, Einführung in die feministische Literaturtheorie. Stuttgart/Weimar 1995.

Osinski, Jutta, Einführung in die feministische Literaturwissenschaft. Berlin 1998.

Stephan, Inge / Weigel, Sigrid: Feministische Literaturwissenschaft. Berlin 1984.

11   Gender Studies

In den späten 1980er Jahren entwickeln sich die Gender Studies als ein integrierendes Modell in Fortführung und Weiterentwicklung der separierenden feministischen Literaturwissenschaft. Sie sind als eine Erweiterung der ›Women Studies‹ bzw. der Frauenforschung zu werten, die mit ihrer Ausrichtung auf frauenspezifische Fragestellungen an ihre Grenzen gestoßen waren; nicht zuletzt aufgrund der Einsicht, dass die Beschreibung von Weiblichkeit adäquat nur in Verbindung mit Männlichkeit und über die Beziehung der Geschlechter zu fassen sei. Dementsprechend steht die Frage nach dem Geschlechterverhältnis und der Geschlechterordnung im Zentrum der Gender Studies.

Im Unterschied zur feministischen Literaturtheorie geht man nicht von einer Gemeinsamkeit von Frauen bzw. einer Homogenität von Weiblichkeit aus. Die Kategorie des Weiblichen (und des Männlichen) wird stattdessen als historisch wandelbares gesellschaftliches und kulturelles Phänomen beschrieben. Damit verschiebt sich zugleich die Perspektive, aus der heraus genderorientierte Fragestellungen an literarische Texte formuliert werden: So ist man primär an der kulturellen Repräsentation von Weiblichkeit und Männlichkeit wie an den gesellschaftli-

chen, historischen und soziokulturellen Bedingungen der
in einer Gesellschaft herrschenden Geschlechterbeziehungen gleichermaßen interessiert.

Die Gender Studies verbinden zwei theoretische Ansätze miteinander: die Dekonstruktion von Geschlechterge-
gensätzen und die diskursanalytische Beschreibung von
gesellschaftlichen und sozialen Herrschaftsverhältnissen,
in denen das weibliche Element als das Abwesende oder
Unterdrückte gewertet wird. Gegenüber den feministischen Forschungsansätzen betonen die Gender Studies die
Relationalität der Geschlechterforschung, vor allem dadurch, dass sie zwischen *sex* als biologischem Geschlecht
und *gender* als der sozial und kulturell kodierten Identität,
als einer soziokulturellen Konstruktion von Sexualität unterscheiden: Die Kategorie ›gender‹ soll dabei als eine hi-
storisch-soziale, aber auch kultur- und literaturwissenschaftliche Kategorie integriert werden. Daneben beinhal-
tet der ›gender‹-Begriff die Benennung der Relationalität
von Weiblichkeit und Männlichkeit, benennt die Relation
der Geschlechter im gesellschaftlichen und soziokulturellen Bereich. Geschlechterbeziehungen lassen sich als »Re-
präsentationen von kulturellen Regelsystemen«[38] beschreiben, was zugleich bedeutet, dass sich über die Kategorie
›gender‹ Aussagen über eine Gesellschaft allgemein ebenso
wie über das Verhältnis von Individuum und Gesellschaft
treffen lassen. Den Gender Studies geht es folglich um die
soziokulturelle Konstruktion von Geschlechtlichkeit; das
meint zugleich, dass sie die Beschreibung und Analyse gesellschaftlicher und kultureller Strukturen von Weiblichkeit, aber auch von Männlichkeit vornehmen. Untersucht
werden sodann spezifische historische und literarische
Konstruktionen von Weiblichkeit und Männlichkeit, und
das meint die jeweiligen einer Gesellschaft eigenen Vor-

---

38 Teresa de Lauretis, *Technologies of Gender. Essays on Theory, Film, and
Fiction*, Bloomington 1987, S. 26.

stellungen von diesen Phänomenen; dabei sind sowohl die (unterschiedlichen) Wahrnehmungen von Frauen und Männern wie von Geschlechterrollen und -verhältnissen als auch die Machtstrukturen, die die Bilder von den Geschlechtern prägen, von Bedeutung.

Wie gesagt, gehen die Gender Studies von einer Wandelbarkeit der ›gender‹-Kategorie, d.h. von Männlichkeit und Weiblichkeit als von gesellschaftlichen Konstruktionen aus. Daraus resultiert die Entscheidung, an exponierter Stelle die jeweiligen politischen, gesellschaftlichen, sozialen, ökonomischen und kulturellen Rahmenbedingungen einzubeziehen, um so die Situation, in der literarische Texte entstehen, zu aktualisieren. Darüber soll im Übrigen die von der feministischen Literaturwissenschaft nicht ausreichend reflektierte Erkenntnis, dass auch das literarische Sprechen einer Autorin nicht unbedingt authentisch ist oder eine authentische Aussage über weibliche Befindlichkeit und Bedürfnisse sein muss, korrigiert werden. Dementsprechend richten die Gender Studies ihren Fokus auf die kulturelle Ordnung einer Gesellschaft und auf die in ihr dominierende Geschlechterordnung – über diesen Ansatz kann sichergestellt werden, dass verinnerlichte literarische und ästhetische Strategien der Anpassung, aber auch unbewusste der subversiven Auflehnung innerhalb der Analyse erkannt und herausgearbeitet werden. Ziel ist sodann, die Struktur und Verhältnisse der Geschlechter sowie die Ordnung der Geschlechter in Verbindung mit anderen kulturellen und gesellschaftlichen Phänomenen zu untersuchen und Erstere als Teil gesellschaftlicher Organisationsformen zu analysieren.

Die Gender Studies zeichnen sich durch einen Methodenpluralismus aus. Sie integrieren, ebenso wie bereits die feministische Literaturwissenschaft, Fragen der sozialgeschichtlichen Zugänge, Fragestellungen der Anthropologie, der Soziologie sowie der Geschichtswissenschaften; auch nutzen sie methodische Zugänge der Diskursanalyse, der Dekonstruktion und der Hermeneutik. Eine neuere Tendenz der Gender Studies ist die genderorientierte Narratologie[39], in der eine Zusammenführung narratologischer und genderorientierter Fragestellungen angestrebt und so die Analyse erzähltechnischer Verfahren mit der Kategorie ›gender‹ verschränkt wird. Man geht davon aus, dass nicht nur die Figuren auf der Handlungs- und Inhaltsebene, sondern auch die Erzählweisen unter geschlechtsspezifischen Kategorien organisiert werden.

Als besonders sinnvoll und produktiv hat sich die Integration psychologischer und psychoanalytischer Zugänge in die Gender Studies erwiesen, da die Konstruktion von Männlichkeit und Weiblichkeit auch, wenn nicht sogar in der Mehrzahl der Fälle, sowohl subjektive Projektionen sind, die Aufschluss geben über die nicht bewussten und nicht reflektierten Sehnsüchte und Wünsche einer Gesellschaft oder der Autoren und Autorinnen. Literarische Entwürfe werden dabei auch als Bilder verstanden, in denen geschlechtsspezifische Vorstellungen zum Ausdruck kommen. Ein psychoanalytisch ausgerichteter Fragekatalog macht darüber hinaus innerhalb einer genderorientierten Literaturwissenschaft insofern Sinn, als die Zuweisung bestimmter Rollen und Muster an die Geschlechter nicht in jedem Fall auf der bewussten Ebene stattfindet, weder in der Literatur noch in der Literaturwissenschaft.

In Anlehnung an die Ansätze von JACQUES DERRIDA und JACQUES LACAN wurde in Frankreich zudem ein strukturalistischer Feminismus entwickelt, dem eine Verbindung von linguistisch-zeichentheoretischen und psychoanalytischen Überlegungen mit feministisch-geschlechtsspezifischen Ansätzen zugrunde liegt.

Französische Feministinnen, vor allem die Sprachwissenschaftlerin JULIA KRISTEVA, selbst Vertreterin des fran-

---

39 Vgl. Ansgar Nünning / Vera Nünning (Hrsg.), *Erzähltextanalyse und Gender Studies*, Stuttgart/Weimar 2004.

zösischen Poststrukturalismus im Umkreis der Zeitschrift
Tel Quel, entwickelten unter Rückgriff auf poststrukturalistische Theorien (→ IV.12) eine dekonstruktivistische
Form des Feminismus und einer feministischen Theorie,
die jegliche geschlechtliche Identität, aber auch jegliche
Ausprägung von Geschlechterdifferenz über Sprache und
mithin auch über Diskurse vermittelt sieht. Der Sprache
schreibt man eine zentrale Bedeutung zu, sie wird zum
Ausgangspunkt einer feministischen Relektüre: die Sprache ist das Medium und damit der Text der Ort, in dem
und an dem Differenz, auch, wenn nicht sogar vor allem
Geschlechterdifferenz produziert wird. Diese wird ihnen
zufolge primär über Sprache und in der Sprache ausgetra-
gen, ist also zunächst einmal rhetorisch-sprachlich bedingt. Damit wird die Kategorie der Differenz die entscheidende Basis der Argumentation.

Literaturhinweise

Gender-Studien. Eine Einführung. Hrsg. von Christina von Braun
und Inge Stephan. Stuttgart/Weimar 2000.
Genus. Zur Geschlechterdifferenz in den Kulturwissenschaften.
Hrsg. von Hadumod Bußmann und Renate Hof. Stuttgart 1995.
Hof, Renate: Kulturwissenschaften und Geschlechterforschung.
In: Ansgar Nünning / Vera Nünning (Hrsg.): Konzepte der
Kulturwissenschaften. Stuttgart/Weimar 2003. S. 329–350.
Vinken, Barbara (Hrsg.): Dekonstruktiver Feminismus. Literatur-
wissenschaft in Amerika. Frankfurt a. M. 1992.

12 Poststrukturalismus / Dekonstruktion

Seit Mitte der 1960er Jahre entwickelten sich vor allem in
Frankreich unter dem Begriff Poststrukturalismus Theorien und Fragestellungen, die den Strukturalismus als

Basis beibehalten, aber durch Disziplinen und Fragestellungen aus dem gesellschaftlichen Bereich ergänzen; auf zusammenhängende und ganzheitliche Interpretationsansätze, Gesellschaft und Kultur betreffend, verzichtet man dabei allerdings. In Abgrenzung zur Hermeneutik und im Anschluss an den Strukturalismus verweigert sich auch der Poststrukturalismus dem Versuch, einen umfassenden Sinn herzustellen. Die Kategorie der Bedeutung wird zurückgewiesen und letztlich auch die literaturanalytische Frage nach ihr. Mit Blick auf diese antihermeneutische Position darf der Strukturalismus als die Basis der Dekonstruktion gelten, eine Kontinuität, die im Begriff des Poststrukturalismus zum Ausdruck gebracht wird.[40] Gemeinsam ist beiden Zugängen die Kritik am hermeneutischen Ansatz, die Absage an die subjektive Suche nach dem Sinn literarischer Texte also. Der Poststrukturalismus geht jedoch insofern über die strukturalistischen Ansätze hinaus, als ihm ein (strukturalistisches) Denken im Zeichen der ›Differenz‹ eigen ist. Seine Orientierung am Zusammenhang von Sprache und Differenz sowie die Abkehr von einem linguistisch geprägten Strukturalismus lassen sich partiell als Versuch verstehen, den Strukturalismus zu überwinden. Insbesondere die Preisgabe der strukturalistischen Praxis, Form und Bedeutung literarischer Werke aus der Grammatik heraus zu entwickeln, tragen hierzu bei.

Vor allem die durch den französischen Philosophen JACQUES DERRIDA vertretene Theorie der Dekonstruktion richtet sich gegen Ganzheit wie gegen ganzheitliches, und das heißt auch gegen ein vereinheitlichendes, auf Vernunft und Logozentrismus ausgerichtetes Denken in der Tradi-

---

40 Strukturalistisches Denken findet sich in ROLAND BARTHES' *Kritik und Wahrheit* (1966); in JACQUES DERRIDAS *Grammatologie* (1967); in GILLES DELEUZES *Differenz und Wiederholung* (1968); MICHEL FOUCAULTS *Die Ordnung der Dinge* (1966); aber auch in JACQUES LACANS *Schriften I*, Olten 1973, *Schriften II*, Olten 1975.

tion der Aufklärung – ein Ansatz, den man zu dem Sachverhalt in Beziehung hat setzen wollen, dass die theoretischen Texte der Dekonstruktion weitgehend auf Klarheit und Deutlichkeit verzichten; eine einheitliche und sichere Auslegung von Texten jedenfalls wird in ihnen zurückgewiesen.

Dekonstruktives Denken geht zum einen davon aus, dass Begriffe, Denkmuster und Sinnvorgaben systematischen, mithin normativen Charakter haben; auf die Literatur bzw. auf die literarische Analyse bezogen impliziert diese Annahme die Kritik an einer Interpretation von Texten, die auf den Nachweis von Geschlossenheit, Zusammenhang und Einheit sowohl auf der thematischen (Metaphysikkritik der Dekonstruktion) als auch der stilistischen Ebene zielt. Der Begriff der Dekonstruktion ist nicht zuletzt Ausdruck des Versuchs, Offenheit und Zusammenhanglosigkeit zuzulassen und freizulegen oder, anders formuliert, die scheinbar festen und festgefügten Konstruktionen von Texten auf ihre Offenheit hin zu überprüfen, sie ›auseinanderzunehmen‹, um ihre Konstruiertheit herauszuarbeiten. Dementsprechend bezeichnet der Begriff »Dekonstruktion« zwei Bedeutungseinheiten, den der Destruktion und den der Konstruktion. In Analogie zu diesen Bestandteilen meint Dekonstruktion das Zerlegen und abermalige Zusammenfügen eines Textes, mit dem Ziel, dessen Konstruiertheit deutlich werden zu lassen. Zugleich ermöglicht dieser Vorgang der Zerlegung, die einzelnen Bestandteile neu zusammenzusetzen, neu zu kombinieren, die einzelnen Versatzstücke aus ihrer vertrauten Umgebung herauszunehmen und in ein anderes Gedankengefüge zu integrieren. Diese Vorgehensweise impliziert die Begrenztheit eines auf Logik ausgerichteten Wissenschafts- und Interpretationssystems und bietet so zugleich die Möglichkeit, sprachliche Äußerungen und textliche Einheiten nicht im Sinne der Hermeneutik zu verstehen, sondern innertextlich und ahistorisch zu analysieren.

Ausgehend von der Annahme, dass die bestehende Vielfalt und Uneindeutigkeit von Texten in einer auf Ordnung und Logos basierenden Wissenschaftlichkeit eingeebnet werden, rückt man vom logozentrischen Wissenschaftlichkeitsideal ab und vertritt stattdessen das »wilde Denken«, »la pensée sauvage«, so der Titel von CLAUDE LÉVI-STRAUSS' berühmter Abhandlung.[41] Für die literaturwissenschaftliche Analyse bedeutet diese Vorgabe, sich mit den durch die wissenschaftliche Vernunft nicht fassbaren Bereichen zu beschäftigen, Polysemie und das ›Andere‹[42] zuzulassen. Dementsprechend kennzeichnet den Dekonstruktivismus eine Fokussierung auf eine Perspektive, die die herkömmlichen methodischen Ansätze als begrifflich nicht fassbare Elemente ausgrenzen: Vor allem die Aspekte Spiel, Vieldeutigkeit, Übertretung von Grenzen, und die Verschiebung von Bedeutungen im Umgang mit Zeichen. Die Dekonstruktion spürt so das im Text Ungesagte auf.

DERRIDA geht davon aus, dass Texte stets auf andere Texte verweisen, nicht zuletzt wegen des Verweischarakters der Signifikanten. Diese beziehen sich im »Spiel des Bezeichnens ins Unendliche«[43] auf andere Signifikanten, eine Annahme, die der Saussureschen Theorie von der Verweisungslosigkeit der Signifikanten diametral entgegensteht. Diese Position DERRIDAS verhindert zugleich die

---

41 Claude Lévi-Strauss, *La pensée sauvage*, Paris 1969.
42 Zum Begriff des ›Anderen‹ im Denken von DERRIDA und LACAN vgl. etwa Jacques Derrida, *Positionen. Gespräche mit Henri Ronse, Julia Kristeva, Jean-Louis Houdebine, Guy Scarpetta*, übers. von Dorothea Schmidt unter Mitarb. von Astrid Wintersberger, hrsg. von Peter Engelmann, Graz/Wien 1986, S. 66 f.: »Kein Element kann je die Funktion eines Zeichens haben, ohne auf ein anderes Element, das selbst nicht präsent ist, zu verweisen […].« – Bei Lacan (*Schriften I*, übers. von Rodolphe Gasché [u. a.], ausgew. und hrsg. von Norbert Haas, 3. korrig. Auflage Weinheim/Berlin 1991, S. 14) heißt es: »Das Unbewusste ist der Diskurs des Anderen.«
43 Jacques Derrida, *Die Schrift und die Differenz* [1967], übers. von Rodolphe Gasché und Ulrich Köppen, Frankfurt a. M. 1972, S. 424.

Rückführung auf bestimmte festgelegte Bedeutungen; daraus resultiert eine Bedeutungsstreuung, alle Zeichen enthalten eine fortlaufende Verweisung: Es kommt zu einer Verdoppelung im »Spiel« der Verweise und so zugleich zu einer Bedeutungsverschiebung, in der dem Subjekt keine Bedeutung mehr zukommt. Von daher handelt es sich bei der Dekonstruktion um eine subjektdezentrierte Theorie. Der Text ist die zentrale Instanz, nicht der Autor, wobei ersterer ebenfalls als das Resultat einer Bedeutungsverschiebung gelesen wird.

Alle Texte verweisen aufgrund der wechselseitigen Beziehung der Zeichen untereinander immer schon auf andere, ohne dass feste, logozentrisch gedachte Bezugspunkte zu benennen wären; diese Verbindung bezeichnet Derrida als die »Spur«.[44] Für die literaturwissenschaftliche Analyse bedeutet dies eine Problematisierung und Infragestellung jeglicher Ordnung und Ordnungsmuster, bedeutet den Verzicht auf jegliche metaphysische Referenz und die Negation aller Systematik: Die Unterscheidung in literarische und nicht-literarische Texte wird aufgrund der Tatsache, dass die »Spur« der wechselseitigen Beziehung der Zeichen diese Differenz nicht kennen kann, hinfällig; ebenso die Einteilung von Literatur in Gattungen und Epochen. Dekonstruktion als Verfahren bedeutet von daher zugleich das Unterfangen, den leitenden Anspruch der Hermeneutik zu hinterfragen und die philosophische Ausrichtung der Hermeneutik im Begriff der »Differenz« aufzulösen. Derrida begründet die Dekonstruktion bzw. den Dekonstruktivismus als eine Wissenschaft von der »sprachlichen Differenz im Zeichen der Schrift«.[45] Dieser prominenteste Vertreter dekonstruktivistischen Denkens stellt das Verhältnis von Schrift und Text in den Mittel-

---

44 Jacques Derrida, *Grammatologie*, übers. von Hans-Jörg Rheinberger und Hanns Zischler, Frankfurt a. M. 1983, S. 114.
45 Derrida (s. Anm. 44) S. 83.

punkt seines Denkens, ein Ansatz, den die Intertextuali-
tätstheorien und partiell die Gender Studies übernehmen.
Ausgangspunkt seiner Überlegungen ist die Kritik an der
klassischen Hermeneutik, vertreten durch GADAMER:
Geht es Letzterem um den Nachweis des, wie er sagt,
»wahren Wortes«[46] und um die Verschmelzung der Horizonte von Leser und Autor, so kreist DERRIDAS Denken,
gerade umgekehrt, um die Herausarbeitung der Unterschiede.

Außertextliche Bedingungen spielen innerhalb der Dekonstruktion keine Rolle, ebenso bleiben die Historizität
und Kulturalität von Literatur unberücksichtigt. Diese
Aussparung hat die Bedeutung der Dekonstruktion im
Zuge des Erstarkens der kulturwissenschaftlichen Ausrichtung der Literaturwissenschaft in den 1990er Jahren
eingeschränkt.

Eine Variation der französischen Dekonstruktion entsteht in den 1970er Jahren in den USA im Umfeld der
Yale-Universität und der ›Yale Critics‹-Schule. Deren
zentrale Schriften sind die *Allegorien des Lesens* von PAUL
DE MAN, erschienen 1979, 1988 ins Deutsche übertragen,
und HARALD BLOOMS *Einflußangst*.[47] Der amerikanische
Literaturwissenschaftler DE MAN beschreibt Literatur als
Rhetorik und legt demzufolge die literaturwissenschaftliche Arbeit auf die Nachzeichnung der rhetorischen Eigenart und Verfasstheit eines Textes fest. Im Unterschied zu
DERRIDAS dekonstruktivistischer Theorie ist die Ausprägung der Dekonstruktion bei DE MAN weniger als eine
Sprach- und Zeichentheorie denn als eine Textwissenschaft konzipiert. DE MANS dekonstruktivistische Arbeiten untersuchen vor allem literarische Texte kanonisierter

---

46 Vgl. Hans-Georg Gadamer, *Wer bin Ich und wer bist Du? Kommentar zu
Celans »Atemkristall«*, Frankfurt a. M. 1973, S. 19.
47 Vgl. Harold Bloom, *The Anxiety of Influence. A Theory of Poetry*, New
York 1973; dt. *Einflußangst. Eine Poesie der Dichtung*, übers. von Angeli-
ka Schweikhart, Basel / Frankfurt a. M. 1995.

Autoren unter den Aspekten der Gestaltung und Wirkung. Dabei wird die literarische Praxis nachvollzogen, aber auch der Vorgang der Analyse selbst wird bewusst reflektiert: Analyse und Lesen werden in einem Prozess der Selbstbeobachtung verfolgt. Allerdings geht DE MAN von der Unlesbarkeit literarischer Texte aus, da sie Gebilde aus rhetorischer und uneigentlicher Sprachverwendung sind, die sich dem verstehenden Lesen, auch dem ›close reading‹ (→ IV.16) entziehen. Die ursprüngliche Intention des Verfassers eines Textes ist, so DE MANs Grundthese, im Text nicht mehr nachzuvollziehen.

Allein aus der nachträglichen Zuweisung von ursprünglich nicht intendiertem Sinn resultiert eine einheitliche Lesart. Doch dieser Sinn ist sozusagen nicht dem Text immanent, sondern von außen an ihn herangetragen bzw. zugewiesen, etwa aufgrund von gesellschaftlich-sozialer Erfahrung oder historischen Gegebenheiten; dieser Gedanke verbindet DE MAN mit der Rezeptionsästhetik der ›Konstanzer Schule‹ um JAUSS und ISER (→ IV.8): »Das faktische Lesen basiert nicht auf einem Text, sondern auf einem sozialen Vertrag: Da der Text unlesbar ist, spricht man sich darüber ab, wie er doch zu lesen ist. Auf diese Weise kann man eine Verständigung erzielen, aber nur wenn man die Unlesbarkeit des Textes verschleiert.«[48]

Diese Verständigung und damit auch das Verstehen eines Textes sind jedoch DE MAN zufolge ein außerliterarisches Sinnverstehen, das mit dem Text letztlich gar nichts zu tun hat und dem von daher eine Entliterarisierung des Textes immanent ist.

---

48 David Martyn, »Die Autorität des Unlesbaren. Zum Stellenwert des Kanons in der Philologie Paul de Mans«, in: Karl Heinz Bohrer, *Ästhetik und Rhetorik. Lektüren zu Paul de Man*, Frankfurt a. M. 1993, S. 13–33.

Literaturhinweise

Bossinade, Johanna: Poststrukturalistische Literaturtheorie. Stuttgart/Weimar 2000.

Culler, Jonathan: Dekonstruktion. Derrida und die poststrukturalistische Literaturtheorie. Übers. von Manfred Momberger. Reinbek 1988.

Poststrukturalismus. Herausforderung an die Literaturwissenschaft. Hrsg. von Gerhard Neumann. Stuttgart 1997.

13   Intertextualität

Intertextuelle Ansätze richten ihre Aufmerksamkeit auf das Verhältnis eines Textes zu anderen Texten. Dieser Bezug bzw. die bewusste Bezugnahme auf einen Text etabliert innerhalb eines Werks eine Metaebene: In seiner Eigenschaft als Folgetext, der auf einen oder mehrere Prätexte rekurriert, erhält es neue Textschichten und Dimensionen. Intertextuelle Verfahren in Texten können etwa Zitat, Zitatmontage, Parodie, Travestie oder Anspielungen sein; mit ihnen integriert sich ein Autor ganz bewusst und in reflektierter Form in den gesamten literarischen Diskurs; auch über Stoffe, Themen, Motive und Figurentypen sind Bezugnahmen auf einen vorausgesetzten kulturellen Gesamttext zu leisten. Zugleich wird der Einzeltext Teil dieses Gesamttextes und damit der kulturellen Sinnproduktion.

Intertextualität als methodischer Zugang fokussiert diese Formen der Vernetzung zwischen Texten. Sie können zum einen auf der Ebene der bewussten Bezugnahme von Seiten des Autors und damit als eigens hergestellte Bezüge eines Werks auf andere literarische Texte gedacht werden. Realisierbar wird dieses Modell der bewusst vorgenommenen, wenn auch nicht immer gekennzeichneten Referenz des

Autors auf bereits vorliegende Texte durch Zitate, integriert etwa durch im Werk auftretende Figuren, durch le-
sende Personen oder durch Montage anderer Texte in ein
Werk. Dabei ist das Zitat eine deutliche Bezugnahme auf
Prätexte und ein exponierter zwischentextlicher Bezug, zumindest wenn es ohne eine erkennbare Form der Markierung auskommt. Von diesem »offenen Zitat« ist allerdings
die »kryptische« Form des Zitats zu unterscheiden.[49]

Der Nachweis derartiger Zitate zielt auf die Benennung
einer im untersuchten Text aufgehobenen »anderen
Welt«[50], die nicht auf der Ebene der Handlung oder der fi-
gürlichen Konstellation entsteht. Herauszuarbeiten ist mit
dieser traditionellen, einem hermeneutischen Ansatz ver-
pflichteten Zitatforschung eine dem Werk eigene Mehr-
schichtigkeit. Generell geht es darum, deutlich zu machen,
dass durch die Integration von Zitaten aus anderen literarischen, aber auch gesellschaftlichen und kulturellen Kon-
texten eine außertextliche Dimension eines Werks etabliert wird. Die intertextuellen Verfahren der Analyse
können eben diese Komplexität und Vielschichtigkeit eines Texts offenlegen. Denn durch ein solches Verweissys-
tem werden literarische Werke in ein Bezugsfeld integriert, mit dem sie auf der Handlungs- und Figurenebene
nicht zu assoziieren wären.

Von diesen Formen intertextueller Bezüge in literarischen Texten sind die poststrukturalistischen Theorien
zur Intertextualität zu unterscheiden. Ausgebildet im Umfeld der Dekonstruktion, erweitern sie die traditionelle
Form der Zitatforschung um die poststrukturalistische
Idee von der unendlich zu denkenden Vernetzung von
Zeichen: Analog zu dieser Idee DERRIDAS nimmt man Bezüge und Verweise zwischen Texten an, die nicht aus-

---

49 Vgl. Herman Meyer, *Das Zitat in der Erzählkunst. Zur Geschichte und
Poetik des europäischen Romans*, Stuttgart ²1967, S. 12–14.
50 Ebd., S. 9.

schließlich über die Form des Zitats, des offenen oder des
nicht kenntlich gemachten, »kryptischen« Zitats, hergestellt werden, und reklamiert einen steten Verweischarakter von Texten auf andere Texte ebenso wie auf den kulturellen Gesamttext. Intertextualität bezeichnet dann den
»Text-Text-Bezug«, d. h. die Funktion der anderen Texte
in einem gegebenen Text.[51] Nach diesem Modell erscheint
»jeder Text als Teil eines universellen Intertextes«.[52]

Zugleich geht die poststrukturalistische Intertextuali-
tätstheorie davon aus, dass literarische Texte stets inter-
textuell organisiert sind. Von daher betont sie die Relation
zwischen den Texten und rückt den ›Intertext‹, den Raum
zwischen den Texten also, ins Zentrum der Aufmerksamkeit. Intertextualität lässt sich danach als eine neue textuel-
le Qualität verstehen, entstanden im »Raum zwischen den
Texten«[53], im Raum zwischen dem »manifesten«[54] Text
und dem Referenz- bzw. Prätext. Die Freilegung eines
solchen Verweissystems erweitert den Text um einen Zwi-
schenraum, den die Konstanzer Slawistin RENATE LACH-
MANN als den eigentlichen »Gedächtnisraum« der Literatur beschrieben hat: »Der Gedächtnisraum ist auf dieselbe
Weise in den Text eingeschrieben, wie dieser sich in den
Gedächtnisraum einschreibt. Das Gedächtnis des Textes
ist seine Intertextualität.«[55]

51 Renate Lachmann / Schamma Schahadat, »Intertextualität«, in: *Literaturwissenschaft. Ein Grundkurs,* hrsg. von Helmut Brackert und Jörn Stückrath, Reinbek 1995, S. 677–686, hier S. 677.
52 Manfred Pfister, »Konzepte der Intertextualität«, in: *Intertextualität. Formen, Funktionen, anglistische Fallstudien,* hrsg. von Ulrich Broich und
   Manfred Pfister unter Mitarb. von Bernd Schulte-Middelich, Tübingen
   1985, S. 25–50, hier S. 25.
53 Renate Lachmann, *Gedächtnis und Literatur. Intertextualität in der russischen Moderne,* Frankfurt a. M. 1990, S. 35.
54 Gérard Genette (*Palimpseste. Die Literatur auf zweiter Stufe,* übers. von
   Wolfram Bayer und Dieter Hornig, Frankfurt a. M. 1993, S. 9) spricht von
   »Transtextualität«. Er benennt damit die »manifeste oder geheime Bedeutung« eines Textes zu anderen Texten.
55 Lachmann (s. Anm. 53) S. 35.

DERRIDA hatte mit seiner Theorie der Differenz und der Abwesenheit, der niemals präsenten Form der sprachlichen »Spur«[56], einen neuen Begriff von Text etabliert, der den (poststrukturalistischen) Begriff der Intertextualität überhaupt erst ermöglichte. Dieser meint zunächst den Verweis auf einen anderen, vorangegangenen Text. Das Spezifische an der dekonstruktivistischen Vorstellung von Intertextualität ist dann aber DERRIDAS Idee der Abwesenheit: Dem Text ist eine Form von Verwebung und Vernetzung eigen – ein Gedanke, den auch MICHEL FOUCAULTS Diskursbegriff reflektiert, ist dieser doch gleichfalls auf das Engste mit der Vorstellung von einem Textgewebe verbunden. DERRIDA denkt den Text als ein Gewebe, das sich vor allem aus der Transformation eines anderen, schon existierenden Textes konstituiert. Der Text besteht zu großen Teilen aus den Bezügen zu anderen Texten, der Verweis wird mithin zu einer zentralen Kategorie: Die für das poststrukturalistische Denken zentralen Ideen des Abwesenden und des Anderen gehen ihr voraus. DERRIDA wertet den Text als eine Textformation eines anderen, nie präsenten Textes: »Diese Vernetzung ist der Text, welcher nur aus der Transformation eines anderen Textes hervorgeht. [...] Es gibt durch und durch nur Differenzen und Spuren von Spuren.«[57] Damit etabliert er einen Begriff von Intertextualität (und von Text), der auf das Abwesende und den abwesenden Text rekurriert; er hat damit zugleich die wesentlichen Ansätze der Intertextualität als methodischem Denken wie als Theorie vorgegeben.

DERRIDA zufolge ist der Text ein Bündel von Spuren der Abwesenheit und Differenz. JULIA KRISTEVA baut auf diesen zentralen Gedanken DERRIDAS auf, erweitert ihn jedoch, indem sie ihn mit MICHAIL BACHTINS Modell der

---

56 Derrida (s. Anm. 44) S. 114 ; vgl. auch Derrida (s. Anm. 42) S. 67.
57 Derrida (s. Anm. 42) S. 67.

Vielstimmigkeit und Dialogizität der Rede und des Textes verschränkt.[58] Unter Intertextualität versteht sie sodann eine Schnittmenge von »Aussagen« in einem Text, die »anderen Texten entstammen« und die einander »neutralisieren«.[59] Ein Text steht im Dialog mit anderen Texten, in einem Text lassen sich »Spuren« anderer Texte ausmachen. Dabei denkt KRISTEVA diese Bezüge nicht als ein reflektiert-bewusstes Verfahren des Autors: An die Stelle der »Intersubjektivität« tritt die der »Intertextualität«:

> »[...] jeder Text baut sich als Mosaik von Zitaten auf, jeder Text ist Absorption und Transformation eines anderen Textes. An die Stelle des Begriffs der Intersubjektivität tritt der Begriff der Intertextualität, und die poetische Sprache läßt sich zumindest als eine doppelte lesen.«[60]

Mit diesem Gedanken definiert KRISTEVA den Text, auch den literarischen, als eine Montage vorgängiger Elemente, die allerdings, da sie nicht das Resultat eines bewussten Rezeptionsprozesses sind, sich nicht konkret und empirisch nachweisen lassen; stattdessen werden sie als jenes »Spiel des Bezeichnens ins Unendliche«[61] der Verweise gedacht, das DERRIDA als die Grundlage seines dekonstruktivistischen Denkens angenommen hat. Gerade darin wird sodann die Poetizität der literarischen Sprache vermutet. Der Verweisungscharakter der Sprache macht ihre poetische Funktion aus, das ›Abwesende‹ und ›Andere‹ be-

58 Vgl. Michail Bachtin, *Probleme der Poetik Dostoevskijs*, übers. von Adelheid Schramm, München 1971.

59 Julia Kristeva, *Der geschlossene Text*, in: Peter V. Zima (Hrsg.), *Textsemiotik als Ideologiekritik*, Frankfurt a. M. 1977, S. 194–229, hier S. 194.

60 Julia Kristeva, *Bachtin, das Wort, der Dialog und der Roman*, in: Jens Ihwe (Hrsg.), *Literaturwissenschaft und Linguistik. Ergebnisse und Perspektiven*, Bd. 3: *Zur linguistischen Basis der Literaturwissenschaft 2*, Frankfurt a. M. 1972, S. 345–375, hier S. 348.

61 Derrida (s. Anm. 43) S. 424.

gründen die poetische Dimension eines Textes: Das ›Inter-‹, das zwischen den Texten Liegende ist das Entscheidende. Mit dieser Überlegung überträgt KRISTEVA die strukturalistische Idee vom Verweischarakter des Zeichens (auf andere Zeichen) auf den Text: Dieser steht in einer unendlich zu denkenden Verweiskette, innerhalb deren ein Text stets auf einen anderen Text rekurriert. FOUCAULTS Vorstellung vom Diskurs geht darin ein: Das Autor-Subjekt verliert an Bedeutung, da der Autor nicht mehr als Produzent eines Textes, als die schaffende Autorinstanz gedacht wird; die Bedeutung eines Textes entsteht vielmehr durch den ihm immanenten Verweischarakter, durch die ihm eigenen Verweise und Kombinationsmöglichkeiten von Verweisen. Von daher sieht KRISTEVA literarische Texte als in den »allgemeinen Text der Kultur« integriert.[62] Im Anschluss an diese Eingebundenheit entsteht eine neue Schicht von Bedeutung und damit zugleich ein Subtext bzw. ein Intertext jenseits des vom Autor verfassten Textes und auch jenseits der von ihm intendierten Bedeutung.

Literaturhinweise

Broich, Ulrich / Pfister, Manfred (Hrsg.): Intertextualität. Formen, Funktionen, anglistische Fallstudien. Unter Mitarb. von Bernd Schulte-Middelich. Tübingen 1985.

Helbig, Jörg (Hrsg.): Intertextualität. Theorie und Praxis eines interdisziplinären Forschungsgebiets. Berlin 1998.

Kristeva, Julia: Bachtin, das Wort, der Dialog und der Roman. In: Jens Ihwe (Hrsg.): Literaturwissenschaft und Linguistik. Ergebnisse und Perspektiven. Bd. 3: Zur linguistischen Basis der Literaturwissenschaft 2. Frankfurt a. M. 1972. S. 345–375.

Lachmann, Renate: Gedächtnis und Literatur. Intertextualität in der russischen Moderne. Frankfurt a. M. 1990.

---

62 Julia Kristeva, *Semiotiké*, Paris 1969, S. 113.

14   Diskursanalytische Zugänge

Neben der Dekonstruktion zählt die Diskursanalyse zu
den poststrukturalistischen Theorien. Die Diskursanalyse
jedoch ist keine Wissenschaft des Textes oder der Schrift,
ihr Augenmerk richtet sich vielmehr auf den Kontext –
hier speziell auf die Regeln und Normen, unter denen Literatur entsteht; Literatur wird als ein geregeltes, aber
auch regelndes Ordnungssystem verstanden. Dementsprechend zielen die Fragestellungen der Diskursanalyse weniger auf die poetische Dimension von Literatur, literarische
Texte werden stattdessen auf ihre außerliterarischen und
außertextuellen Rahmenbedingungen hin untersucht.

MICHEL FOUCAULTS Diskursanalyse wurde in der zweiten Hälfte der 1970er Jahre in Absetzung zum subjekt-
und autorzentrierten Erkenntnisbegriff der hermeneutischen Ansätze in die Literaturwissenschaft eingeführt.
Sowohl die Auffassung der Hermeneutik von der Vorran-
gigkeit literarischer Texte als auch die hermeneutische Suche nach Sinn wurden dadurch zurückgewiesen. Zugleich
war so die Bedeutung des interpretierenden Verstehens
und einer verstehenden Interpretation relativiert. Einer
diskursanalytisch ausgerichteten Literaturwissenschaft
geht es primär nicht mehr um das Sinnverstehen unter
Annahme der Konstellation Autor (= Urheber des Textes), Text und Leser bzw. Rezipient; vielmehr rückt sie
den Begriff des Diskurses in den Mittelpunkt ihres Interesses. FOUCAULT verwendet ihn zur Benennung des gesamten Feldes kulturellen Wissens, das sich in Form von
Aussagen und Texten sowie über ein durch Regeln bestimmtes und abgegrenztes Aussagesystem etabliert. Dabei nimmt er an, dass Denken und Wahrnehmung des
Menschen nicht autonom, sondern immer schon durch
umfassende Diskursordnungen geprägt sind und demzufolge Kontroll- und Regulierungssysteme bzw. -struktu-
ren die Diskurse bestimmen. An solchen Machtverhältnis-

sen und Machtmechanismen, die z. B. das medizinisch-na-
turwissenschaftliche und philosophische Wissen in einer
Gesellschaft kontrollieren, ist die Diskursanalyse interessiert. Sie exponiert hierbei die Annahme, dass Wirklichkeit, die historische ebenso wie die gesellschaftliche, sich
durch kulturelle Äußerungen und menschliche Handlungen konstituiert und von daher nur über Dokumente und
Texte – fiktionale wie nicht-fiktionale – zugänglich ist.
Durch Letztere entsteht ein Diskurs, und letztlich for-
miert sich auch die Gesellschaft über Texte. Das Selbstver-
ständnis einer Gesellschaft ist mithin über diese Diskurse
und anhand der Dokumente und Texte abzulesen. Der
Grundgedanke der Diskursanalyse ist von daher die vom
New Historicism weitergeführte Idee von der Textualisie-
rung der Wirklichkeit und der Geschichte.

Die Literaturwissenschaft hat FOUCAULTs Denkansätze
übertragen und den literarischen Diskurs untersucht. Dabei stehen außerliterarische und außertextuelle Konstitutionsbedingungen von Literatur im Zentrum, so etwa die
Regeln, nach denen Literatur entsteht. Diskursanalytischen Ansätzen zufolge unterliegen alle sprachlichen
Äußerungen und Aussagen einem Regelwerk. Dementsprechend geht es innerhalb der Analyse weniger um die
poetische Funktion von Texten; vielmehr interessiert zum
einen das »allgemeine Problem der Praxis von sprachlichen Aussagen als geregeltem Ordnungssystem«.[63] Zum
anderen zielt eine literaturwissenschaftliche Diskursanalyse auf die Begründung und Beschreibung von Literatur im
Sinne ihrer Demystifikation: Literatur wird nicht mehr als
ein privilegierter Gegenstand gesehen, sondern als ein von
außen bestimmter Diskurs, der mit anderen Diskursen auf
das Engste vernetzt ist.

Eine diskursanalytisch fundierte Literaturwissenschaft

63 Achim Geisenhanslücke, *Einführung in die Literaturtheorie. Von der Hermeneutik zur Medienwissenschaft*, Darmstadt 2003, S. 121.

formuliert also im Wesentlichen zwei Untersuchungsziele und Fragestellungen: Zum einen geht es ihr um den Nachweis und die Darstellung von Diskursen, so auch des literarischen Diskurses; zum anderen um die Beschreibung der Funktionsweise des Diskurses, d. h. seiner jeweiligen Ordnung sowie der Konstitutionsregeln und der »Klassifikations-, Anordnungs- und Verteilungsprinzipien«, denen ein literarischer Diskurs unterliegt.[64] Auch werden die Diskurszusammenhänge – etwa im Hinblick auf den politischen, medizinischen, religiösen oder juristischen Diskurs – untersucht. Dabei wird allerdings die Existenz eines eigenen literarischen Diskurses bestritten, da er kein genuines Thema, keine spezifische Semantik aufweise, sondern ein Produkt anderer Diskurse sei. Insofern kann ein diskursanalytischer Ansatz nicht von einer Privilegiertheit eines literarischen Textes ausgehen, sondern muss den literarischen Text dem nicht-literarischen gleichstellen. Erstere sind beliebige Texte unter anderen, der aus der ästhetischen Beschaffenheit des literarischen Textes resultierende Unterschied ist von sekundärem Interesse. Eine literaturwissenschaftliche Diskursanalyse hat von daher sowohl die Diskurse als auch die Bedingungen, unter denen diese entstehen und geführt wurden bzw. werden, zu untersuchen. Sie fragt nach den außerliterarischen Faktoren, die für die thematische Ausrichtung, für die Gegenstände von Diskursen verantwortlich sind, ebenso wie nach der Art und Weise, nach der ein Diskurs von wem geführt und in welchem Modus (Gattungen, Genres, Erzählverfahren) er realisiert wird. Dabei unterscheidet die Diskursanalyse zwischen innerdiskursiven (literarische Konventionen, Kanon, Buchmarkt, Mäzenatentum) und externen (kulturpolitische Rahmenbedingungen, gesell-

---

64 Michel Foucault, *Die Ordnung des Diskurses. Inauguralvorlesung am Collège de France am 2. Dezember 1970* [1971], übers. von Walter Seitter, Frankfurt a. M. ²1992, S. 17.

schaftspolitische Kräfte und Kräfteverhältnisse) den Diskurs bestimmenden Faktoren. Darüber hinaus ist die Frage nach denen, die an diesem Diskurs beteiligt oder zu ihm zugelassen sind, von Interesse. Die Regeln des Diskurses sind so wichtig wie der Diskurs selbst, denn letztlich lässt dieser sich als das Resultat der Regeln verstehen. Zudem sind sie das Ergebnis von sozialen und politischen Verhältnissen und Bestandteil der politischen Ordnung. So geht eine diskursanalytische Literaturwissenschaft zwar von einer engen Verschränkung literarischer Texte mit anderen Texten aus; im Mittelpunkt aber steht die Verbindung des literarischen mit dem historischen und gesellschaftlichen Diskurs. Dem FOUCAULTschen Interesse folgend, nehmen ihre Fragestellungen von gesellschaftlichen Phänomenen ihren Ausgangspunkt und beschreiben literarische Texte z. B. unter Aspekten wie Geschlechter, Liebe, Geld, Ökonomie, Körper, Wahnsinn oder Macht. Dabei interessiert statt der Autorintention die Autorfunktion und damit zugleich die Funktion von Literatur innerhalb des historischen und gesamtgesellschaftlichen Kontexts: Literarische Texte werden als Beiträge zu dem von und in der Gesellschaft geführten Diskurs untersucht, eine Idee, mit der zugleich eine vom Diskurs autonom gedachte Verfasserschaft in Frage gestellt ist.

FOUCAULT selbst begründete in seinen Schriften keine Diskursanalyse der Literatur und legte primär auch keine literaturwissenschaftlichen oder philologischen Überlegungen vor.[65] Die Diskursanalyse wurde also nicht als ein Verfahren zur Beschreibung und Deutung von Literatur bzw. von literarischen Texten oder Epochen konzipiert, die Diskrepanz zum literarischen Text und zur hermeneutischen Basis jeglicher literaturwissenschaftlicher Interpretation scheint vielfach unüberbrückbar: Von daher hat die

---

65 Vgl. dazu Achim Geisenhanslücke, *Foucault und die Literatur. Eine diskurskritische Untersuchung*, Opladen 1997.

Diskursanalyse für die Literaturwissenschaft und -theorie nur begrenzt Gültigkeit. Auch sind aus der FOUCAULT-schen Diskursanalyse keine spezifischen literaturwissen-schaftlichen Verfahrensweisen für die Analyse literarischer Texte abzuleiten. FOUCAULT selbst verzichtete weitgehend auf die Frage nach der Bedeutung und »Bedeutungsstruk-tur«[66] eines Textes. Seine Diskursanalyse ist von daher kei-ne Theorie des literarischen Textes, sie lässt sich kaum als eine Textwissenschaft verstehen und praktizieren. Insofern ist sie innerhalb der Literaturwissenschaft sinnvoll und produktiv nur in Verbindung mit hermeneutischen Frage-stellungen zu nutzen und nur als »literatursoziologische In-haltsanalyse literarischer und nicht-literarischer Texte«[67] zu realisieren. Auch zielt sie im Gegensatz zu den hermeneu-tischen Ansätzen primär nicht auf eine Einzeltextanalyse, und wenn doch, leistet sie diese vornehmlich mit dem Ziel, die dem literarischen Text impliziten Diskurse freizulegen, den Text als Knotenpunkt von Diskursen zu verstehen.

Mit JÜRGEN LINKS ›Interdiskurstheorie‹ und KLAUS-MICHAEL BOGDALS ›Historischer Diskursanalyse‹ wurden zwei Möglichkeiten der Erweiterung erarbeitet. LINK stellt das Zusammenspiel einzelner Diskurse in den Mit-telpunkt, er geht dabei aber von einem spezifischen litera-rischen Diskurs aus. Literatur beschreibt er als einen Dis-kurs, der andere Diskurse aufnimmt und damit den litera-rischen Text als einen zusammengesetzten, mosaikartigen. Literatur integriere, so der Ansatz von LINK, andere Dis-kurse und konstituiere sodann einen eigenen Diskurs. Diesen versteht er als eine Wissens- und Schnittmenge an-derer Diskurse, LINK spricht von einem »Interdiskurs«.[68]

---

66 Geisenhanslücke (s. Anm. 63) S. 121 ff.
67 Baasner/Zens (s. Anm. 31) S. 134.
68 Jürgen Link, *Literaturanalyse als Interdiskursanalyse. Am Beispiel des Ur-sprungs literarischer Symbolik in der Kollektivsymbolik*, in: Jürgen Fohr-mann / Harro Müller, *Diskurstheorien und Literaturwissenschaft*, Frank-furt a. M. 1988, S. 284–307, hier S. 285.

Damit möchte er die kulturelle Verzahnung des literarischen Diskurses deutlich machen und zugleich die Reintegration desselben in den gesamtgesellschaftlichen Diskurs als das Ziel einer diskursanalytischen Literaturwissenschaft vorgeben. Mit dem Begriff »Interdiskurs« ist demzufolge auch die »Schnittmenge zwischen den einzelnen Spezialdiskursen«[69] bezeichnet, Literatur wäre sodann im Rahmen dieser Schnittmenge zu verorten oder im Hinblick auf ihre Funktion der Verknüpfung der einzelnen Spezialdiskurse zu beschreiben.

Literaturhinweise

Bogdal, Klaus-Michael: Historische Diskursanalyse. Theorie, Arbeitsfelder, Analysen, Vermittlung. Opladen/Wiesbaden 1999.
Diskurstheorien und Literaturwissenschaft. Hrsg. von Jürgen Fohrmann und Harro Müller. Frankfurt a. M. 1988.
Kittler, Friedrich / Turk, Horst: Einleitung. In: F. K. / H. T. (Hrsg.): Urszenen. Literaturwissenschaft als Diskursanalyse und Diskurskritik. Frankfurt a. M. 1977. S. 9–43.

15 New Historicism

Die sozialgeschichtlichen Zugänge zur Literatur hatten durch die Verschränkung von Literatur mit Gesellschaft und Geschichte einen erweiterten Literaturbegriff eingeführt und damit zugleich eine Verbindung der literaturwissenschaftlichen Analyse mit soziologischen Fragestellungen und geschichtswissenschaftlichen Kenntnissen angeregt. Von diesen Anregungen haben die europäischen

---

69 Jürgen Link / Ursula Link-Heer, »Diskurs/Interdiskurs und Literaturanalyse«, in: *Zeitschrift für Literaturwissenschaft und Linguistik* 20 (1990) H. 77, S. 88–99, hier S. 92.

Kulturwissenschaften der 1990er Jahre entscheidend ge-
zehrt. Die Diskussion der Literaturwissenschaften als
Kulturwissenschaften[70] und die von Literaturgeschichte
als Teil der Kulturgeschichte war durch die Sozialgeschichtsschreibung vorbereitet.

Kulturwissenschaftliche Ansätze wie der New Historicism gehen in zwei Punkten über die Sozialgeschichte hinaus. Zum einen in der Erweiterung ihres Gegenstandsbe-
reichs und der Ausweitung des Textbegriffs: Sie benennen
›Kultur‹ als ihren bevorzugten Gegenstand, wobei man
Kultur vorrangig über Texte erschließen möchte: Kultur
insgesamt wird als Text verstanden, eine Festlegung, die –
zumindest innerhalb der Analyse – die Annahme einer
Höherwertigkeit des literarischen Textes zurückweist.
Auch versteht eine kulturwissenschaftlich ausgerichtete
Literaturwissenschaft sich selbst nicht mehr als eine reine
Textwissenschaft, deren Hauptuntersuchungsgegenstand
der literarische Text ist. Andere Texte, wie etwa historische Dokumente, religiös-theologische Quellen, juristische oder medizinische Schriftstücke, wissenschaftliche
Abhandlungen zu einem bestimmten Thema werden in
die Analyse und Beschreibung eines literarischen Werks
und einer kulturellen Situation einbezogen. Zudem wird
die interdisziplinäre Öffnung des Fachs nicht mehr nur
über die enge Verschränkung der Literatur mit den gesellschaftlichen und sozialen Rahmenbedingungen ihrer Entstehung geleistet. Vielmehr werden – nicht zuletzt im Anschluss an die Diskursanalyse – u. a. der medizinische,
wissenschaftliche, ökonomische juristische, religiöse, anthropologische oder ethnologische Bereich integriert; dem
literarischen Diskurs kommt nur mehr die Rolle eines unter vielen gleichwertigen Diskursen des kulturellen Ge-

---

70 Vgl. dazu Walter Haug, »Literaturwissenschaft als Kulturwissenschaft«,
   in: *Deutsche Vierteljahrsschrift* 73 (1999) H. 1, S. 69–93 und S. 116–121,
   sowie Gerhart von Graevenitz, *Literaturwissenschaft als Kulturwissenschaft. Eine Erwiderung*, in: ebd. 73 (1999) H. 1, S. 94–115.

samttextes zu. Dies nicht zuletzt deshalb, weil die Kulturwissenschaften den gesamtkulturellen Sektor als ihren Gegenstand und Untersuchungsbereich benennen. Damit gibt man die Konzentration auf Literatur und auf den literarischen Text als exklusiven Gegenstand auf. Die kulturwissenschaftliche Wende der Geisteswissenschaften meint von daher auch die Öffnung der Textwissenschaft hin zu einer Kulturwissenschaft.

Eine der bedeutendsten und produktivsten Theorien im Umfeld der kulturwissenschaftlichen Ansätze ist der New Historicism. Entwicklung und Etablierung dieses literaturtheoretischen Ansatzes sind eng mit dem Namen des amerikanischen Literaturwissenschaftlers STEPHEN GREENBLATT verbunden. Seit den frühen 1980er Jahren entwickelte GREENBLATT vor allem in seinen Arbeiten zu WILLIAM SHAKESPEARE das Modell einer historisch-kulturwissenschaftlich verfahrenden Analyse von Literatur, in der der literarische Text zwar keine bevorzugte Position mehr einnimmt, aber dennoch Gegenstand seiner Analyse bleibt. Unter Bezugnahme auf die Diskursanalyse MICHEL FOUCAULTS geht GREENBLATT davon aus, dass sowohl die Geschichte, die er vor allem über Texte zu erfassen sucht – der New Historicism spricht von der »Textualität von Geschichte«[71] – ebenso wie die Literatur von einer Vielzahl von Diskursen bestimmt werden; dieser diskursanalytischen Erkenntnis will er Rechnung tragen, aber dennoch den literarischen Einzeltext nicht aus den Augen verlieren, eine Entscheidung, die bereits an GREENBLATTS Interesse für SHAKESPEARE abzulesen ist.

Entstanden ist der New Historicism in den USA vor allem in Absetzung zu dem damals herrschenden ›New Criticism‹. Mit seiner Entwicklung reagierte man – der

---

71 Louis Montrose, »Die Renaissance behaupten. Poetik und Politik der Kultur«, in: Moritz Baßler (Hrsg.), *New Historicism. Literaturgeschichte als Poetik der Kultur*, Frankfurt a. M. 2001, S. 60–93, hier S. 67.

deutschen, sich von der werkimmanenten Interpretation
absetzenden Sozialgeschichtsschreibung der 1980er Jahre
vergleichbar – auf das ›close reading‹ der amerikanischen
Literaturwissenschaft, vor allem auf die durch PAUL DE
MAN vertretene Dekonstruktion. Im Unterschied zu diesen textimmanenten Verfahren rückt der New Historicism
das Verhältnis von Literatur und Geschichte in den Mittelpunkt der Analyse und wendet sich damit zugleich gegen das ahistorische Textverständnis des New Criticism
(und des ihm eigenen ›close reading‹). Im Zentrum steht
sodann der Versuch, den literarischen Text wieder mit je-
ner gesellschaftlichen Energie aufzuladen, den er bei seiner Entstehung hatte und die der Literatur als Bestandteil
des gesellschaftlichen Diskurses ohnehin implizit ist. Der
New Historicism geht von einer intensiven Verschränkung von (literarischem) Text und (soziokulturellem)
Kontext aus und fragt demzufolge nach der »gesellschaftlichen Präsenz der Welt im literarischen Text«.[72] Geschichte versteht er als eine Zirkulation »sozialer Energien«[73], die auch Literatur in sich aufnimmt; umgekehrt
geht er von einer »gesellschaftlichen Präsenz des literarischen Textes in der Welt«, d. h. von Literatur als einem
»semantische[n] Kraftfeld« aus, »durch das die sozialen
und ästhetischen Energien seiner Zeit strömen und zu denen [sie] in mannigfaltigen, interdependenten Beziehungen steht«.[74]

Das Ziel des New Historicism ist es von daher, diametral entgegengesetzt zur werkimmanenten Interpretation,
deutlich zu machen, dass der literarische Text keine Son-

---

72 Stephen Greenblatt, *Verhandlungen mit Shakespeare. Innenansichten der
englischen Renaissance*, übers. von Robin Cackett, Berlin 1990 [engl.
Orig.-Ausg. 1988], S. 40.

73 Vgl. Stephen Greenblatt, *Shakespearean Negotiations. The Circulation of
Social Energy in Renaissance England,* Berkeley / Los Angeles 1988.

74 Ansgar Nünning (Hrsg.), *Metzler Lexikon Literatur- und Kulturtheorie.
Aufsätze – Personen – Grundbegriffe,* Stuttgart/Weimar 1998, S. 195 [Ar-
tikel zu Greenblatt].

derstellung gegenüber anderen Texten beanspruchen kann; gefragt wird aus diesem Grund vor allem nach dem Verhältnis von Literatur und geschichtlichem Kontext, was im Begriff des New Historicism, der »Neuen Geschichtlichkeit« also, deutlich wird, und damit zugleich nach dem Verhältnis des literarischen Textes zu anderen Texten; denn der New Historicism geht nicht nur von der »Geschichtlichkeit von Texten«, sondern auch von einer »Textualität von Geschichte«[75] aus, d. h. von der Einsicht und Annahme, dass Geschichte sich in erster Linie über Texte fassen lässt, nicht zuletzt über literarische Texte.

Literaturhinweise

Baßler, Moritz (Hrsg.): New Historicism. Literaturgeschichte als Poetik der Kultur. Frankfurt a. M. 2001.
Glauser, Jürg / Heitmann, Annegret (Hrsg.): Verhandlungen mit dem New Historicism: das Text-Kontext-Problem in der Literaturwissenschaft. Würzburg 1999.

16 Kultursoziologische und mentalitätsgeschichtliche Ansätze

In das Umfeld des ›cultural turn‹, der kulturwissenschaftlichen Öffnung der Literaturwissenschaften also, gehören weiterhin die vor allem mit dem Namen PIERRE BOURDIEUS verbundenen kultursoziologischen und mentalitätsgeschichtlichen Ansätze. BOURDIEUS Verfahren greift auf die Diskursanalyse FOUCAULTS zurück – diesem bescheinigte er, die »stringenteste Formulierung der Grundlagen

---

75 Montrose (s. Anm. 71) S. 67.

der strukturalen Analyse kultureller Produkte« geliefert
zu haben.[76] In wesentlichen Punkten setzt sich BOURDIEU
jedoch von FOUCAULTS diskursanalytischen Überlegungen ab. Die zentralen Termini seiner Theorie sind die Begriffe »Feld« und »Habitus«.[77] Wie FOUCAULT ist auch
BOURDIEU kein Literaturwissenschaftler, hat also ebenfalls keine dezidiert literaturwissenschaftliche Theorie
entworfen. Vielmehr sind seine Überlegungen zunächst
als eine soziologische Methode konzipiert, sie sind das
Produkt soziologischer Studien und des Interesses eines
Soziologen. Dennoch ist seine (Feld-)Theorie für die Literaturwissenschaft interessant, zum einen im Hinblick
auf die Analyse und Beschreibung der soziokulturellen
und gesellschaftspolitischen Rahmenbedingungen der literarischen Produktion. Dadurch, dass sie systematisch
und terminologisch über die produktions- und rezeptionsästhetischen Ansätze der Sozialgeschichte hinausgeht,
konnte sie auch für die literaturwissenschaftliche Analyse
Impulse geben. Zum anderen formuliert BOURDIEU wesentliche Aspekte einer mentalitätsgeschichtlich und kul-
turgeschichtlich orientierten Literaturwissenschaft, die
Literatur nicht nur in ihrem Verhältnis zu Gesellschaft
und Kultur untersucht, sondern den literarischen Diskurs
als Abdruck und Ausdruck der mentalen und kulturellen
Disposition von Gesellschaften und Epochen beschreibt.
BOURDIEU perspektiviert damit eine Literaturwissenschaft, die über Literatur die Mentalität einer Gesellschaft
zu rekonstruieren sucht. In mehreren Arbeiten, vor allem
zum französischen Realismus des 19. Jahrhunderts, insbesondere zu GUSTAVE FLAUBERT, hat er auf der Basis
seiner theoretischen Ansätze literarische Texte gewinn-

---

76 Vgl. Pierre Bourdieu, *Les règles de l'art. Genèse et structure du champs littéraire* [1992]; dt.: *Die Regeln der Kunst: Genese und Struktur des literarischen Feldes*, übers. von Bernd Schwibs und Achim Russer, Frankfurt
   a. M. 1999, S. 316.
77 Ebd., S. 413.

bringend analysiert.[78] Sein Konzept des »literarischen
Feldes«[79] integriert die Analyse des sozialen und gesellschaftlichen Raumes, in dem sich die Autoren bewegen,
aber eben auch jenes Raumes, in dem die (literarischen)
Figuren agieren. Von daher entwarf er mit seiner Feld-
Theorie eine kultursoziologische und kulturgeschichtliche Alternative zu NIKLAS LUHMANNS Systemtheorie
(→ IV.17). 1992 legte BOURDIEU mit *Les règles de l'art.
Genèse et structure du champs littéraire* eine Studie vor,
die dezidiert auf Literatur Bezug nimmt und von daher
literaturwissenschaftliche Relevanz hat. Es geht ihm hier
zunächst einmal um die gesellschaftliche Verortung von
Literatur, zugleich aber um eine Gesellschaftstheorie des
Ästhetischen bzw. der Ästhetik. Zu leisten sucht er dies
über die Begriffe »Feld«, »Klasse«, »Habitus« und »Kapital« (ökonomisches, soziales, kulturelles, symbolisches).[80]
Sie ermöglichen einerseits eine systematische Untersuchung der Mechanismen und Strategien der literarischen
Produktion sowie der sozialen Bedingungen bzw. gesellschaftlichen Entstehungsvoraussetzungen von Literatur
(Milieu der Autoren, Verlage, Literaturkritik, Literaturwissenschaft, Publikum); analysiert werden die Produkti-
ons- und Rezeptionsbedingungen von Literatur und Autoren, auch eine Rezipientensoziologie wird im Auge be-
halten.

Insbesondere im Anschluss an den Habitusbegriff
perspektiviert BOURDIEUS Feld-Theorie über ihre kultursoziologischen Ansätze hinaus andererseits eine mentalitätsgeschichtliche Analyse literarischer Werke. Unter

---

78 Pierre Bourdieu, *Flaubert. Einführung in die Sozioanalyse*, in: *Sprache
   im technischen Zeitalter* 25 (1987) S. 173–189 und 240–255; Bourdieu
   (s. Anm. 76), »Prolog: Flaubert als Analytiker Flauberts. Eine Lektüre der
   Erziehung des Herzens«, S. 19–79.
79 Bourdieu (s. Anm. 76).
80 Vgl. Pierre Bourdieu, *Die feinen Unterschiede. Kritik der gesellschaftlichen Urteilskraft*, übers. von Bernd Schwibs und Achim Russer, Frankfurt
   a. M. 1982 [frz. Orig.-Ausg. 1979], S. 182, 277 und 193.

»Habitus« versteht BOURDIEU im Zuge der schichten- und milieuspezifischen Sozialisation erworbene Wahrnehmungs-, Denk- und Handlungsmuster und Verhaltensdispositionen. Habitus und Lebensstil indizieren und markieren ein bestimmtes soziales Milieu, aber zugleich eine entsprechende mentale Disposition. Literarische Texte werden daran anschließend nicht als Abbild historischer Welten verstanden; vielmehr wird Literatur als ein Medium der Kommunikation gewertet, über das gesellschaftliche Gruppen und soziale Milieus sowohl Formen der Selbstdarstellung als auch der Selbstverständigung praktizieren. BOURDIEU versteht das Schreiben literarischer Texte als »Objektivation eines bestimmten Habitus«.[81] Er geht dabei von der Annahme aus, dass die gesellschaftliche, aber auch die literarische Praxis immer ein Produkt aus »Feld« und »Habitus« ist. Von daher müssen ihm zufolge innerhalb der literaturwissenschaftlichen oder zumindest literatursoziologischen Analyse zunächst einmal die produktions- und rezeptionsästhetischen Bedingungen literarischen Schaffens untersucht werden: Das heißt auch, dass das Verständnis von Literatur einer genauen Kenntnis und Darstellung des »Feldes« bedarf, in dem Erstere entsteht. BOURDIEU orientiert sich dabei nicht an einer traditionellen Literaturgeschichtsschreibung, die ihre Aufmerksamkeit auf das einzelne Werk und den genialischen, aus sich selbst heraus schöpfenden und schaffenden Autor richtet. Stattdessen legt er einen pragmatischen Literaturbegriff zugrunde, der eine relative Autonomie des »literarischen Feldes« sowie eine enge Verbindung der literarischen Praktiken mit anderen gesellschaftlichen Bereichen annimmt. Daraus resultiert die Beschreibung des Ersteren innerhalb der politischen und sozialen Machtstrukturen

---

81 Andreas Dörner / Ludgera Vogt, »Kultursoziologie (Bourdieu – Mentalitätsgeschichte – Zivilisationstheorie)«, in: Klaus-Michael Bogdal (Hrsg.), *Neue Literaturtheorien. Eine Einführung*, Opladen ²1990, S. 131–152, hier S. 142.

einer Gesellschaft, und zwar sowohl in Bezug auf die Person und Position des Autors als auch der Individuen und Gruppen, die als Figuren in Literatur auftauchen.

Literaturhinweise

Dörner, Andreas / Vogt, Ludgera: Kultursoziologie (Bourdieu – Mentalitätsgeschichte – Zivilisationstheorie). In: Klaus-Michael Bogdal (Hrsg.): Neue Literaturtheorien. Eine Einführung. Opladen [2]1990. S. 131–152.

– / – Literatursoziologie. Literatur, Gesellschaft, Politische Kultur. Opladen. 1994.

Jarchow, Klaus / Winter, Hans-Gerd: Pierre Bourdieus Kultursoziologie als Herausforderung der Literaturwissenschaft. In: Gunter Gebauer / Christoph Wulf (Hrsg.): Praxis und Ästhetik: Neue Perspektiven im Denken Pierre Bourdieus. Frankfurt a. M. 1993. S. 93–134.

Jurt, Joseph: Das literarische Feld. Das Konzept Pierre Bourdieus in Theorie und Praxis. Darmstadt 1995.

Literaturhinweise

Diese Hinweise verstehen sich als Empfehlungen für Studierende im Grundstudium und ergänzen die Hinweise auf Literatur zu speziellen Themen und Fragestellungen am Ende der einzelnen Teilkapitel.

Einführungen

Blinn, Hansjürgen: Informationshandbuch deutsche Literaturwissenschaft. Mit Internet- und CD-ROM-Recherche. 4., völlig neu bearb. und stark erw. Ausg. Frankfurt a. M. 2004.

Brackert, Helmut / Stückrath, Jörn (Hrsg.): Literaturwissenschaft. Ein Grundkurs. 7. erg. und durchges. Aufl. Reinbek 2001.

Grundzüge der Literaturwissenschaft. Hrsg. von Heinz Ludwig Arnold und Heinrich Detering. München ³2002.

Jeßing, Benedikt: Arbeitstechniken des literaturwissenschaftlichen Studiums. Stuttgart 2001. (Reclams Universal-Bibliothek. 17631.)

Jeßing, Benedikt: Bibliographieren für Literaturwissenschaftler. Stuttgart 2003. (Reclams Universal-Bibliothek. 17640.)

Moeninghoff, Burkhard / Meyer-Krentler, Eckhardt: Arbeitstechniken Literaturwissenschaft. München ¹⁰2002. (UTB 1582.)

Literaturgeschichten

Einbändige

Beutin, Wolfgang [u. a.]: Deutsche Literaturgeschichte. Von den Anfängen bis zur Gegenwart. 6., verb. und erw. Aufl. Stuttgart 2001.

Brenner, Peter J.: Neue deutsche Literaturgeschichte. Vom Ackermann zu Günter Grass. Tübingen 1996.

Meid, Volker: Das Reclam Buch der deutschen Literatur. Stuttgart 2004.

Rothmann, Kurt: Kleine Geschichte der deutschen Literatur. Stuttgart [18]2004. (Reclams Universal-Bibliothek. 9906.)
Rötzer, Hans G.: Geschichte der deutschen Literatur. Epochen – Autoren – Werke. Bamberg [2]2000.

Mehrbändige

Geschichte der deutschen Literatur von den Anfängen bis zur Gegenwart. Begr. von Helmut de Boor und Richard Newald. 12 Bde. München 1966–94.
Geschichte der deutschen Literatur von den Anfängen bis zur Gegenwart. Hrsg. von Werner Kohlschmidt. 5 Bde. Stuttgart 1965–90.
Geschichte der deutschen Literatur vom 18. Jahrhundert bis zur Gegenwart. Hrsg. von Viktor Žmegač. 3 Bde. in 4 Teil-Bdn. Königstein i. Ts. 1979–85. (Auch als CD-ROM.)
Hansers Sozialgeschichte der deutschen Literatur vom 16. Jahrhundert bis zur Gegenwart. Hrsg. von Rolf Grimminger. 12 Bde. München 1980 ff.

Autorenlexika

Deutsche Dichter. Leben und Werk deutschsprachiger Autoren. Hrsg. von Gunter E. Grimm und Frank Rainer Max. 2., durchges. Aufl. Stuttgart 1995. [Geb. Ausg.]
Deutsches Dichterlexikon. Bio-bibliographisches Handwörterbuch zur deutschen Literaturgeschichte. 2. erw. Aufl. Stuttgart 1988.
Kritisches Lexikon zur deutschsprachigen Gegenwartsliteratur (KLG). Loseblattausgabe. Hrsg. von Heinz Ludwig Arnold. München 1978 ff. (Auch als CD-ROM.)
Lexikon der deutschsprachigen Gegenwartsliteratur seit 1945. Neu hrsg. von Thomas Kraft. 2 Bde. München 2003.
Literatur-Lexikon. Autoren und Werke deutscher Sprache. Hrsg. von Walter Killy. 15 Bde. München 1988–93. (Auch als CD-ROM.)
Meid, Volker: Reclams Lexikon der deutschsprachigen Autoren. Stuttgart 2001.

Werklexika

Frenzel, Herbert A. / Frenzel, Elisabeth: Daten deutscher Dichtung. Chronologischer Abriß der deutschen Literaturgeschichte. 3 Bde. München [31]1998.

Kindlers Neues Literatur Lexikon (KNLL). Hrsg. von Walter Jens. 22 Bde. München 1988–98.

Reclams Romanlexikon. Deutschsprachige erzählende Literatur vom Mittelalter bis zur Gegenwart. Hrsg. von Frank Rainer Max und Christine Ruhrberg. Stuttgart 2000.

Sachwörterbücher

Das Fischer Lexikon Literatur. Hrsg. von Ulrich Ricklefs. 3 Bde. Frankfurt a. M. 1997.

Frenzel, Elisabeth: Motive der Weltliteratur. Ein Lexikon dichtungsgeschichtlicher Längsschnitte. Stuttgart 1999.

Frenzel, Elisabeth. Stoffe der Weltliteratur. Ein Lexikon dichtungsgeschichtlicher Längsschnitte. Stuttgart [8]1992.

Metzler Literatur Lexikon. Begriffe und Definitionen. Hrsg. von Günther und Irmgard Schweikle. 2. überarb. Aufl. Stuttgart 1990.

Lausberg, Heinrich: Handbuch der literarischen Rhetorik. Eine Grundlegung der Literaturwissenschaft. 2 Bde. Stuttgart [3]1990.

Meid, Volker: Sachwörterbuch zur deutschen Literatur. Stuttgart 1999. (Reclams Universal-Bibliothek. 18129.)

Poetik in Stichworten. Literaturwissenschaftliche Grundbegriffe. Eine Einführung von Ivo Braak. 8. überarb. und. erw. Aufl. von Martin Neubauer. Berlin/Stuttgart 2001.

Reallexikon der deutschen Literaturgeschichte. Begr. von Paul Merker und Wolfgang Stammler. 4 Bde. und Reg.-Bd. Berlin 1958–88.

Reallexikon der deutschen Literaturwissenschaft. Neubearbeitung des Reallexikons der deutschen Literaturgeschichte. Hrsg. von Klaus Weimar. 5 Bde. Berlin 1997.

Rinsum, Annemarie / Rinsum, Wolfgang: Lexikon literarischer Gestalten. Deutschsprachige Literatur. Stuttgart [2]1997.

Spörl, Uwe: Basislexikon Literaturwissenschaft. Paderborn [u. a.] 2004. (UTB 2485.)

Wilpert, Gero von: Sachwörterbuch der Literatur. Stuttgart [7]1989.

Fachbibliographien

Bibliographie der deutschen Sprach- und Literaturwissenschaft. Begründet von Hanns W. Eppelsheimer, fortg. von Clemens Köttelwesch, hrsg. von Bernhard Koßmann. Frankfurt a. M. 1971 ff. [Erscheint jährlich. Im Internet unter: *www.bdsl.de*]

Erstausgaben deutscher Dichtung. Eine Bibliographie zur deutschen Literatur 1600–1990. 2. vollst. überarb. und erw. Aufl. Stuttgart 1992.

Germanistik. Internationales Referatenorgan mit bibliographischen Hinweisen. Tübingen 1960 ff. [Erscheint viermal jährlich.]

MLA International Bibliography. Modern Language Association of America 1963 ff. [Internationale Fachbibliographie zur Sprach- und Literaturwissenschaft. CD-ROM.]

Literaturtheorie

Lexikon literaturtheoretischer Werke. Hrsg. von Rolf Günter Renner. Stuttgart 1995.

Metzler Lexikon Literatur- und Kulturtheorie. Ansätze – Personen – Grundbegriffe. Hrsg. von Ansgar Nünning. 2. überarb. und erw. Aufl. Stuttgart 2001.

Texte zur Literaturtheorie der Gegenwart. Hrsg. und komm. von Dorothee Kimmich, Rolf Günter Renner und Bernd Stiegler. Stuttgart 1996. (Reclams Universal-Bibliothek. 9414.)

Personenregister

Adorno, Theodor W. 41, 114, 203, 212
Aichinger, Ilse 129, 195
Aischylos 151, 177
Alexis, Willibald (d. i. Wilhelm Häring) 120
Ammer, Andreas 198
Andersch, Alfred 129, 195, 214
Angelus Silesius 85
Anton Ulrich zu Braunschweig und Lüneburg 116
Aristoteles 37 f., 42–44, 46, 48 f., 50 f., 62, 75, 109 f., 146, 148, 151–154, 157, 161, 177, 187, 191
Artaud, Antonin 169
Asmuth, Bernhard 174
Augustinus 38, 205
Aurel, Marc 203, 211

Bachmann, Ingeborg 92, 195, 214
Bachtin, Michail 269
Bahr, Hermann 123
Balzac, Honoré de 88
Barthes, Roland 234
Baudelaire, Charles 89
Baumgarten, Alexander Gottlieb 37, 39
Becher, Johannes R. 97, 194
Becker, Jürgen 196
Becker, Sabina 88
Becker-Cantarino, Barbara 210
Beethoven, Ludwig van 183
Bender, Hans 67
Benjamin, Walter 28, 112
Benn, Gottfried 90 f.
Bense, Max 212
Bernhard, Thomas 120, 171, 182, 185, 206
Bichsel, Peter 129
Black, Max 63 f.

Blanckenburg, Christian Friedrich von 113
Bloom, Harald 264
Blumenberg, Hans 63 f., 66
Bobrowski, Johannes 67
Boccaccio, Giovanni 126 f.
Böll, Heinrich 71, 80, 129, 143, 195, 213
Bogdal, Klaus-Michael 276
Borchert, Wolfgang 129, 195
Bote, Hermann 115
Bourdieu, Pierre 242, 281–284
Bovenschen, Silvia 253
Brahms, Johannes 87
Braun, Volker 168
Brecht, Bertolt 47, 59, 67, 72, 87, 90, 97, 106, 166–168, 177, 181, 182, 183, 185, 187, 194, 212
Brentano, Clemens 19, 61, 81, 86 f., 127, 161, 209, 235
Brinker-Gabler, Gisela 251 f.
Brinkmann, Rolf Dieter 197, 211
Broch, Hermann 114, 124
Brockes, Barthold Hinrich 85
Brod, Max 15–17
Bronnen, Arnolt 182
Büchner, Georg 19, 22, 144, 162 f., 164, 185, 187
Burdorf, Dieter 48, 94

Canetti, Elias 144, 203, 206
Carossa, Hans 206
Celan, Paul 19, 65 f., 67, 72, 91 f., 264
Celtis, Conrad 10
Chamisso, Adelbert von 131
Chotjewitz, Peter 197
Cicero 37, 48, 50
Claudius, Matthias 85, 105
Corneille, Pierre 155

Dach, Simon 85
Deleuze, Gilles 260
Derrida, Jacques 258, 260,
    262–264, 267, 269 f.
Dilthey, Wilhelm 224–226
Doderer, Heimito von 124 f.
Döblin, Alfred 112, 114, 117, 120,
    123 f., 142, 165, 194, 206, 212
Döhl, Reinhard 98
Droste-Hülshoff, Annette von 19,
    59, 88, 112, 127
Dürrenmatt, Friedrich 170 f.

Ebner-Eschenbach, Marie von
    203, 206
Eckermann, Johann Peter 127
Eco, Umberto 52, 66
Eich, Günter 90, 195
Eichendorff, Joseph von 60, 87,
    119
Einheit, F. M. 198
Eisler, Hanns 168
Enzensberger, Hans Magnus 82,
    92, 213
Ernst, Paul 165
Euripides 151, 177

Fallada, Hans 124
Fassbinder, Rainer Werner 170
Feuchtwanger, Lion 26
Fischart, Johann 115
Flaubert, Gustave 88, 282 f.
Fleißer, Marieluise 124, 170, 182
Fleming, Paul 85
Flesch, Hans 193
Fontane, Theodor 26, 46, 88, 95,
    120, 121 f., 134, 206, 214
Forster, E. M. 130
Forster, Georg 211
Foucault, Michel 260, 272 f., 275 f.,
    279, 281 f.
Fouqué, Friedrich de la Motte 120
Frenzel, Elisabeth 131
Freud, Sigmund 123, 246–249
Freytag, Gustav 120, 121, 163 f.,
    178–180

Fried, Erich 92
Friedrich, Hugo 66
Frisch, Max 138, 168, 180, 183,
    216 f.
Fühmann, Franz 214

Gadamer, Hans-Georg 225 f., 243,
    264
Gallus 50
Gellert, Christian Fürchtegott 156
Genette, Gérard 63, 110 f.,
    133–135, 142–144, 146, 201, 268
George, Stefan 89
Gerhardt, Paul 99
Gide, André 216
Gnüg, Hiltrud 252
Goering, Reinhard 166
Goethe, Johann Wolfgang 12, 18,
    19, 22, 25, 26–28, 46, 52, 58 f., 60,
    67 f., 72, 77, 86, 90, 93, 95, 97 f.,
    101, 103, 105, 112, 117, 118 f.,
    126, 135, 158 f., 160 f., 162, 174,
    181, 182, 183, 185, 187, 203,
    205 f., 209 f., 214, 217, 224, 235
Gomringer, Eugen 90, 93
Gorgias 48 f.
Gottfried von Straßburg 111 f.
Gottsched, Johann Christoph 11,
    44 f., 85, 154, 155 f., 209
Gottsched, Luise 156
Grabbe, Christian Dietrich 187
Grass, Günter 116, 126, 185, 213,
    217
Greenblatt, Stephen 279
Grillparzer, Franz 143, 161, 163
Grimm, Jacob 11
Grimm, Wilhelm 11
Grimmelshausen, Hans Jacob
    Christoffel von 116
Grün, Max von der 125
Grünbein, Durs 93, 203, 217
Gryphius, Andreas 85, 96, 104,
    156, 184
Günderrode, Karoline von 87, 210
Gutzkow, Karl 121

Hacks, Peter 168, 182
Hahn, Karl-Heinz 22
Hahn, Ulla 93, 105
Hahn-Hahn, Ida Gräfin von 214
Hamburger, Käte 110
Handke, Peter 171, 176, 196, 204, 207, 213
Harig, Ludwig 198
Harsdörffer, Georg Philipp 44
Hartmann von Aue 111
Hasenclever, Walter 166
Hauptmann, Gerhart 47, 164, 170, 175, 180, 206
Hebbel, Friedrich 88, 163, 206, 216
Hegel, Georg Wilhelm Friedrich 40, 47, 78 f., 83, 93, 113, 163, 203
Heidegger, Martin 225 f.
Hein, Christoph 142
Heine, Heinrich 19, 25, 62, 72, 87, 95 f., 107, 112, 203, 214
Heinse, Wilhelm 119
Heissenbüttel, Helmut 93
Herder, Johann Gottfried 46, 86, 94
Hesse, Hermann 119, 123, 217
Heym, Georg 90
Heyse, Paul 127
Hildesheimer, Wolfgang 195
Hindemith, Paul 194
Hippokrates 203
Hitler, Adolf 181
Hochhuth, Rolf 170
Hocke, Gustav René 90, 215 f., 217
Hölderlin, Friedrich 19, 20, 21, 46, 86, 89 f., 97, 100, 117, 205, 224
Hoerschelmann, Fred von 195
Hoffmann, E. T. A. 119, 127, 131, 134
Hofmann von Hoffmannswaldau, Christian 85
Hofmannsthal, Hugo von 19, 47, 89, 100, 165, 182, 183
Holz, Arno 88, 122, 180
Homer 70, 97, 111, 213

Horaz (Quintus Horatius Flaccus) 37, 43 f., 85, 134, 154, 177 f., 187, 191, 208
Horváth, Ödön von 124, 138, 170
Huchel, Peter 90
Hughes, Richard 193
Humboldt, Alexander von 211
Husserl, Edmund 229

Ibsen, Henrik 164, 249
Immermann, Karl 121
Ingarden, Roman 175, 243
Iser, Wolfgang 243-245, 265

Jacobson, Roman 230
Jandl, Ernst 90, 93, 171, 196
Jarry, Alfred 165
Jauß, Hans Robert 243-245, 265
Jean Paul (d. i. Johann Paul Friedrich Richter) 46, 119, 203, 206
Jelinek, Elfriede 171 f.
Johnson, Uwe 124
Joyce, James 146
Jung-Stilling (d. i. Johann Heinrich Jung) 118

Kästner, Erich 124, 144
Kafka, Franz 15-17, 19, 22, 30, 123, 126, 139, 143, 216
Kaiser, Georg 166
Kandinsky, Wassily 165
Kant, Immanuel 39 f., 52, 64, 68 f., 160
Kaschnitz, Marie Luise 195, 214, 216
Kayser, Wolfgang 80, 107, 235
Keller, Gottfried 28, 199
Kempowski, Walter 217
Kerner, Justinus 206
Kessel, Martin 124
Keun, Irmgard 117, 124
Keyserling, Eduard 123
Kipphardt, Heinar 169 f.
Kirsch, Sarah 93, 107

Kleist, Heinrich von 19, 46, 59, 127, 162, 174 f., 182, 190
Klemperer, Viktor 217
Klepper, Jochen 216
Kling, Thomas 82, 93
Klopstock, Friedrich Gottlieb 19, 85, 97, 100, 112, 209
Klotz, Volker 186–189
Klüger, Ruth 207
Kluge, Alexander 129
Knilli, Friedrich 196
Koeppen, Wolfgang 87, 124, 143
Kokoschka, Oskar 166
Köppen, Edlef 124
Kraft, Herbert 34 f.
Kraus, Karl 149
Krausser, Helmut 217
Kretzer, Max 122
Kristeva, Julia 258, 269–271
Kroetz, Franz Xaver 170
Krolow, Karl 90 f.
Kronauer, Brigitte 9, 129

La Roche, Sophie von 117, 209, 214
Lacan, Jacques 258, 260
Lachmann, Renate 268
Lämmert, Eberhard 132 f., 135
Lamping, Dieter 90, 108
Lasker-Schüler, Else 19, 30 f., 90, 117, 166
Lavater, Johann Caspar 209, 216
Lehmann, Wilhelm 91, 162
Leibniz, Gottfried Wilhelm 37 f., 39, 208
Lejeune, Philippe 205, 207
Lenz, Jakob Michael Reinhold 159, 162, 164, 185
Lessing, Gotthold Ephraim 44 f., 46, 61, 104, 155–158, 175, 184, 185, 189, 209, 212, 224
Lévi-Strauss, Claude 262
Lichtenberg, Georg Christoph 203, 209, 211
Lillo, George 185
Link, Jürgen 276

Loerke, Oskar 61, 64, 67, 91
Lohenstein, Daniel Casper von 116
Luhmann, Niklas 242, 283
Lukács, Georg 41, 47, 113
Luther, Martin 10, 90, 208

Man, Paul de 52, 63, 264 f., 280
Mann, Golo 144
Mann, Heinrich 120, 123, 206
Mann, Thomas 116, 119, 120, 122, 132, 136 f., 212, 216
Marc, Franz 65
Maron, Monika 125
Martínez, Matías 111, 130, 134, 141, 142–146, 201 f.
Marx, Karl 47, 168
Mayröcker, Friederike 93, 196
Meyer, Conrad Ferdinand 19, 60 f., 88, 95
Misch, Georg 204
Möhrmann, Renate 252
Mörike, Eduard 19, 71 f., 88, 101, 104, 120
Molière (d. i. Jean-Baptiste Poquelin) 185
Mon, Franz 196, 198
Montaigne, Michel de 203, 211
Morgenstern, Christian 87
Morgenstern, Karl 118
Moritz, Karl Philipp 46, 118, 211
Morus, Thomas 117
Müller, Günther 132 f.
Müller, Heiner 168
Müller, Herta 129
Müller, Wilhelm 87
Musil, Robert 114, 123, 124, 128, 212, 216

Nadolny, Sten 114, 214
Nestroy, Johann 161
Nicolai, Friedrich 157
Nietzsche, Friedrich 47, 59, 203, 212
Novak, Helga M. 197
Novalis (d. i. Friedrich von Hardenberg) 55, 81, 87, 97, 119, 224

Opitz, Martin 11, 44f., 77, 84f., 154f.
Orwell, George 68

Pascal, Blaise 203
Pasley, Malcolm 17
Paul, Hermann 19
Petersen, Julius 78
Petrarca 95, 97
Pfalz, Lieselotte von der 209
Pfister, Manfred 186
Pindar 86, 97
Pisan, Christine de 96
Piscator, Erwin 166
Platen, August Graf von 161
Platon 37f., 42f., 46, 49f., 117, 201, 211
Plutarch 211
Pörtner, Paul 197
Pongs, Hermann 194

Quintilian 37, 48, 51, 57, 63, 70

Raabe, Wilhelm 117, 121
Racine, Jean 155, 187
Raimund, Ferdinand 161, 182
Ransmayr, Christoph 214
Reger, Erik (d. i. Hermann Dannenberger) 125
Reich-Ranicki, Marcel 87, 89
Remarque, Erich Maria 124
Renn, Ludwig 124
Reuter, Christian 116
Ricoeur, Paul 63f.
Rilke, Rainer Maria 47, 89, 97, 99, 117, 217
Ringelnatz, Joachim 87
Rinser, Luise 216
Roth, Joseph 124, 144
Rousseau, Jean-Jacques 118
Rückert, Friedrich 97, 100
Rühmkorf, Peter 91, 204, 213, 216
Ruttmann, Walter 198

Sachs, Nelly 92
Saussure, Ferdinand de 229–233, 262
Scheffel, Michael 111, 130, 134, 141, 142–146, 201f.
Scheibe, Siegfried 26
Schiller, Friedrich 19, 46, 59, 61, 86, 90, 95, 101, 104, 159f., 162, 182, 185, 187, 191, 209, 212
Schlaf, Johannes 122, 180
Schlegel, August Wilhelm 46, 127, 128, 203, 211
Schlegel, Friedrich 46, 127, 128, 209
Schleiermacher, Friedrich 127, 222–225, 227
Schmidt, Arno 117, 124, 199
Schmidt, Siegfried J. 245
Schnabel, Johann Gottfried 116, 214
Schnitzler, Arthur 123, 165, 175, 180
Schopenhauer, Arthur 203
Schubert, Franz 87, 205
Schumann, Robert 87, 205
Schwab, Gustav 87
Schwitters, Kurt 90, 165
Schwitzke, Hans 196, 199f.
Scott, Walter 120
Seneca 211
Shakespeare, William 45, 70, 95, 156, 158, 159, 184, 187, 279f.
Sophokles 151, 177, 190
Sorge, Reinhard 166
Sperr, Martin 170
Spitzweg, Carl 88
Stadler, Ernst 96
Staiger, Emil 79f., 235, 237
Stanzel, Franz K. 135–142, 143, 145
Sternheim, Carl 166
Stifter, Adalbert 19, 46, 119, 120
Storm, Theodor 88, 101, 128
Strauß, Botho 120, 182, 204, 213
Strauß, Richard 183

Strindberg, August 166
Struck, Karin 207
Szondi, Peter 172, 226f.

Tacitus 10
Tieck, Ludwig 117, 119, 120, 161
Timm, Uwe 115
Toller, Ernst 166, 180, 182
Trakl, Georg 19, 20, 61, 67, 90
Tynjanov, Jurij 230

Uhland, Ludwig 87

Varnhagen, Rahel 216
Vergil 111
Vesper, Bernward 207

Wackenroder, Wilhelm Heinrich 119
Wagner, Heinrich Leopold 159, 185
Wagner, Richard 132
Walser, Martin 126, 182
Walther von der Vogelweide 84
Wedekind, Frank 28, 165, 175f., 187

Weil, Grete 131
Weill, Kurt 168
Weinrich, Harald 63, 65f.
Weiss, Peter 124, 169, 183, 185, 190, 207
Weiße, Christian Felix 182
Wellershoff, Dieter 114
Werfel, Franz 130
Werner, Zacharias 161
Wickram, Jörg 115
Wieland, Christoph Martin 118, 127
Winckelmann, Johann Joachim 45, 209
Wölfflin, Heinrich 186
Wolf, Christa 80, 131, 206, 213
Wolf, Ror 129
Wolff, Christian 39
Wolfram von Eschenbach 111
Wondratschek, Wolf 196

Zesen, Philipp von 116
Zima, Peter V. 40f., 47f., 270
Zola, Emile 122
Zuckmayer, Carl 170, 191
Zweig, Arnold 114, 123

Sachregister

aberratio oculi 29
Abwesende, das 256, 269f.
Achronie 134
Akkumulation 58
Akt (im Drama) 158, 159, 163, 166, 175, 177f., 180, 181, 188
Aktcharakter des Lesens 222, 244f.
Alexandriner 96, 104, 184
Allegorese 68
Allegorie 67f., 70–73
Alliteration (Stabreim) 59, 105f.
Anachronie 135
Anadiplose 58

Anagnorisis 151f., 190
Anakoluth 60
Analepse 135
Analyse
  objektive 236
  strukturalistische 232, 234
Anapäst 101f.
Anapher 58f.
Anbrief 22
Andere, das 262, 270
Anekdote 125
Anspielung 266
antihermeneutische Position 260
Antilabe 174

Antithese 49, 60, 203
Antonomasie 70
Aphorismus 81, 105, 202–204
Aposiopese 59
Apostrophe 61
Apparat 20
  Einblendungsapparat 32f.
  Einzelstellenapparat 32
  negativer A. 3
  positiver A. 33
  synoptischer A. 32, 34
  Treppenapparat 32f.
  Variantenapparat 23, 32–34
Archaismus 72
Archetyp 24
Assonanz 59, 96, 106
Ästhetik 27, 37–42, 45f., 48, 89, 123
  Formästhetik 40
  Gehaltsästhetik 40
  weibliche Ä. 251f.
Asyndeton 59
Auftakt 101, 103
Auftritt → Szene
Aufzug → Akt
Ausdifferenzierung von Kunst 242
Ausgabe 15–22
  Faksimile-A. 21–23
  A. früher Hand 28
  historisch-kritische A. 18, 19f., 23–35
  Leseausgabe 17f.
  A. letzter Hand 27f.
  Regestausgabe 22
  Reprint-A. 21f.
  Studienausgabe 18f.
Auslegung 222, 224
  grammatische 222
  personenbezogene 222
  psychologische 223
  sprachbezogene 222
Autobiographie 26, 81f., 110, 118, 136, 144, 202, 204–207
Autograph 23
Autonomie 220, 240

Autopoiesis 242
Autor 135f., 220, 271
Autoreflexivität 206
Autorisation 25–31

Ballade 77, 87f., 93, 95, 98, 199
Bedeutung 260
  Bedeutungsstruktur 276
  Bedeutungsverschiebung 263
Beiseitesprechen 173
Bewusstseinsstrom 146
Bezeichnete, das 231
Bildempfänger 64f., 66
Bildfeld 64
Bildspender 64f.
Biographie 26, 81f., 111, 144, 202, 204f., 206, 228, 248
Biographismus 228
Blankvers 104, 184
Blende 197, 199
Botenbericht 177, 188
Brief 22, 23, 26, 208–212, 214f., 239
Briefroman → Roman
Bühnenanweisung → Regieanweisung
Bürgerliches Trauerspiel 156, 158, 159, 163, 182, 185

camera eye 139
captatio benevolentiae 135
carmen figuratum 98
Chevy-Chase-Strophe 98
Chiasmus 60
Chiffre 71, 91
Chor 151, 153, 154, 172, 173, 177
Chorlied 150f., 153, 177, 185
close reading 265, 280
Collage 93, 124, 197
comédie larmoyante 156
Commutatio 60
Couplet 95
cultural turn 281

Daktylus 100–102
Dekonstruktion 259–266, 269

delectare 43, 53
Demystifikation 273
Deutung 223
  subjektive 236 f.
Diakritisches Zeichen 21, 32
Dialog 145, 172, 174, 177
Dialogizität 270
Differenz 259 f., 263
Dingsymbol 127
Dionysien 150
diplomatische Umschrift 21
Diskurs 269, 272–274
Diskursanalyse 257, 272–277
  historische 276
  Regeln des Diskurses 275
Diskursordnung 272
Distichon 100, 105
Dithyrambos 76, 150
Drama (Stück, Spiel) 128, 148–192
  analytisches D. 189–191
  Duodram 182
  Enthüllungsdrama 190 f.
  geschlossenes D. 186–189, 191
  historisches D. 160, 182
  klassizistisches D. 155, 158, 160,
    161, 163, 176, 178, 183, 187
  Künstlerdrama 182
  Lehrstück 168, 182
  Lesedrama 149
  Lustspiel → Komödie
  Melodram(a) 183
  Milieudrama 164, 185 f.
  Monodrama 182
  Mysterienspiel 182
  offenes D. 186–189, 191
  Passionsspiel 156, 182
  politisches D. 160, 168–170,
    182
  Prosadrama 185 f., 189
  Rührstück 156, 158
  Schicksalsdrama 161
  soziales D. 159, 162 f., 164, 182
  Stationendrama 167, 180
  synthetisches D. 189–191
  Trauerspiel → Tragödie
  Versdrama 183–186, 189

  Volksstück 170, 182
  Zauberspiel 161, 182
  Zieldrama 190 f.
dramatis personae 175
Dramentheorie 150–172
drei Einheiten 154, 156, 158, 166,
  187

editio princeps 28
Edition → Ausgabe
Editionsphilologie 13, 19 f., 27, 34
Einakter 165, 166, 180
Einfühlung 235
Elegie 76, 86, 97
Elision 103
Ellipse 59, 135
Emblem 98
Emendation 29 f., 31
Enallage 60
Endecasillabus 97, 99 f.
Enjambement 87, 107
Epeisodion 153, 170
Epik 109–146
Epilog 181 f.
Epipher 58 f.
Episode 130, 153
Epistel 208
Epitasis 180
Epos 25, 111–113, 148, 153
Erfahrung, gesellschaftliche 241
Erläuterung → Kommentar
Erlebte Rede 146
Erstdruck 25, 26, 27, 28
Erzähleingang 134
  ab ovo 134
  in medias res 134 f.
  in ultimas res 134
Erzähler 135–144, 173
Erzählgedicht 95
Erzählperspektive 140 f., 142, 143
  Außenperspektive 138, 139,
    140
  Innenperspektive 138, 140
  multiperspektivisches
    Erzählen 122, 143
Erzählprofil 145

Erzählsitutation 135–141, 145
auktoriale E. 136f., 140f.
Ich-E. 136, 137f., 140f.
neutrale E. 139
personale E. 136, 138–141
Erzählung 109, 110f., 118, 120, 125, 127, 144, 145
analytische E. 134
autodiegetische E. 143f.
Binnenerzählung 126f., 144
extradiegetische E. 144f.
faktuale E. 110f., 144
heterodiegetische E. 143f.
homodiegetische E. 143f.
intradiegetische E. 144f.
Rahmenerzählung 126f., 143, 144
repetitive E. 135
singulative E. 135
synthetische E. 134
Essay 202, 207, 211–213, 239
Euphemismus 72
Exodos 151, 153, 177
Exposition (Protasis) 164, 176, 177, 179

Fabel 118, 125, 130, 131, 151
Faktuale Literatur 201–217
Falkentheorie 127
fallender Viertakter 104
Fallhöhe 156f.
Feature 199
Feld, literarisches 282–284
Feld-Theorie 282f.
Feminismus, struktura-
listischer 258
Figura etymologica 59
Figuren, rhetorische 58–61, 94
Wortfiguren 57–60
Klangfiguren 58
Satzfiguren 58–61
Gedankenfiguren 58, 60, 70–72
Figurengedicht 98
Figurenrede 145f., 148, 172
erzählte F. 145f.

transponierte F. 146
zitierte F. 145
Fiktionalität 62, 81, 110, 201, 213f.
Fokalisierung 142–145
externe (neutrale) F. 142, 144
interne (aktoriale) F. 142f., 144
Nullfokalisierung (auktoriale F.) 142, 144
Folgetext 266
Formalismus, russischer 229
Fragment
Entstehungsfragment 23
Überlieferungsfragment 23
Frauenbilder 252
Frauenbildforschung 254
Frauenliteraturgeschichte 251
Freier Rhythmus 103
Freier Vers 106
Füllungsfreiheit 101f.
Funkballade 199
Funkerzählung 199

Gattung 42, 55f., 67, 71, 75–82, 111f., 148, 156, 167, 194, 196, 236, 263, 274
Gattungstheorie 75–82
Gedächtnisraum 268
gender 256, 258
Gender Studies 253, 254–259, 264
Genre 274
genus grande 55, 155
genus humile 55, 155
genus mediocre 55, 155
Gesamtkunstwerk 166
Gesamttext 266
kultureller 278f.
Geschichtlichkeit von Texten 281
Geschlecht 256
Geschlechterdifferenz 252f., 259
Geschlechterordnung 255f.
Geschlechter-Texte 253
Geschlechterverhältnis 255f.
Ghasel 100
Groteske 165, 166, 170

Habitus 282–284
Handlungssystem 242
Haupttext 175 f.
Heldenlied 83, 98
Hermeneutik 221–227, 226, 258, 260 f., 263, 272
Heteronomie 220
Hexameter 100, 105, 111, 112
Hörbericht 199
Hörbuch 198
Horizontverschmelzung 264
Hörspiel 193–200
Hymne 97
Hypallage 60
Hyperbaton 60
Hyperbel 72
Hysteron proteron 60

Inhaltsanalyse, literatursoziologische 276
Innerer Monolog 145 f.
inquit-Formel 139
Interdiskurs 276
    Interdiskurstheorie 276
Interdisziplinarität 278
Intermedialität 42
Interpretation
    grammatische 225
    psychologische 224
    werkimmanente → Werkimmanenz
Interpretieren, synthetisches 220 f.
Intersubjektivität 270
Intertext 268, 271
Intertextualität 12, 264, 266–271
Inversion 60
Ironie 70, 72, 87

Jambischer Trimeter 104, 183
Jambus 101 f.

Kabarett 168
Kadenz 94, 99, 101 f., 103 f.
Kalendergeschichte 125
Kalokagathie 46
Kanon 12, 15, 19, 251, 274

Kapital 283
    kulturelles 283
    ökonomisches 283
    symbolisches 283
    soziales 283
Katachrese 61, 70
Katastrophe (im Drama) 164, 179, 180, 189
Katharsis 152, 157, 161
Kirchenlied 84
Klasse 283
Klimax 61
Knittelvers 103, 185
Kollation 23
Kommentar 18, 20, 34 f.
Komödie 153–156, 161, 162, 166, 170, 173, 180, 181, 183, 185, 189, 190
Konjektur 30
Konkrete Poesie 90, 92
Konstanzer Schule 265
Konstitutionsbedingungen
    außerliterarische 273 f.
    außertextuelle 273
Konstruktion 261
Konstruktivismus 245
Kontamination 24
Kontext 220, 241
    gesellschaftlicher 237
    sozialer 239
Konvention, literarische 274
Korruption 29
Kultursoziologie 281–285
Kulturwissenschaften 278
Kürzestgeschichte 129
Kurzgeschichte 125, 128 f.

langue 231, 233
lectio difficilior 30
Legende 125
Leitmotiv 127, 132
Lemma 33
Lemmazeichen 33
Lesedrama 80 f.
Lesen 265
    verstehendes 244

Leser 220, 245
Literaturbegriff
  erweiterter 239
  funktionalisierter 237
Literaturpsychologie 246–250
Literatursoziologie 241–243
Literaturtheorie 219 f., 229
  feministische 250–255
  Literaturwissenschaft, psycho-
    analytische 246–250, 258
Litotes 72
littérature engagée 48, 89
Logik 261
Logos 262
Logozentrismus 260
Lyrik 82–108
  Erlebnis- und Stimmungslyrik
    88 f.
  hermetische 91 f.
  Naturlyrik 85, 91
  politische 87, 93
Lyrisches Ich 93

Madrigal 96
männerperspektivische
    Lektüre 254
Männlichkeit 256–258
Manuskript 20 f., 23, 24, 29, 30,
    31
Märchen 81, 86, 125, 182
Mauerschau → Teichoskopie
Meistersang 84, 99
Memoiren 26, 110
memoria 50, 54, 83
Mentalitätsgeschichte 281–285
Metafiktion 114 f.
Metapher 43 f., 56, 63–73
  absolute 66
  hermetische 66, 92
  kühne 65
  lebendige 63 f.
  lexikalisierte 65
  verblasste 65
  Prädikationsstrukturen der M. 66
Metapherntheorie 63
Metaphysikkritik 261

Methode, sozialgeschichtliche
    238–241, 243
Methodenpluralismus 220, 257
Metonymie 70 f.
Metrum 94, 96, 101 f., 103, 184
mimesis 38, 42, 77, 109
Minnesang 84, 99
Mittelzäsur 96, 100
Mnemotechnik 83
Modus 140, 145 f.
  dramatischer 145 f.
  narrativer 145 f.
Monolog 135, 145, 172 f., 174, 177,
    183, 185
Montage 81, 93, 169, 196, 199 f.
Moritat (Bänkelsang) 168
Motiv 129, 130–132

Nachfühlen 225
Narratologie 234
  genderorientierte 258
Naturwissenschaft 227
Nebentext 175 f.
Neologismus 72
New Criticism 279
New Historicism 272, 277–281
Nibelungenstrophe 98 f.
nouveau roman 197
Novelle 125, 126–128, 132, 134
Novellenzyklus 126 f.

Ode 97
Odenstrophe 100, 102
Offener Brief 208
Oper 183
  epische O. 168, 183
Opernlibretto 183
Oratorium 151, 169, 183
ornatus in verbis singulis 55, 57
ornatus in verbis coniunctis 55,
    57
Oxymoron 61

Parabase 173
Parabel 125, 182
Paradox 61, 171, 203

Paralipse 61
Paralleldruck 28
Parallelismus 61
Paratext 111
Parenthese 60
Parodie 119, 266
Parodos 151, 153
Parole 231
Pathos 152, 162
Pentameter 100, 104 f.
Peripetie 151, 164, 180
Periphrase 70
Personenkette 187, 188
Personifikation 67 f., 72
Phantasie 249
Pleonasmus 59
Plot 130, 131
pluralis majestatis 137
poésie pure 48, 98
Poetik 37, 41–48, 75, 77, 154 f.,
    158, 177
    deskriptive 42
    normative 77, 84 f.
poetischer Mehrwert 64
Poetizität 62, 201 f., 270
point of view 140
Polyptoton 59
Polysemie 262
Polysyndeton 59
Polyvalenz 244
Positivismus 19, 122, 225, 227–229
Posse 155
Poststrukturalismus 259–267,
    269
Praeteritio 61
Prätext 266–268
prodesse 43
Prolepse 134
Prolog 135, 153, 177, 180 f.
Protagonist 130, 139

Quartett 95, 99

Rätsel 72
Raubdruck 25, 27
recensio 23

Rede → Figurenrede
    direkte 139
    indirekte 146
Referenztext 268
Reflektor 140 f.
Regelpoetik 42, 45, 62
Regieanweisung 175
Reim 105 f.
Reimarten 106
Reimformen 106
Reiseliteratur 213–215
retardierendes Moment 133, 180
Rezeption 21, 28, 112, 125 f., 148,
    150
Rezeptionsästhetik 243–246, 265
    konstruktivistische 245
Rhetorik 48–55, 130, 189, 264
rhetorikḗ téchnē 48
Robinsonade 75, 116, 214
Roman 110–125
    Abenteuerroman 115, 116
    Bildungsroman 118 f.
    Briefroman 25, 27, 117, 136,
        209
    Dialogroman 80
    Entwicklungsroman 118 f., 121
    Familienroman 121 f., 133
    Gesellschaftsroman 122, 123
    historischer R. 115 f., 120, 133
    höfischer R. 115 f.
    Künstlerroman 119 f.
    Montageroman 123 f.
    Picaro-R. 116
    politischer R. 124
    psychologischer R. 114, 118,
        122 f.
    Reiseroman 116
    Ritterroman 115, 120
    Schäferroman 115
    Schelmenroman 116
    Schlüsselroman 26
    Staatsroman 116 f.
    Tagebuchroman 117, 136, 138
    utopischer R. 116 f.
    Zeitroman 120 f.
Romankrise 113 f.

Romantheorie 112–115
Romanze 96
Rondeau 96
Rondell 96

Sage 125
Schauspiel 158, 182 → Drama
Schauspieler 148, 150f., 167, 173,
175
Schnitt 197, 199
Schrift 263
Schüttelreim 107
Schwank 115, 125
Sekundenstil 122
Selbstreferentialität 47, 93
septem artes liberales 53
Sestine 97
short story 128
Sigle 24, 33
Signifikant 229, 262
Signifikat 229
Singspiel 183, 199
Sinn 222, 229, 265, 272
Sozialgeschichte
der Literatur 238–241
des Textes 241
im Text 241
Sozialgeschichtsschreibung
238–241
Sozialsystem 242
Soziologie 242
Spondeus 103
Sprachkunstwerk 235
Spur, sprachliche 263, 269f.
Stabreim → Alliteration
Ständeklausel 154f., 156, 187, 188
Stanze 99
Stasimon 151, 153
Steigender Achttakter 104
Stemma 24
Stichomythie 174
Stil 42, 54, 55–62
Epochenstil 55
Gattungsstil 55
Dreistillehre 56
Stilanalyse 56

Stilhöhe (*genus*) 54
Stilistik 55–62
Stoff 130f.
Stoff- und Motivforschung 51
stream of consciousness 146
Strophe 98–100
Strukturalismus 229–234, 260
Subtext 271
Sukzession 133, 188
Symbol/Symbolik 67–69, 71
Symploke 59
Synästhesie 61, 71
Synekdoche 70f.
System
literarisches 230
nicht-literarisches 230
von Zeichen 231
Systemtheorie 241–243, 283
Szene 140, 150, 158, 163, 166, 167,
173, 175, 177, 178, 180, 187f.

Tagebuch 23, 215–217
Tagträume 247, 249
Taktarten 102f.
Tautologie 59
Teichoskopie 177,188
Terzett 95, 99
Terzine 99
Textgenese 23f., 32, 222
Textgewebe 269
Textverstehen 222
Textgrundlage 17, 25–29, 31, 32
Textinterne kommunikative
Situation 93
Textkonstitution 28–31
Textsubjekt 94
Textualität von Geschichte 279,
281
Textverwitterung 29
Textzeuge 23, 24, 30, 32, 33
Theater 149f., 156f., 158, 159, 166,
171f., 175
absurdes Th. 165, 185
Dokumentartheater 169, 171
episches Th. 167f., 169, 173, 174
Illusionstheater 157, 167, 167

Musiktheater 150, 166, 168, 182,
   183
 Regietheater 149, 172
 Volkstheater 168
Theaterwissenschaft 150
Tonbeugung 103
Topik 50
Topos/Topoi 35, 50f., 55
Tragikomödie 170f., 181
Tragödie 151–157, 166, 170, 173,
   181, 183, 184, 189f.
Transformation 269f.
Transkription 21, 23
Transtextualität 268
Traum 247
Travestie 266
Triolett 96
Trochäus 100–102
Trope 55, 57, 68–70, 94, 236
Typoskript 23, 24, 32

Überblendung 199
Unbewusste, das 246, 262
Uneindeutigkeit 262
Unlesbarkeit 265
ut pictura poesis 43
Utopie 117

Variante 23
 Autorvariante 32
 Entstehungsvariante 32
 Fremdvariante 32
 Überlieferungsvariante 32
Verfremdungseffekt 167
Vers commun 103
Versende 101
Versgegenden 101
Versmaß 101–105
Verstehen 222
Verstehensprozess, herme-
   neutischer 224, 229
Verweischarakter 271
Verweiskette 271

Verwissenschaftlichung 227
Vielstimmigkeit 270
Volksliedstrophe 87, 98

weibliches Schreiben 252
Weiblichkeit 256–258
 imaginierte 253
 Weiblichkeitsbilder 251, 254
Wende, linguistische (linguistic
   turn) 229
Werkimmanenz 234–238
Wirkung 264
 gesellschaftliche 242
Wissen
 Faktenwissen 228
 kulturelles W. 272
 positives W. 227
Wissenschaftsideal, logozent-
   risches 262

Zauber- und Bannsprüche 83
Zeichen 230
Zeit in Erzähltexten 132–135
 Dauer 134, 135
 Ellipse 135
 erzählte Zeit 132f., 135
 Erzählzeit 132f.
 Frequenz 134, 135, 141
 Ordnung 134, 141
 Pause 135
 Zeitdeckung 133, 135
 Zeitdehnung 133, 135
 Zeitraffung 133, 135
Zensur 25, 125
Zeugma 60
Zirkel, hermeneutischer 223
Zitat 266
 kryptisches 267
 offenes 267
 Zitatforschung 267
 Zitatcollage/-montage 124, 266
Zwischenspiel 180